学びたい あなたのための

『資本論』
Q&A 222問

― 宮川彰「資本論」講座 Q&A ―

第一部　資本の生産過程
第二部　資本の流通過程
第三部　資本主義的生産の総過程

まえがき

　私はこの十年来、名古屋において市民、労働者、青年学生を対象に開催された『資本論』を学習する月例日曜講座を担当してきました。その累積講義回数は、各種の特別企画講座を含めて、2009年10月をもって百回を数えることになりました。その十周年百回の大きな里程を記念して、この本は、講師と受講生とのあいだで交わされた『資本論』第1-3巻全巻にわたる講義に関する質疑応答を集成したものです。

　このような文書による「質問 Question と回答 Answer」の試みを始めたのは、次のような受講生の要望を踏まえたものです。初学者からベテラン学習者まで受講生の層は幅広く、学習の進み具合がまちまちで、理解度や問題関心にもかなり開きがあります。講義後の質疑応答や意見交換の意義を認めながらも、所定の講義時間はむしろできるだけ講師の話にめいっぱい振り当ててほしい、といった意向です。そこで講義後に受講生から、①本文テキストでわからなかった箇所、②質問、③感想について文書記述で寄せてもらい、それに対して講師が翌月に文書によって回答するという方式を採りました。

　そしてこれは好評を博しました。初歩的で素朴な疑問から、かなり高度な研究的質問、さらには現代の時局に関わる問題など、受講生のみなさんの学習度や関心事におうじて思いおもいに、ほかのだれにも気兼ねなく提出できたようです。じっさい『資本論』ほどの書物を相手にすると、「わからないことがわからない」場面に遭遇するもしばしばです。その場でまとまらなくて後日考えを整理して提出というケースもありました。文書による「Q＆A」は、茶話会の討論や泊まり込み学習会など特別企画とならんで、ユニークな学習援助の手立てとして、独自の役割を担うことになったのではないでしょうか。加えて、質問を出したひとは、翌月の講義で配付される講師の回答が楽しみとなり、出席の動機付けになったという声も聞きおよびました。

講師にとっても、その回答執筆は、自分自身の理解を整理する勉強になっただけでなく、教室の意識状況や受講生による講義の理解度を把握するうえで、貴重な手応えでした。素朴なプリミティブな質問ほど、てごわいということをも痛感したことでした（現象では次元や位相のちがうさまざまな問題が乱麻のようにこんがらかっていることしばしばあり、それが丸投げ質問されるからです）。また、ときには批判あり励ましありで、血の通いあったたのしいやりとりとなりました。これはたしかに、ホットラインで講師と結ばれた、質疑応答や意見表明の飛び交うもう一つの補講、のような役割も果たしましたね。

　ある一時期に、資本論理解に資するソフトな話題やエッセーを「講師メッセージ」としてシリーズもので書き綴った記事を受講生に配布したことがありました。この機会に、コラム風に収録し、彩りを添えました。

　こつこつと毎月書き刻んだ名古屋講座の十年間の積み重ねが、このような書物のかたちで実を結び、資本論講座学習運動にとっての財産となりました。本書が資本論学習に役立つことを念願します。

　本書の作成にあたって、お力添えをいただいた方々に感謝申し上げます。企画から編集・仕上げにおよぶ煩雑な作業をお引き受けいただいたほっとブックス新栄店長藤田成子さんはじめ「名古屋資本論講座ボランティア」のみなさん、そして、編集・装丁と印刷製本ではエープリントの天野洋一さんには、とくにお世話になりました。ありがとうございました。なお、挿し絵のマルクス／宮川七変化の愉快なイラストは、埼玉資本論教室受講生の伊藤眞作さんの作品です、お礼申し上げます。

２００９年　９月　吉日　　宮川　彰

【凡例】

1. 本冊子に収録された原稿は、以下の講座で作成された「質問と回答」集です。
 (1) 2002年10月から2003年12月の第2・3巻講座
 (2) 2006年 1月から2007年 1月の第1巻講座
 (3) 2007年 5月から2008年 7月の第2・3巻講座
 なお、『資本論』第3巻ガイダンスに関するQ&Aには、埼玉資本論教室第3巻講座（2004年-2006年）開講ガイダンスにおける非常に充実したQ&Aを補充しました。収録にご快諾いただいた埼玉資本論教室各位には感謝申し上げます。

2. 『資本論』引用文の典拠のページ数の指示は、原則として新日本新書版邦訳のページ数、ドイツ語MEW版原書ページ数を、/ で区切り併記しました。 例： （訳25/原19）

3. 関連文献として、各地の資本論講座の第1巻講義に関するQ&Aを収めた『宮川彰 資本論講座 Q&A』（名古屋資本論講座ボランティア、2001年）、および、『資本論』第1巻講義録に基づく解説書『「資本論」第1巻を学ぶ—宮川彰講義録』（ほっとブックス新栄、2006年、2,980円）、『資本論』第2・3巻講義録をもとにしたわかりやすい解説書『「資本論」第2・3巻を読む 上・下』（学習の友社、2001年、各2,625円）が既刊されています。姉妹文献として併せてご活用くだされば幸いです。

目次

まえがき……………………………………………………… 1

1. 第一部……………………………………………………… 13
資本の生産過程……………………………………………… 13

(1)『資本論』とはなにか ガイダンスと序文…………… 14
Q1：大学の講義でほとんど『資本論』がない…………… 14
Q2：実生活の中で『資本論』は必要ですか？…………… 14
Q3：「科学」とはどういう意味なのでしょうか？……… 15
Q4：「抽象」とは？………………………………………… 16
Q5：「現象はさかさまに見える」って？………………… 16
Q6：株取引での所得は不労所得？………………………… 16
Q7：株で生活している人は不安にならないの？………… 17
Q8：株が上がったり下がったりする仕組みが分からない… 17
Q9：規制緩和とライブドアの事件のつながり…………… 18
Q10：現代資本主義社会における証券取引所をどう見る… 18
Q11：多くの銀行員はマルクスについて納得していない？… 19
Q12：ジェイコム株の発注ミス、なぜ？………………… 20
Q13：ノーベル経済学賞をどう考えるか………………… 20
Q14：「女性への投資援助」はどうでしょうか？……… 21
Q15：マルクス経済学者はどのような行動をしたらよいか… 22
Q16：『資本論』の迫力…………………………………… 22
Q17：「自然的発展段階の跳び越え」について………… 23
Q18："資本主義とはあらゆる「価値」を貨幣で表す文明の産物"？… 23
Q19：現在のマルクス経済学の最先端の研究テーマとして何を学べばよいか… 25
Q20：世界の経済学界の動向は？………………………… 25
Q21：大学でのマルクス経済学の現状…………………… 27
Q22：高度工業化日本の変革の担い手は？……………… 28
Q23：剰余価値学説史の意義は？………………………… 29
【講師メッセージ 1】マルクスの座右の銘を胸に、『資本論』の扉をひらけ・30

(2)第1篇 商品と貨幣 第1章 商品………………………… 34
Q24：『資本論』の冒頭はなぜ商品ではじまるか……… 34
Q25：交換価値の「現象形態」？………………………… 35

- Q26：「リンネル」って？ …………………………………………… 36
- Q27：「エレ」って？ ………………………………………………… 36
- Q28：商品の相対的価値の変化がわからない ……………………… 37
- Q29：使用価値の捨象 ……………………………………………… 37
- Q30：「商品に表される労働の二重性」がよくわからない ……… 38
- Q31：商品における労働の二重性について立ち入って質問……… 40
- Q32：価値とは人間的労働の汗水の結晶？ ……………………… 42
- Q33：古美術品や骨董品はなぜ高価？ …………………………… 42
- Q34：価値はどのように決まる？ ………………………………… 43
- Q35：今年の冬はストーブが高かったのはなぜ？ ……………… 44
- Q36：価値変動の原理 ……………………………………………… 45
- Q37：サービスをどう見るか？ …………………………………… 46
- Q38：「差別用語」の扱い ………………………………………… 47
- Q39：頭脳労働、知的労働に「平均労働時間」は成立するか？ … 48
- Q40：文化芸術的な頭脳労働、知的労働の領域では労働価値論はなじまない‥ 48
- Q41：福祉もまた、もうけの対象に！ …………………………… 50
- Q42：「クイックリー婦人」って？ ……………………………… 50
- Q43："商品の価値形態または価値表現は商品価値の本性から生じる"？ …… 51
- Q44：アダム・スミスはなぜ、mを認識できなかったか ……… 52
- Q45：エンゲルスの「補遺」の評価は …………………………… 53
- Q46：旧東ドイツはいいイメージがないですけど … …………… 54
- **【講師メッセージ 2】春四月に、希望の法則** ………………… 55
- **【講師メッセージ 3】学習の初心に返る** …………………… 59

(3) 第1篇 第2章 交換過程…………………………………………… 62
- Q47：交換価値について …………………………………………… 62
- Q48：効用説の意味 ………………………………………………… 62
- Q49：「楽市楽座」について ……………………………………… 63
- Q50：景気が良いとは資本家の搾取率が低下したとき？ ……… 63
- Q51：ルンペンプロレタリアートは、つらい労働としての意識しかない？…… 64
- Q52：『資本論』は言葉が難しい ………………………………… 64
- Q53：交換過程で繰り広げられる「矛盾」 ……………………… 64
- Q54：宗教心はなくならない？ …………………………………… 66
- Q55：マルクスの宗教についての考えは？ ……………………… 67
- Q56：東ドイツでの物神性 ………………………………………… 68
- Q57：労働にもよろこびは見いだせるのでは？ ………………… 68
- Q58：労働はつらく厳しいもの？ ………………………………… 69

(4) 第1篇 第3章 貨幣または商品流通…………………………… 70

5

- Q59：なぜ金が貨幣に？ ………………………………………………… 70
- Q60：一円のアルミ貨は鋳造費割れ？ ………………………………… 70
- Q61：外国でゼロの多い大きな価格は何で？ ………………………… 71
- Q62：ケインズの「有効需要創出」について ……………………… 72
- Q63：バブルがはじけて景気の低迷は … ……………………………… 74
- Q64：恐慌は一般市民にも必要悪ですか ……………………………… 75
- 感想1 ……………………………………………………………………… 76

(5) 第2篇 第4章 貨幣の資本への転化 …………………………… 77
- Q65：「資本家」の定義と貨幣蓄蔵者の違いについて ……………… 77
- Q66：W-G-Wの運動は社会主義経済でもあるか ……………………… 78
- Q67：最低賃金制の理論的根拠 ………………………………………… 78
- Q68：「労働者」と呼べる？ …………………………………………… 79
- Q69：「労働力の価値」は具体的には何の価格？ …………………… 81
- Q70：流通は生産部面において起こる価値増殖過程を準備する …… 81
- 感想2 ……………………………………………………………………… 82

(6) 第3篇 絶対的剰余価値の生産 ……………………………………… 83
- Q71：標準労働日も「剰余労働時間」を含んでいる 労働力の「利用」とその「略奪」との違い ……………………………………… 83
- Q72：「価値を付け加えることによって価値を維持する」って？ … 84
- Q73：サービス業の剰余労働の計算方法は？ ………………………… 85
- Q74：分業はどれぐらいまでが適当？ ………………………………… 87
- Q75：労働の密度、支出度合 …………………………………………… 87
- Q76：マルクスの労働讃歌について …………………………………… 87
- Q77：資本の本源的蓄積過程における労使力関係の歴史的変化 …… 89
- Q78：割増手当で稼ぎたい労働者も多いのですが … ………………… 89
- Q79：「労働」の定義について ………………………………………… 90
- Q80：「欠乏は受動的な紐帯（連帯の絆）」 ………………………… 92
- 感想3：「シーニアの最後の一時間」 ………………………………… 92

(7) 第4篇 相対的剰余価値の生産 ……………………………………… 94
- Q81：マニュファクチュア時代と経済学 ……………………………… 94
- Q82：機械導入と資本主義・共産主義 ………………………………… 95
- Q83：機械のポジティブな側面 ………………………………………… 96
- Q84：石炭から石油エネルギーへの転換は、機械導入と同じ？ …… 98
- Q85：生産活動が環境破壊？ …………………………………………… 99
- 感想4 ……………………………………………………………………… 101
- 感想5 ……………………………………………………………………… 101

(8) 第5篇 絶対的および相対的剰余価値の生産 …………………… 102

Q86：豊かすぎる自然条件·· 102
　　Q87：「シャドーワーク」「無償労働」の評価······························ 102
　　世の中、"役立ち"でないものはない·· 105
　　Q88：公立学校の先生は生産的労働者ですか?······························ 106
　　Q89：搾取強化と豊かな生活との両立·· 108
　　Q90：労働者の犠牲を最小限にする方法····································· 109
　　Q91：階級社会は弥生時代からはじまる····································· 109
　(9)第6篇 労賃·· 110
　　Q92：「賃銀」表記?··· 110
　　Q93：出来高賃金と中間搾取が結びつきません···························· 110
　　Q94：能力主義賃金体系·· 111
　　Q95：成果主義賃金体系の浸透··· 112
　　Q96：賃金体系のあるべき姿·· 112
　　Q97：「ワーキングプア」、貧困は打開できる?······························ 113
　(10)第7篇 資本の蓄積過程·· 115
　　Q98：「富」の定義は?·· 115
　　Q99：資本蓄積の図式について説明を······································· 115
　　Q100：国民総中流論をどうみる?·· 117
　　Q101：旧ソ連での労働の形態をどう規定するか···························· 117
　　Q102：ルーカスのモデルの前提の矛盾について···························· 118
　　感想6·· 119
　　『資本論』第1巻剰余価値論の要点　「原理の目」で射抜く資本の正体······ 120
　　【講師メッセージ　4】〈カテゴリーの人格化〉または"肩書き"— その(1)··· 127
　　【講師メッセージ　5】公人・私人の"肩書き"— その(2)······················ 131
　　【講師メッセージ　6】人生の底がぬけて怖いものがなくなる構え —その(3)· 134

II. 第二部·· 139
資本の流通過程·· 139
　(1) ガイダンス・序言·· 140
　　Q1：講義が現代社会の現象と結びつきわかりやすい························ 140
　　Q2：現在のマスコミには庶民は眼中にない································· 140
　　Q3：なかなか具体例が頭に浮かびません ...································ 141
　　Q4：ユニクロの今後·· 141
　　Q5：日本の労働者の賃金は下がっていくばかり···························· 142
　　Q6：労働強化のみを主張する資本は、労働者を大切にしていない······ 142
　　Q7：「こうだん」社会主義者とは·· 143
　　感想1·· 143

7

(2) 第1篇 資本の諸変態とそれらの循環 …………………………… 144
　　Q8：貨幣資本の循環について ……………………………………… 144
　　Q9：貨幣から始まり貨幣で終わる循環の分析が資本の魂を体現 …… 144
　　Q10：資本の循環と貨幣資本の循環 ………………………………… 145
　　Q11：商品流通の概念図 ……………………………………………… 145
　　Q12：貨幣資本の理解における二つの誤りについて ……………… 146
　　Q13：貨幣資本の循環についてよくわかりませんが ……………… 147
　　Q14：むちゃくちゃ難解でした ……………………………………… 148
　　Q15：資本流通の連続性の基礎について …………………………… 149
　　Q16：設備や在庫は資本の足かせ？ ………………………………… 149
　　Q17：流通が資本の価値増殖過程を制限するって？ ……………… 150
　　Q18：高速道路建設は大資本に大きな利潤を？ …………………… 150
　　Q19：保管費の説明をもう一度 ……………………………………… 151
　　Q20：保管費について質問します。 ………………………………… 152
　　Q21：運輸とは？ ……………………………………………………… 154
　　Q22：ゆうパック等の消費者 → 消費者の運輸もありますよね …… 155
　　Q23：商流貨物と宅配便は運賃計算の仕組みが違う？ …………… 157
　　感想2： ………………………………………………………………… 157
　　感想3：コーヒー店の値段の違いというのはおもしろかった …… 158

(3) 第2篇 資本の回転 ……………………………………………… 159
　　Q24：小売業(特にコンビニ業界)は奥が深い、ちょっと怖いかも …… 159
　　Q25：家畜は固定資本？ 流動資本？ ……………………………… 159
　　Q26：照明は生産物には入り込まないから固定資本？ …………… 160
　　Q27：固定資本・流動資本の区別はいつ仕上がる？ ……………… 161
　　Q28：流通部分に価値法則を貫くには無理があるのでは？ ……… 162
　　Q29：奴隷は、流動資本かそれとも固定資本か …………………… 163
　　Q30：固定資本の修理は、収益勘定？ 資本勘定？ ……………… 163
　　Q31：資本「前貸」って？ …………………………………………… 164
　　Q32：剰余価値の秘密の謎解きについて …………………………… 165
　　Q33：最低賃金の攻防の大切さ ……………………………………… 166
　　Q34：福祉を充実した方が、経済効果がある？ …………………… 167
　　Q35：労働元本とは？ ………………………………………………… 167
　　Q36：「労働」とは、いったい何でしょう？ 混乱している ……… 168
　　Q37：ものの値段はどう決まる？ …………………………………… 169
　　Q38：流通時間の今日的意味は ……………………………………… 169
　　Q39：流通革命のもつ意味は？ 問題？ …………………………… 170
　　Q40：流通革命はだれのため？ ……………………………………… 171
　　感想4： ………………………………………………………………… 172

感想5：固定資本と流動資本 ································· 172
　(4) 第3篇 社会的総資本の再生産と流通 ····················· 176
　　Q41：賃金は収入か、資本か（1） ···························· 176
　　Q42：賃金は収入か、資本か（2） ···························· 176
　　Q43：ケネーの経済表（1） ·································· 178
　　Q44：ケネーの経済表（2） ·································· 178
　　Q45：マルクスの表式 ······································ 180
　　Q46：スミスのドグマが信条にまで持ち上げられたのは？ ········ 180
　　Q47：労働者の賃上げの理論は？ ···························· 181
　　Q48：労働価値論の発展に果たしたリカード学説の意義 ········ 182
　　Q49：マルクスの拡大再生産の比例条件、スミスの誤りと似ている？ ········ 182
　　Q50：やはりむつかしい再生産表式 ·························· 183
　　Q51：贅沢品にあてるのも労賃？ ···························· 184
　　Q52：商品価値の三分解論について ·························· 185
　　Q53：スミスのドグマについて ······························ 186
　　Q54：表式からわかる賃上げ消費充実の重要性について ········ 187
　　Q55：社会的資本の運動について ···························· 188
　　Q56："不変資本"見落としの批判の意義 ····················· 189
　　Q57：サービス労働の再生産表式上の取り扱いについて ········ 190
　　Q58：再生産表式と抽象性（「度外視」、「捨象」） ·············· 191
　　Q59：トヨタだけは買わないようにしている ·················· 193
　　Q60：資本家階級と労働者階級 ······························ 193
　　Q61：拡大のための出発表式の見方？ ························ 194
　　Q62：拡大再生産表式の前提の変更の仕方について ············ 196
　　Q63：貨幣はどこで、だれが生産する？ ······················ 198
　　Q64：いまいち学習していることが身近なことだと感じられない ····· 198
　　『**資本論**』第2巻 … その理論的ポイントは、思いきってつづめていうと ··· 200

III. 第三部 ··· 203

資本主義的生産の総過程 ································· 203
　(1) ガイダンス、序言 ·· 204
　　Q1：人類の未来に光をともすのはなに？ ····················· 204
　　Q2：階級性からの正当化論は客観的たりうるのか？ ··········· 205
　　Q3：「俗流経済学」とはだれのことですか？ ·················· 207
　　Q4：生産価格の論証に挑んだコンラート・シュミット ········· 208
　　Q5：価格は経済世界の動きを凝縮して投影する小宇宙だって？ ·· 209
　　Q6：「モスバーガー戦略」もシビアに労働価値説に立脚？ ······ 211

Q7：為替市場の動きのしくみは？ ……………………………………… 212
   Q8：消費税が庶民いじめである価値法則的根拠は？ …………………… 213
   感想1： ………………………………………………………………………… 214

(2) 第1篇 利潤論 …………………………………………………………… 215
   Q9：等価交換される労働力の価値はどのように表されるのか ………… 215
   Q10：機械化と人件費の削減はどういう意味を持つか …………………… 215
   Q11：社会保障の費用は、可変資本？ ……………………………………… 216
   Q12：利潤率の測り方 ………………………………………………………… 216
   Q13：利潤率の上昇・下降についてもう少し説明を ……………………… 218
   Q14：利潤率の法則について ………………………………………………… 218
   Q15：費用価格と労賃形態の隠蔽性について ……………………………… 218
   Q16：総資本が自己増殖した比率を示す利潤率 …………………………… 221
   Q17：剰余価値の利潤への転化は率を仲立ちに説明されるとは？ ……… 221
   Q18：観念の産物とは？ ……………………………………………………… 222
   Q19：投下資本を除した数値の有効性？ …………………………………… 223
   感想2：商品の価値は費用価格プラス利潤　W＝K＋P ………………… 223

(3) 第2篇 平均利潤率/生産価格論 ………………………………………… 225
   Q20：特別剰余価値をめぐる法則 …………………………………………… 225
   Q21：平均利潤の成立について ……………………………………………… 226
   Q22：機械化によって起きること …………………………………………… 227
   Q23：平均利潤率と一般的利潤率 …………………………………………… 227
   Q24：有機的構成と超過利潤 ………………………………………………… 228
   Q25：平均利潤の計算の仕方 ………………………………………………… 228
   Q26：平均利潤率の法則について …………………………………………… 230
   Q27：利潤の平均利潤Pへの転化について ………………………………… 231
   感想3： ………………………………………………………………………… 231
   感想4：不変資本の使用における節約 ……………………………………… 232
   感想5： ………………………………………………………………………… 233

(4) 第3篇 利潤率低下傾向 ………………………………………………… 234
   Q28：日本企業の利潤率の推移はどうなっていますか？ ………………… 234
   Q29：国際的にみても日本資本主義は異常？ ……………………………… 234
   Q30：資本主義が高度に発達すればどうなる？ …………………………… 236
   Q31：利潤率の傾向的低下は資本主義のしたたかさ？ …………………… 236
   Q32：アメリカの利潤率は上昇しているのではないか ………………… 237
   Q33：西ドイツと日本における剰余価値率と利潤率の指標について …… 237
   Q34：利潤率の傾向的低下法則の『資本論』の中での位置？ …………… 238
   Q35：利潤率低下傾向のなかでの、資本の「魂」 ………………………… 239

- 感想6：資本の「魂」をみたり ……………………………………… 240
- 感想7：利潤率の傾向的下落の法則を学びました ……………… 240

(5) 第4篇 商業と商業利潤 …………………………………………… 241
- Q36：「小分け」労働の記述はどこで ………………………………… 241
- Q37：「商人資本」と「商業資本」と ………………………………… 241
- Q38：商人資本ってどんな役割が？ ………………………………… 242
- Q39：流通の社会化／計画化について ……………………………… 242
- Q40：商業利潤の実現 ………………………………………………… 243

(6) 第5篇 利子生み資本 ………………………………………………… 246
- Q41：相場変動の要因は？ …………………………………………… 246
- Q42：マネーゲーム経済、法律で何とかできないの？ …………… 247
- Q43：ライブドアによるニッポン放送株買収問題をどう見る …… 248
- Q44：昨今の株の話を聞きたい ……………………………………… 249
- Q45：先物取引とは …………………………………………………… 249
- Q46：利子生み資本の運動形態とは ………………………………… 250
- Q47：もっと実体経済を表す方法はないのでしょうか …………… 251
- Q48：「労働」？「労働力」？ ………………………………………… 252
- Q49：銀行券と小切手の違いがわかりません ……………………… 253
- Q50：現代の資本主義の状況をマルクスは想像していた？ ……… 253
- Q51：信用制度の二面的性格について ……………………………… 254
- 感想8：お金を動かすだけで膨大な利益を上げるなんて ………… 256

(7) 第6篇 地代論 ………………………………………………………… 257
- Q52：土地価格 ………………………………………………………… 257
- Q53：重農主義学派の剰余 …………………………………………… 258
- Q54：土地と株の動きは同じ？ ……………………………………… 258
- **株価・地価膨張（収縮）のしくみ** ………………………………… 259
- Q55：土地私有と土地私有の廃止の可能性についてお尋ねします … 260
- Q56：差額地代の「虚偽の社会的価値」は空っぽか？ …………… 260

(8) 第7篇 収入論 ………………………………………………………… 263
- **【講師メッセージ7】** ……………………………………………… 265
- 〈鉄の必然性〉で貫く社会法則 ── 普遍的法則の特殊なあらわれ ── … 265
- **【講師メッセージ8】文芸は、たかく羽ばたく** ………………… 268
- **【講師メッセージ9】自然は、かくしてひとを癒しうる** ……… 271

おわりに ― 編集室より ……………………………………………… 274

索引 ……………………………………………………………………… 276

I
第一部
資本の生産過程

第1篇　商品と貨幣
第2篇　貨幣の資本への転化
第3篇　絶対的剰余価値の生産
第4篇　相対的剰余価値の生産
第5篇　絶対的および相対的剰余価値の生産
第6篇　労　賃
第7篇　資本の蓄積過程

(1)『資本論』とはなにか　ガイダンスと序文

Q1：大学の講義でほとんど『資本論』がない

　ジョーン・ロビンソンの「経済学者にだまされない」という警句ですが、ほとんどの経済学者もだまされているのではないですか。大学の講義でほとんど『資本論』が取り上げられない。マルクス経済学がないということも関係していませんか。

A1：ご指摘のとおりです。マルクスの『資本論』が、唯一科学的な労働価値説の立場に立脚して、いかに従来の経済学が種々の経済現象にだまされて来たか、だまされているか、または、いかに自分の階級的利害関係にとらわれて事態を逆さまに描き出す説明に終始しているか、を暴露批判した好例になっています。

　J.ロビンソンは、マルクス経済学にも一定の理解はあったが、基本的に近代経済学の陣営に属していて、非・反労働価値説を受け入れている学者です。この点では、彼女自身、本則と例外、本質と現象との区別に戸惑う「だまされ組」のひとりです。

　現在、日本の大学の多くで、マルクス政治経済学（『資本論』）が位置づけられていないカリキュラムの講義のもとでは、学生たちは本物の科学としての経済学に接する機会をもたず、"だまされ経済学"を講義で聞かされている不幸な状況にある、というお寒い現状です。

Q2：実生活の中で『資本論』は必要ですか？

　『資本論』は必要だということを実生活の中または本の部分の中で具体的にお話ししていただけませんか。『資本論』は正しい科学的成果」という単語のみでは学問ではないと思います。

A2：実生活の中で『資本論』がどのように必要かという問題は、現実社会で起こるさまざまな社会経済現象を前にしてそれを科学的にとらえ対応する態度が必要だ、というふうに言い換えることができます。さまざまな自然

現象に対処する場合も同じ関係です。

　雷鳴がとどろき稲妻が走る出来事を前にして、無知のせいで動物本能的に、仔犬のように恐れおののいて犬小屋の隅っこでわなわなと震えおびえることしかできないか（幼児のころ「地震、かみなり、火事、親父」でうまく諫められたものです）。また、おなじ無知から、逆に見くびってしまい、ゴルフ場でゴルフを続けて落雷に打たれ命をおとしてしまうか。この自然現象に直面して、どう対処したら過剰反応や無知無謀に陥ることなく、合理的に被害を最小限に食い止めることができるか。科学の動員をかりて、「科学の目」をもって稲妻や雷鳴の真相をきちんと知ることから、理にかなった対処法が見えてくるはずです。

　「実生活の中または本の部分の中で具体的にお話し」する —— これは、『資本論』の正確な解釈を旨とすることとならんで、わが講座の"売り"ですから、乞うご期待です。

　単なるスローガンや単語に終わらせないために、なにはともあれまず味わってみる、続いて読み進めてみることが求められます。

Q3：「科学」とはどういう意味なのでしょうか？

　「科学」という言葉が何度か出てきました。「科学」とはどういう意味なのでしょうか？　実験・観察を繰り返してその法則性を解明することでしょうか？　しかし、社会科学における「科学」の意味は自然科学の「科学」と同じ意味なのでしょうか？

A3：「科学」とは自然や社会、つまり世界のあらゆる出来事をつらぬく客観的な法則をつかみ出し、諸現象をその法則と関連づけて理解すること、諸現象の法則的認識だ、といってよいでしょう。社会に関する出来事は、それが人間の意識や意思行為によって媒介されて現われるという点で自然現象とは区別されますが、そこを重視しすぎると、観念的な見方（観念論）に陥ってしまいます。社会に現存する（した）条件や要因を明らかにし、そこを貫く客観的な社会法則を明らかにするという点で、社会科学も自然科学と同じ立場にたちます。

Q4：「抽象」とは？

「抽象」とは「現象から本質を見出すもの」であって、「篩（ふるい）」のような同一物の分離ではないのではないか？

A4：「抽象」の操作は、論理学や認識論といった専門用語にかぎらず、普通の用法としてもポピュラーな言葉です。それだけに、抽象操作のほどこされるものにはそう限定されずに、さまざまな対象が該当します。

たとえば、調理器具の篩で小麦粉の粒子を均一にならす操作は「同一物の分離」でしょう。では、豆がらと豆とを分ける操作は？ 異質物（繊維質の豆がらとタンパク質の豆と）の分離なのかな？ …

こんな具合にさまざまというわけです。

Q5：「現象はさかさまに見える」って？

現象はさかさまに見えるということがイメージできません。貨幣は、本来それ自体はただの紙切れなのに、それが大きな力を持っているというようなこと？

A5：「現象はさかさまに見える」、もう少し丁寧に言うと、「ものごとの真相真理は、さかさまに現象する」です。自然の現象で例をとってみると、"針あな写真機"の逆立ち映像、"蜃気楼"の虚像、いちばんわかりやすいのが太陽や月星は地球をめぐって東から昇り西に沈むという"天体運行"の天動説的受け止め、など。紙幣や株券のあの、ひとを拝跪させてしまうちからもそのひとつといってよいでしょう。

なお、無価値な紙切れが大きなちからを持つというのは、そのような力（購買力）を帯びさせる社会的な現実的背景があるわけで、そのペーパーマネーの購買力が蜃気楼のような幻影だとか虚構だというのではありません。それが見抜けないうちは、ただただふしぎな現象、魔法のような万能のちから、として見えるということです。

Q6：株取引での所得は不労所得？

だいたい株に投資が出来る人（リスクを負うことも受け入れる人）は、所

得や年金の少ない人ではない。

　小説・ドラマの『黒革の手帳』じゃないけれど、実体のないお金がいったりきたりして、数分で大もうけしたり損したりするのは私にはちっともわからない。目の前に実物がないとなんだか信用できません。だからやっぱり不労所得と言いたくなります。

A6："不労所得と言いたくなります"という直感は、正解です。なぜ株投機の儲けが"不労所得"なのかという理由はこれから『資本論』でしっかり学んで行きます。儲けが、とことん正当化できるかどうか、正当化できるならばそれは強力な確信につながるし、正当化できなければそれは批判克服の対象になるほかありません。科学（『資本論』）の出番です。

　科学が縁遠い象牙の塔のなかのできごとなんぞではけっしてなくて、私たちの身の回りの日々のできごと（この場合はライブドア事件）についての評価・判断や実践態度・行動のための、頼もしい指針となってくれるのです。

Q7：株で生活している人は不安にならないの？

　株で生活している人は、… 危険と隣り合わせな気がします。… 不安になることはないのでしょうか。

A7：投機に走るひとの不安心理のようすは、「寝ても覚めても頭いっぱい」の心持ちになることは、私もささやかながらいちど、住まいの土地建物を「買い替え」するときに体験しました。はたしてタイミング良く希望価格で売れるかどうか、そうでなければ希望物件を買おうにも資金のメドが立たない… などと、板挟みの中で2、3ヶ月間仕事は手に付かず不動産買い換えの売り買いのためのことで頭がいっぱいになってしまいました。

　株の場合はその非人間性的な賭博的投機と守銭奴へののめり込み具合は、もっとすごいものがあるだろうと察します。

Q8：株が上がったり下がったりする仕組みが分からない

　最近の出来事について、新聞がまったく理解できなくて困っています。株の誤発注が明らかになると、なぜ損失が出るのか？ 30分の間になぜ株が上

『資本論』とはなにか　ガイダンスと序文　　17

がったり、下がったりするのか？　このあたりを全く知識のない人にもわかりやすく説明してほしい。

A8：株をめぐる取引は、株式市場（東京や大阪・名古屋の、ニューヨークやロンドンの証券取引所）のその情報や取引の集中性と迅速さの点で、売買取引のもっとも典型的なモデルになっています。

　誤発注が明らかになると、そこから、証券会社が保有する大量の他の企業の株が売りに出されると予想される（大量売りが出ると株価下落が予想されて）、その被害をこうむらないようにと一斉に投資家たちが売りに出て全面安を引き起こす、これに対して、予想される反発を見越して今度は、下落した買いやすい株を取得しておいて後続する株価上昇でひと儲けしようと大量の買いがはいる、… といった具合に、ひとたび攪乱(かくらん)要因が飛び込むとほんとうに賭博ゲームのように思惑が飛び交って、乱高下します。

　これらの思惑は、情勢分析や情報や経験さらには勘とひらめきがものをいう世界です。それぞれに広い狭い範囲で理屈があって思惑が飛び交う。この分野ではポートフォリオ投資選択理論という学問領域が発達しています。

Q9：規制緩和とライブドアの事件のつながり

　規制緩和とライブドアの事件のつながりがよくわからない。規制緩和がなければライブドア事件はなかったのですか？

A9：ライブドアの法律（証券取引法）違反容疑の一つ、株式分割操作（大きな額面の株式を小額の額面の株式に分割して、一般大衆投資家に買いやすくする）は、明らかに規制緩和のお陰で可能になった手口です。

　これを利用して、ライブドア関連企業の株を一般的にも買いやすくする → 株発行の手続きのタイムラグも利用しながら飢餓感を誘発して → 株価の上昇をつくり出し、株価値上がりの差益をねらう。

Q10：現代資本主義社会における証券取引所をどう見る

　現代資本主義社会における証券取引所は、資本家同士が搾取し合う機関であるとのことですが、これは否定的な面であると思います。一方、良い面も

あるとの話も出ていましたが、それがもう一つ明確でないような気がします。
　私が考えますには、未来社会の建設へ向かう道すじは、社会主義的市場経済のことを思い浮かべますが、どのように考えたらよいでしょうか？
A10：証券取引業の肯定的な役割は、株式や社債、国債等の有価証券を売買して、金融分野における銀行業の融資活動とならぶ投資活動を担うこと、資金調達機能です。投資家の手元の遊休資金をあつめ、それを必要としている現実の事業活動の資金に振り向けることを通じて、市場のお金のより効率的な配分、活用に、寄与することです。これは、タテマエですがそして実際そうした役割もあるにはあるのですが、資本主義では投資と投機とは区別がつかないために、投機のえじきにされることしばしばです。このことが一つ。
　「もう一つ明確でないような気がします」というのは、おそらく、エンゲルスの株取引所投機についての見解が原則論だから、取引所についての位置付け・処置や変革の際の具体的な政策に乏しいきらいがあるからでしょう。この問題は、おおきな未来社会建設論ですから、数行の回答で済ますわけにはいかず、別の機会に譲りたいと思います。

Q11：多くの銀行員はマルクスについて納得していない？

　ウォール街の銀行員の話がありましたが、他の銀行員（圧倒的多数）はマルクスについては納得していないのではないでしょうか。
A11：そのとおりですが、ただしそのことは、日本国民の「圧倒的多数はマルクスについては納得していない」のと同じ事情です。
　Q&A8〜10で触れたように、金融の現象ではすべてのことが、極端に逆立ちしてあらわれ、本質（真相）は隠されたり歪められたりして捉えにくくなっています。経験に頼るだけでは、── 天動説が覆せないのと同じように ── 真相を見破ることはできない。「納得していない」というより、目先の利益ばかりにとらわれて、科学的に「学んでいない」ということでしょう。
　多数国民がマルクスを理解したならば、資本主義批判陣営が多数派になり、とうに社会は革新されていることでしょう。

Q12：ジェイコム株の発注ミス、なぜ？

ジェイコム株は1万4500株なのになぜ61万株の…発注がでたのかわからない。

A12：なぜ過剰な株数の「発注がでたのかわからない」って？ 理由もへったくれもありゃしない、ミスだからです。二つの入力空欄を打ち間違えたのです。勘違いというほかない。

機械やロボットならこんなミスはありえないかもしれませんが、人間だからこそミスるんです、突然睡魔が襲うとか…

Q13：ノーベル経済学賞をどう考えるか

イギリスの女性経済学者のロビンソンはノーベル経済学賞の受賞をしても良い人物ということですが、このノーベル経済学賞にについて質問いたします。

この賞が発足して以来ほとんど米国の学者ばかりです（特にシカゴ学派の）。このようなことから、この賞に経済学上の学問的価値があるのでしょうか。また、昨年のゲーム理論（ノーベル賞受賞）などの学問的価値を『資本論』の立場から、お教えいただければ幸いです。（100年後の世界でも、通用するような理論が過去のノーベル賞受賞論文にあるかという問題です。）

A13：ノーベル経済学賞というのは、ほかの分野のノーベル賞が1896年創設以来スウェーデンの王立科学アカデミー主催の由緒ある賞であるのとは違って、ノーベル賞で培われてきた「権威」にあやかってスウェーデン銀行（！）がスポンサーになって1969年に新設した新参ものです。ご指摘のとおりほとんど米国の学者ばかり受賞していて、計量経済学派、新古典派総合派、新古典派、国民経済計算論、ポートフォリオ（資産選択論）、ゲーム理論など、主流と反主流傍系入り乱れてさまざまな方法論の（つまり、あい対立しあう）学派・理論が（仲良く？）受賞しています。

スポンサーをみても受賞対象の多様性をみても、物理学や化学、医学などの自然科学とはちがって、科学的認識のたゆまざる前進を称えるのとはほど遠く、むしろあのイデオロギー一色の強い悪評高いノーベル平和賞に近い性質

をもったものと断じざるをえません。すなわち、数年ごとにはやりすたりの波に乗った、その都度の経済状況を反映した人気または勢いのある（要するに経済界の歓迎する）観点や方法の諸学説が選ばれ、ノーベル経済学賞全体として"権威"めいたものを汚さぬように選定されていると思われます。

　ところが数年程前に、ヘッジファンド（投資金融会社）のためのポートフォリオ（資産選択論）分野で先駆的功績があったとして経済学賞を受賞した学者が、アメリカのヘッジファンド企業ロングターム・キャピタル・マネジメント（LTCM）の顧問として高報酬で迎え入れられたが、そのLTCM会社が投機に失敗してつぶれて（つぶして）しまったという有名な出来事がありました。ノーベル経済学賞の受賞者の学説（投資理論）を実践でためしてみたら通用しなかったというようなことは、他の分野、物理学賞や医学賞では考えられないことです。

Q14：「女性への投資援助」はどうでしょうか？

　ムハマド・ユヌスが平和賞（ノーベル賞）をもらったが「女性に小口の投資をして援助する」ことはマルクスの『資本論』との接点はあるのでしょうか？

A14：「女性に小口の投資をして援助する」……　低利の小口消費者金融という趣旨だと思いますが、"女性"に"小口の"投資という限定で、取り上げられる金融理論・利子生み資本論は、聞いたことが無いですね。いろいろ社会的歴史的背景事情があって、この方式が必要とされ、またそのニーズに答えることができたということでしょう。しかし、うがった見方かもしれませんが、そもそも庶民が（金持ちや資本家ではなく）広範囲に金貸しに依拠せざるを得ない状況にあるという事態が、社会の再生産がなりたっておらず庶民が借金生活するということ自体が、異常だと思います。へたすると、そういう経済運営の破綻を、小口消費者（女性）金融は補完し、取り繕う役割加担する要素があるかもしれません。

　女性の差別をなくし自立を促すみちには、もっと基本的な重要な課題がある。社会的労働の主体である賃金労働問題（賃金や労働条件）が基軸にあり、

これをハズした女性地位向上はありえないでしょう。

Q15：マルクス経済学者はどのような行動をしたらよいか

　マルクス経済学と近代経済学において、近代経済学の効用価値説は、マル経とは異なり、主観的とのことですが、これが事実なら、近経の学問体系は、真実（真理）を追求する学問とはならないと考えます。このような近経が経済学会で多数派を占めている状態を改善するにはマルクス経済学者は具体的にどのような行動をしたらよいでしょうか？（もちろん学問的立場から）

A15：各人の持ち場（専攻分野）で、社会で提起されているかかわりの深い理論や実践の課題について適宜批判的に吟味検討し、その主張や考え方・学説の誤り、経済的階級的意義や性格（いったいだれのためにどのような利害を導く主張なのかをはっきりさせる）を暴露して、警鐘をうち鳴らすことではないかと思います。

　実際の学界での勢力関係（＝マル経劣勢状況）はいかんともしがたく――理系でさえも、こんにちでは産学協同路線を強めて新技術や新素材にすぐ役立つ応用分野が圧倒的に羽振りがよく、基礎科学分野は文系の基礎分野同様に冷遇されている状況がありますが――、現実の労働運動や社会革新行動、階級闘争の前進と手をたずさえて進むよりほかありません。

Q16：『資本論』の迫力

　資本論は、労働の本質もよく追求した「労働論」「労働者論」として、他者の追随を許さない迫力がありますか。

A16：そうですとも！！

　近代的労働、賃金労働の全貌を近代現代人のあり方、人間存在そのものに深く結び付けて大きくトータルにとらえた労働観です。とくに第1巻「資本の生産過程」では、マルクスによる人間労働讃歌があちこちで展開されます。私はマルクス『資本論』は、経営学の書物としても他の追随を許さない名著だと思います。いまの50代、60代以上の経営者のなかにはずいぶん『資本論』に通じたリーダーたちが数多くいます。

Q17：「自然的発展段階の跳び越え」について

1、「資本論に反する革命と・・・ロシア革命」（グラムシ）をどう評価すしますか。2、明治維新をはじめ、東アジアの「開発独裁」による「上からの近代化」をどう評価しますか。これらの答えは、「原理論」と「段階（政策論）」という枠で処理できるか？

A17：ロシアでは19世紀を通じてロマノフ王朝の絶対主義的専制（ツァーリズム）による封建制から近代化への移行期を経由して、資本主義の発展を勢いよく進めました。20世紀初頭にレーニンはその情勢の科学的分析（名著『ロシアにおける資本主義の発展』）に基づいて、ロシア変革の道筋をブルジョア民主主義革命から社会主義革命への転化として構想し実現したのです。その際、ロシア資本主義の後進性の特殊的条件に見合った形で「労農同盟」や「ソビエト権力」など独創的な社会変革戦略・戦術をあみ出しました。

イギリス以外の後発の資本主義諸国では、それぞれに独自なそうした特殊歴史的条件によるお国事情があるのは当然のことでしょう。しかしそのことによって、歴史発展の法則的段階の歩みの大道、すなわち、封建制から絶対主義王制（＝移行期）を経て近代資本主義化へ、これは、——日本の近代化もそうでしたが——史的唯物論の公式ぴったりの運びです。まず、この大きな"合法則的"発展の歩み、英国筆頭に仏独露日これらの19世紀「列強」がたどった歴史発展段階のみごとな法則的共通性に、驚かされると思います。

あとはロシアならロシアの特殊事情をどのように反映した国づくりかの問題です。「資本論に反する・・ロシア革命」と評価したいのなら、どこがどう「反して」食い違うのか、具体的に詰めて突き合わせて議論するほうがよいと思います。

Q18："資本主義とはあらゆる「価値」を貨幣で表す文明の産物"？資本主義の"従来の正常な役割"とは？

フランスの哲学者の人はフランス政治に対して「危機の根源は経済を動か

す文明にある」と言っています。フランス政治が危機状況にあるかどうかはわかりませんが、日本政治は危機状況にあると言えると思います。この言葉を日本政治にあてはめて、筆者は述べています。

　資本主義が従来の正常な役割を終えて「貨幣の獲得」のみに狂奔するところに「危機の根源」があると見て、その価値観を変えるための構造的な変革が必要であることを示唆しています

　そこで質問は、次の２つ。

① フランスの哲学者の言葉に対してどう考えればよいか。"資本主義とはあらゆる「価値」を貨幣で表す文明の産物"なのかどうか。"危機の根源の問題はどのようにこの「価値」を揺さぶるか"ということなのかどうか。ここで言う「価値」は使用価値や交換価値とは違うもののような気がします。前段はそうかな？

② 資本主義の"従来の正常な役割"とは何なのか。そもそも正常、異常の役割があるのか。

A18： ①　ここに紹介されている引用文をみるかぎり、このフランス哲学者は、諸問題の根本の原因を物質的経済的要因や条件に見いだそうとする唯物論的な立場にたっていますね。資本主義の特徴は、あらゆるものに──労働生産物にも非労働生産物にも──交換価値を見いだして、交換のため儲けのための評価をくだそうとします、そう評価せずには済ませられない。こうした経済的価値を基礎にした評価は、どんどん拡張され経済領域以外の世界へ、社会的、政治的、芸術的文化的領域の出来事やふるまいや所産についても、広がって行きます（投票買収何千円とか、美術館博物館の市場化テストなど）。昨今のなんでも市場（の価格づけ）で評価、拝金主義・商業主義という風潮に対して、『資本論』の批判的見方と一致しています。

　"危機の根源の問題はどのようにこの「価値」を揺さぶるか"という点では、経済恐慌や不況という局面は、交換価値の不均衡の爆発、価値の減退喪失を意味する事態です。

　とはいえ、ここで引き合いに出されている「価値」は、交換価値、経済的価値といった厳格な用法でなく、社会学的、哲学倫理学的な"値打ち"のよ

うな意味で用いられているようにも見うけられます。
　②　資本主義の"従来の正常な役割"とは何なのか。資本主義の「正常、異常」という用法はあまり聞き慣れたものではなく、やや違和感がありますね。大局的にみて、古代や中世封建制から引継いだ人類史の歴史的発展段階としての資本主義を取り上げると、社会的生産力の著しい発展を可能にしたこと、地縁血縁を廃して市民社会のもとでの人権と民主主義をはぐくんだことなど、その歴史的に積極的肯定的な使命・意義が浮かび上がります。資本主義の意義役割についての「積極的肯定的な」側面と「消極的否定的な」側面という問い方ならよく分かるのですが。

Q19：現在のマルクス経済学の最先端の研究テーマとして何を学べばよいか

　現在『資本論』第1部を勉強しているわけですが、これらの古典が現在まで指し示す資本主義経済の運動法則のうち、現在のマルクス経済学の最先端の研究テーマとして、どのような『資本論』の原典の内容があるでしょうか。この質問は、一見曖昧なようですが、学問の最先端のテーマを知りたいという知的好奇心からでたものです。経済学会の抄録などを見ればわかるかもしれませんが、なかなか入手できませんのでご教授下さい。

A19：「現在のマルクス経済学の最先端の研究」の課題としてどんなものがあるか知りたいというご質問には、有斐閣の富塚良三・服部文男・本間要一郎編集代表『資本論体系』全10巻が役立つでしょう（私も2、3論文を執筆しています）。『資本論』全巻のテーマはもちろん、現代資本主義の理論問題まで包括して原典解説から現代的論争状況まで紹介されています。

Q20：世界の経済学界の動向は？

　『資本論』の論理はきわめて明解なものですが、これに対する世界（国際学会）の経済学会の動向について教えて下さい。（たとえば、経済理論学会は、マルクス経済学が主流ときておりますが）また、どのような国際学会（誌）にマルクス経済学者は論文を自由に投稿し、掲載されますか？

A20：多彩な解釈や方法論に基づいてさまざまな中小のマルクス経済学諸学派・グループの活動が展開されていますが、自然科学におけるように、統一的横断的な、大規模な国際学会があるとは聞いていません（経済学・社会科学は階級対立をもろに反映していて、物理学のように「真理はただ一つ」という幸せな状況にないということが背景にあると推察します）。

　マルクス経済学のなかでも、専門分化が進んでいます。欧米では、古くから数理的手法をつかってマルクス経済学の重要命題（価値の生産価格への転形問題、利潤率低下法則の論証、搾取の証明など）を数理的に証明しようと追究する根強い潮流があります。こんにちでは例えば「分析的マルクス主義」という領域が開拓され、欧米や日本の一群の研究者によって進められています。近代経済学のミクロ価格理論（一般均衡理論）の手法に依拠する接近法がもちいられているのが特徴。私は、転形問題と、搾取の証明に関する置塩定理という論点に関与して批判したことがあります。これらマルクスの数理経済学的解釈は非常に形式論理的なスコラ論議に終始する場合がおおく、マルクスの明解な考察方法の真髄である弁証法の発生史的、論理＝歴史的方法とは正反対に、史実や社会実践や現実の経済現象の動きから離反した辻褄合わせが目につき（数学的処理をしますから、平板な同次元のなかでの諸要因どうしの相互依存的な量的な形式論理しか示せない（"＝"イコールの等式では本来、異質諸要因は関連づけることは出来ないのです）。範疇の"転化"関係（例：貨幣の資本への転化、剰余価値の地代への転化など）や"構造"（例：資本賃労働関係）といった質の析出、性格規定は難しい）、その潮流の意義や前途は、私の見るところ否定的、悲観的です。

　論文掲載の件については、たとえば私の専攻分野に重なる、マルクス経済学のなかの、経済理論・学説史（古典原典研究、学説史研究）では、旧東ドイツ・ベルリンのマルクス＝レーニン研究所が刊行していたドイツ語雑誌（Beitraege zur Marx-Engels-Forschung Neue Folge）を舞台にして、海外寄稿の掲載や特集を組んだり、国際会議を開催していました、いまもその雑誌は継続しています。私はその雑誌になん回か寄稿し、１９８８年の国際会議にも参加して報告したことがあります。アメリカのマルクス主義雑誌と

しては Monthly Review が歴史的刊行歴の実績のあるよく知られた雑誌です。

　上記ドイツ語雑誌には、賛助・支持会員を通じて英語ドイツ語でいつでも誰でも投稿することが出来ます。制度的に査読制（レフェリー制）をとっていないので、あちこち数十〜百人ほど散在している賛助会員の推薦を受けて投稿し、適宜掲載されることになります（だから、掲載論文の質的水準を守るために窓口になる私のような推薦人が事実上目を通して内容を審査することになります）。

Q21：大学でのマルクス経済学の現状
　旧ソ連崩壊後、全国の大学の経済学部からマルクス経済学の講座が殆ど姿を消してしまったと伺った記憶がありますが、実際はどうでしたか？　現在はどうなっていますか？　差し支えのない範囲で教えて下さい。
A21：同様の質問が、Q1 で問われたことがあったので、そちらの回答をも参照してください。

　ここ 20 年くらいの間にマルクス経済学の講座がほとんど姿を消したといってよいでしょう。とくに旧ソ連崩壊後 1990 年代は、──労働界、政界でも同様だったと思いますが──いわば暴風雨が吹き荒れて、もうマルクス主義的傾向の研究者は採用できず、授業名を書き換え（「経済原論」→「政治経済学」や「社会経済学」や「環境経済学」や「進化経済学」などへ）、更新と拡張ポストや学部・学科の増設は、産学協同の強い「金融工学」「ゲーム理論」「経営組織論」へと傾いています。世間も学生も大学教員たち自身も、どこでなにが講じられているか学部学科名からは判断できず、ファジーになってしまっています。

　経済学は諸科学の中でも、もっとも現実社会の階級的利害対立をもろに反映している学問分野であって、現実社会の動向、新自由主義的、右傾化反動化の潮流、その実践的担い手としての労働運動や市民運動の勢いの程度が鋭敏に響くものです。いまの日本の労働運動の状況を 120 パーセントに増幅してあてはめると、こんにちの経済学界状況を推察していただけると思います。

Q22：高度工業化日本の変革の担い手は？

　大工業の労働過程の社会的結合と可能性が、労働者の全面的な発達をもたらし、変革主体を形成するという理論が、1970年代の日本でも富沢賢治などを中心に展開された。先進国革命論の根拠として宣揚された。しかし、日本の大工業労働者は変革的主体とはなりえず、逆に周辺プロレタリア革命論などが登場した。大工業の革命的基礎というロジックそのものを再検討しなければならないのではないか？　むしろ、スローライフとかエコロジーを基礎とする欧米の社会主義的伝統は、『資本論』の大工業理論からはでてこないのではないか？　── という意見にどう答えればいいだろうか？

A22：近代資本主義の社会構成体の基本的な生産関係は、資本－賃労働関係です。日本を含めた先進資本主義諸国の社会進歩の推進力（変革的主体）として労働者階級を除外することはできず、とくに大工業・大経営組織労働者を主要部隊に位置付けないことにはとうてい前進することはできないでしょう。見当や評価の視点として、世界の歴史のおおきな流れや各国それぞれの独自のお国事情を考慮して、社会革新/変革運動の意義・到達面や制約・後退面や課題などを具体的に見る必要があるでしょう。〈日本の大工業労働者は変革的主体とはなりえず、→ 周辺プロレタリア革命論//大工業革命的基礎ロジックの再検討・マルクス主義再検討〉というように直結して捉えるのは、いささか性急ではないでしょうか。

　日本なら、戦後の革命的高揚期を押さえ込んだ1950年代の「第一の反動期」、二つの安保改定の国民的闘争や社共統一革新陣営の昂揚と革新自治体誕生を経て、それを教訓とした支配階級の1970年代の「第二の反動期」、社会党・総評官公労労働運動の取込みと変質、変革勢力の分断孤立化などが系統的に執拗に進められていることです。英米の革新勢力が微弱なこと、ソ連東欧圏の崩壊と反社会主義そして新自由主義イデオロギーの蔓延、独英の社民党や労働党など社会民主主義陣営の施策への失望や批判など、国際的にもこの間、資本主義にとって代わる社会主義への道の優位性を誰の目にも明らかにするような材料は、乏しいものでした。これらの動向、各国のお国事情について具体的に見れば、大きな階級闘争の歴史の、"なるべくしてなった"

一局面の動きであることが理解できてきます。具体的にていねいに歴史をたどれば、マルクス、エンゲルスの革命論、現代的変革理論が基本的に成り立たなくなったという清算主義に走ることはないと思います。

Q23：剰余価値学説史の意義は？

『資本論』第四巻となるはずだった、剰余価値学説史はどのような意義が（第1～3巻と比較して）ありますか？ これも系統的に学習する必要がありますか？

A23：マルクスもエンゲルスも、マルクスが1861-1863年に執筆したノート15冊におよぶ膨大な草稿から、『資本論』第四巻に相当するものを編むことを構想していました。その構想は両者の死去によって果たされなかった。『資本論』の諸理論に関係する先行するまたは同時代の諸見解を克明に分析検討して「剰余価値に関する諸理論」と題した草稿でした（K.カウツキーやモスクワのマルクス＝レーニン主義研究所の編集によって『剰余価値学説史』として公刊されました。同じ表題で邦訳もあります）。一言で言うと、『資本論』の諸理論（つまり、剰余価値論、生産的労働論、労賃論、蓄積論、再生産論、利潤論・平均利潤論、利子論、地代論、収入論という『資本論』の第1～3巻におよぶマルクスの独創的な認識）がどのように先行諸理論の批判的検討から創出されて行ったのかを追体験したどることができます。『資本論』のように、公刊のために記述が体裁よろしく仕上げられているのとは違って、論述には"思想沸き立つマルクスの厨房に立ち合う"がごとき趣のあるおもしろさや味わいがあります。

いま東京学習会議主催の「お茶の水ゼミ」（宮川講師、第1日曜日）では、今年度はそのマルクス『剰余価値学説史』をテキストにした学習をすすめているところです。"先行周辺諸学説からの批判的克服の歩みをたどりつつ『資本論』認識そのもののなりたちをいっそうふかく学ぶ機会に"、との触れ込みで募集し、CDテープ受講ふくめて50名近くが受講しています。

【講師メッセージ．1】

マルクスの座右の銘を胸に、『資本論』の扉をひらけ

　早春の陽差しが日ごとに勢いを増し、梅のたよりもちらほら聞かれるようになりました。受講生のみなさん、戸惑いは吹っきって『資本論』挑戦の心構えは熟して来たでしょうか。テキストをひもとくにあたって、マルクスの座右の銘（モットー）を聴いておきましょう。

　第1巻を世に送り出す最終の日の執筆となった初版「序言」の結びにおいて、マルクスは、みずからの二十数年間におよぶ学究生活の総決算に満を持して、自信と感慨とをにじませた"信条"を吐露しています。

> 「科学的批判にもとづくいっさいの意見を私は歓迎する。私のかつて一度も譲歩したことのないいわゆる世論なるものの偏見に対しては、あの偉大なフィレンツェ人の座右の銘が、つねにかわることなく私にあてはまる。
> "なんじの道を進め、そして人々をして語るにまかせよ！"［ダンテ『神曲』煉獄篇より修正］ロンドンにて、1867年7月25日　カール・マルクス」
>
> (訳13-4/原17)

　「25日」という日付が入っているところに、この書物が人類の歴史を画期するものになるだろうとのマルクスの予感や期待そして自信と矜恃（きょうじ）の心境が窺い知れます。ここのくだりはさぞかし気分が高揚し武者震いして筆を執ったことでしょう。これと同じ趣旨の信条は、8年前の『経済学批判』の「序言」末尾にも表明されていました。

> 「科学の入口には、地獄の入口と同じように、次の要求が掲げられなければならない。"ここにいっさいの疑いを捨てなければならぬ、いっさいの怯懦（きょうだ）はここに死ぬがよい。"［ダンテ『神曲』より］
> 　　　　　　　　　ロンドンにて、1859年1月　カール・マルクス」

　いずれもダンテからの引用句のかたちをとっていますが、いまやマルクスの血肉と化して彼自身のモットーになっていることは疑いを入れません。せ

めてその心意気だけでも、気合い負けせぬようしっかり受け止めたいものです。

　日付といえば、もう一件、マルクスの生涯でもっともめざましい決定的一瞬が想い起こされます。うえの序文を書いて20日のち、マルクスは1867年8月16日付のエンゲルス宛手紙には、その右肩隅箇所に、次のように、なんと真夜中2時という異例の時刻入の日付を書きつけています（掲載資料からマルクス独特のくせのある筆致で「2 Uhr Nacht 16. Aug. 1867」という数字が読み取れますね）。

> 「1867年8月16日、夜、2時　／ちょうどいまこの本の最後のボーゲンの校正を済ませたところだ。／序文もきのう校正して返送した。つまり、この巻は完成したのだ。ただ君に感謝する、これができたということを！……」

　人類の知的財産『資本論』第1巻の初版校正がついに終わり、文字どおり、著者の手を完全に離れて独り歩きしはじめた劇的瞬間、まさにマルクスの学者生涯にとってのハイライトでした。興奮ぶりが文面に躍って、読むものをゆさぶります。

　「日付のない歴史はない」わけですが、そのように時刻さえ意味を持つ決定的瞬間もある、例えば1945年8月6日午前8時16分の広島原爆投下や、1995年1月17日午前5時46分の阪神大震災など。私たちも、マルクスの「真夜中2時」のような、歴史や人生に積極的な意味をもつ記念碑的瞬間を積み重ねて、人生を分厚に彩りたいものですね。さしあたり『資本論』の扉をひらいた日付、そして必ずや、1年後には第1巻の読破を成し遂げ、最終ページにその記念の日付が刻まれる瞬間を、すべてのみなさんとともに迎えようではありませんか。

　〔追記〕　開講ガイダンスで紹介した『資本論講義要綱』口絵第6ページ、《学問に王道なし》の旧街道のスナップ写真は、おかげさまで好評を博しました。舞台裏話では、じつは、当初はマルクスの墓の写真がそこにあって、街道の絵は最終ページにつまり逆に配置されていたのでした。墓の絵よりも

もっと希望のある元気のでる絵を前にもってきたいものだと運営委員と相談した結果、印刷直前になって現行版のページ付けのように入れ替えたのです。旧街道の写真にこだわるのは、遥か広がるその光景が真壁仁の詩をじつにぴったりイメージ化したものだという私自身の思い入れからです。
　そこで、… 大志を抱いて『資本論』に挑むすべての受講生のみなさんに、口絵写真に本来添えられるべき真壁の詩「峠」をここに贈ります。
　第2、第3連のフレーズ（章句）を口ずさみながら私はあなたの背をひと押しする、そして、この本物はたしかにまずくないぞ、といささか先達風をふかして、尋ねいく〈たのしく、なつかしい〉道ゆきの味わいと、〈憧れのようにあまい〉秘密の泉のありかとを指差して、私はあなたを誘う、《資本論あり、いざ学ばめやも》……
　（マルクスの名言や資本論周辺の肩の凝らない話題ときには激励を、毎月「講師メッセージ」シリーズでお届けします。講師多忙の折はご容赦いただきますが。）

ベルリン郊外ののどかな石畳の旧街道風景、中世からのりんごなど果樹の並木が続く。

ロンドン・ハイゲート
墓地のマルクスの墓

峠

　　　　　　　　　　真壁　仁

峠を登りつめた者は
のしかかってくる天碧に身をさらし
やがて
それを背にする
　風景はそこで締じあっているが
　ひとつを失うことなしに
　別個の風景には
　はいっていけない
大きな喪失に
たえてのみ
新しい世界が開かれる
　峠にたつとき
　すぎ来しみちは
　なつかしく
　開けるみちは
　たのしい
みちは答えない
みちは限りなくさそうばかりだ
　峠のうえの空は
　あこがれのように
　あまい

(2) 第1篇　商品と貨幣　第1章　商品

Q24：『資本論』の冒頭はなぜ商品ではじまるか
　資本主義社会の「富は、『商品の巨大な集まり』として現れ、個々の商品はその富の要素形態として現れる。それゆえわれわれの研究は、商品の分析から始まる。」(訳59/原49) という冒頭の一文について、「経済学の方法」(「経済学批判要綱」序説) との関連で、分析の対象をいきなり「商品」としているが、そこに至る「前史」はなかったかどうか教えて下さい。

A24：『資本論』の冒頭はなぜ商品ではじまるか ── これは『資本論』学習の定番質問です。こういう基本的な質問は、これから大著を繙（ひもと）くうえで、その心得は必要なことであり、重要です。ふたとおりに回答しましょう。

　[1] まず、「分析の対象をいきなり『商品』としている」ということについて、予備知識や先入見ぬきに、子どものような純真な立場で点検してみましょう。ためしに、小中学生相手に「資本」定義から始めてみてください。始めるということはゼロから説明を尽くすということです。たとえば、《資本とは、貨幣資金や工場設備をもった、自己増殖する価値だ》などと (熟した用語や言い回しでしたり顔に) 説明しようものなら、袋だたきにあって、失格です。というのは、では、その説明のなかの、a) "貨幣" とはなに？　b) 貨幣が "小遣い" ではなく "資金" であらわれるとはどういうこと？　c) 建物がなぜ工場設備になるの？　d) 生き物でもないのに "自己増殖" とは？　などなど集中砲火を浴びせられるでしょう。そこで、さらに遡ってたとえば、a)《貨幣とは、商品と交換できる金量だ》などと説明しようものなら、再び袋だたきです。というのは、b) 商品とはなに？　なぜ生産物が素顔のままではなく、値札をつけて商品になるの？　c) どうして金属の "金" が貨幣という奇妙な装いで現れるの？　etc。

　けっきょく、こんなことなら最初から、それ以上遡ることのできない始源から出発すればよかったのに、ということに帰着します。つまり、そういう資本主義経済の全体像を最初の一歩から説明しようとするための始源

が、「商品」なのです。言いかえると、上の回答説明の仕方は、《 北とは南の反対だ 》それなら南は？《 南極のあるほうだ 》！？ などと、しどろもどろになるというパターンに似ているところがあります（「論点先取りの誤謬」）。前掲の「説明」も、その場しのぎの安直な、思いつきの言いかえにすぎず、筋道だった科学的説明とはかけ離れたものだったということが分かります。

　[2] 数世紀にわたる経済学の発展の中で到達された、経済学の端緒範疇（学問体系の出発点）についての、これはマルクスの着眼点です。初めの頃（重商主義時代）には、富＝金銀貨幣と受け止められ、そこに分析が向けられていましたが、近代産業の発展とともに社会の物質的富の基本は日々再生産される商品生産物だと受け入れられるようになりました。こうしたイギリス古典派経済学の合理的核心を、マルクスは受け継ぎました。

　さて、マルクス以外の従来の経済学は、なにをもって論述の出発概念にすえたかと言いますと、A・スミスは「分業」、リカードゥは「価値」、J. St. ミルは「生産」といった具合です。ところが、「分業」や「生産」では、どの歴史社会にも当てはまる抽象的概念にすぎず、また、「価値」は、それを担っている生産物体（商品体、使用価値のこと）との関連をないがしろにしていて、いずれにせよ、資本主義的商品貨幣経済のもっとも本質的な特殊歴史性（＝時代制約性、時代の特徴を反映する特性）をとらえるものとなっていません。こうした近代資本主義経済分析にとって細胞をなす「要素形態」をめぐって、出発点でのキー概念の設定の不備またはその一面性は、その後の経済学体系ないし論述全体の展開の不備や一面性を染め上げることになるのです。この点は、じっくり本文で見て行くことになるでしょう。

Q25：交換価値の「現象形態」？

　第1章第1節の「第二に、交換価値は、それとは区別されうるある内実の表現様式「現象形態」でしかありえない」（訳63／原51）の個所はどういうことをいっているのか教えて下さい。「現象形態」とは？

A25：交換価値の交わり方を観察してみると、まず第一に、お互いに取り

替えっこしているのですから、相互に共通な「一つの等しいもの」が含まれているはずですね。このことを承けて、「第二に」となります。それぞれの交換価値は、その「一つの等しいもの」（実はこれが価値ですが）とは違ったそれぞれに独自の姿（「現象形態」＝目に見えるもののかたち）で現にそこに在るわけです。

現に感覚的に手に取るようにつかめるのはそれぞれの交換価値、これに対して、共通な「一つの等しいもの」は分析抽象してはじめてとらえることができます。第1章第3節「価値形態」についての考察で、この関係をもう一度丁寧に見ます。

Q26：「リンネル」って？

リンネルってなんですか？

A26：「病院で「リネン室」というのを見かけますが、リンネルと関係有りますか？」その回答を掲げます。

「リンネル」(liniere　フランス語。リンネルはフランス語読み)も、「リンネ」(Linne 独語)、「リネン」(linen　英語)も、同じものです。ひと昔まえはリンネル＝亜麻布は、貧しい労働者大衆にとっての日用衣料品素材、布地の代表であり、じょうぶな麻袋として使われたり、リンネル服といえば、「菜っ葉服」とも呼ばれ復活た上下続きの青色の労働者の作業衣のことでした。こんにちリンネル（亜麻布）は、技術が進んで、きめ細かな柔らかな肌触りの布になって高級衣料・インテリア用布地として見直されています。「リネン室」という名称は、研究所や病院の白衣シーツ類をおさめる倉庫の名残の呼び名です。

Q27：「エレ」って？

２０エレのリンネル・・・「エレ」というのはどれくらいの単位ですか？

A27：Elle－エレまたはエレルは、ドイツ・プロイセン時代の長さの単位。1エレ＝66.690cm。

Q28：商品の相対的価値の変化がわからない

リンネル（商品A）の価値が下がって、相手の商品Bがそのままの価値なら、どうなるのか。逆のパターンなら、一体どうなるのか。貨幣と商品の関係がうまくつかめないです。インフレ、デフレがなぜ起こるのかも、この議論と関っているかと思うのですが・・・。詳しい解説をお願いします。

A28：リンネル（商品A）の"相対的価値の変化"をひきおこすような、絶対的な価値変化要因の動きの組み合わせを示したものです。

リンネル（商品A）の"相対的価値"が矢印方向「↑」＝上昇する場合には、両辺商品の絶対的な価値変化の組み合わせに基づいている、すなわち、「(1) A商品の↑」＝上昇［他方のB商品の価値は不変とみなしておく］の場合か、または「(2) B商品の↓」＝下落［他方のA商品の価値は不変とみなしておく］の場合か、いずれかです。ぎゃくに、A商品の相対的価値の変化として、矢印方向「↓」＝下落する場合には、「(1) A商品の↑」＝上昇［他方のB商品の価値は不変とみなしておく］の場合か、または「(2) B商品の↑」＝上昇［他方のA商品の価値は不変とみなしておく］の場合か、です。さまざまな変化ののち、てんびんの左右の皿に、A商品の価値と他方のB商品の価値が釣り合うように加えたり減らしたりする。そして新たに到達された平衡なてんびん両皿にのった物品の増減に注目すると、その物品の分量の増減がとりもなおさず、価値の相対的表現（交換価値）の変化の現れとなります。

Q29：使用価値の捨象

なんで商品の交換関係を特徴づける使用価値を捨てるのかがわからない。

A29：交換を行う（これは人間しか行いません）場合、だれもが例外なくおかれる客観的状況を考えてみてください。交換されるモノ同士が共通の「通約できる」仲立ち要因を持っているという事実、等価性が必ず前提になっている（20gと8℃は共通のものはなく交換不可）。日常、無意識に行っているお金やものの交換という行為の前提や条件を改めて考察すると、相互に違った性質で現われている使用価値のその背後に潜む共通なもの（＝価値）

を基礎として仲立ちとして、交換が成立していることが分かる。この価値を抽象「抽出」する、明瞭に掴み取るという手続き、それが使用価値をひとまず度外視する、使用価値を捨象するという分析手続きであり、商品交換において実際に行われている客観的な関連づけを思考の上で再現する操作なのです。

　"かけがえのない値打ち"つまり固有の使用価値を捨象するところには、"交換可能性"つまり置き換え可能性が横たわっている。このことから、社会組織の中での"余人をもってかえがたい人材"と"要因交代可能性"との関連が想定されてきます。組織の活力と個人の生きがいを支えている2つの側面であり、ときに矛盾しあう要因であり、人生の大問題です。商品の考察はいつもよき手がかりです。

Q30：「商品に表される労働の二重性」がよくわからない

　第1章第2節「商品に表される労働の二重性」について基本的な質問です。
　有用労働と抽象的人間労働の性質が具体的にわかりにくいのです。以下のように考えてよいでしょうか。
① 有用労働はworkで、抽象的人間労働はlabourで、この二重性は、workをはがすとlabourが最終的に残ると考えてよいか。
② この二重性の問題がマルクス経済学の具体的などんな理論に結実しているか。
③ 労働の二重性は、商品に表される労働ということで、研究者、教師などの職業には、それはないと考えてよいか（商品が介在しない仕事）。それとも、すべての仕事は労働力を提供するので、（その労働力は商品であるので）労働の二重性が存在すると考えるのか？

A30：①有用労働と抽象的人間労働との関連づけについてですが、有用労働と抽象的人間労働の性質については、エンゲルスが注釈をほどこしていたように、英語圏では有用労働にはwork、価値形成的抽象的労働にはlabourが対応する用法があるということです。「はがす」を「抽象する」という意味にとって、労働の具体的で有用な性質を抽象し（はがし）たところに抽象

的人間労働が浮かびあがる、という関係として理解可能でしょう。また、次のようにもいえます。有用労働 work はどの社会いつの時代にも当てはまる普遍妥当性をもち、これに対して後者の価値形成的抽象的人間労働 labour のほうは、人類社会の特定の発展段階にはじめて登場した特殊歴史的な規定ですから、逆に、特殊規定の labour をはがすと普遍的な work が最終的に残る、work が本来の姿で現われる、と考えることもできます。

② 商品を生産する労働の二重性の問題は、［1］『資本論』第1巻生産過程の分析にはいるとたちまち威力を発揮します。資本の価値増殖過程における旧生産手段の価値の移転保存のプロセスついて、首尾一貫して理解可能にしてくれます。［2］また、『資本論』第2巻では、再生産論の認識で決定的な独創的威力を発揮します。この労働二重性の理解がないと、従来の経済学やこんにちの非/反マルクス経済学（非/反労働価値説）の考え方、たとえばマクロ経済学/国民所得論という内容が示しているように、一面的な社会的再生産認識に止まります。このように、労働二重性の認識は、マルクスも強調しているように、経済学批判のための「決定的な旋回軸」（ここをしっかり理解しないと、あやまった学説や俗流に陥ってしまう）をなしています。

③ 労働の二重性は、「商品に表される労働」についての規定です。したがって、商品に結実しないサービス的なふるまい、サービス分野の働き、つまり「研究者、教師などの職業」には、原則当てはまりません。これらは対人サービスを提供しますが、価値をつくり出すわけでなく、したがって抽象的労働を発揮するというわけではないのです。とはいえ、こうしたサービス労働も、資本主義的営利企業として営まれています。例えば予備校教師、民間企業研究所の研究者は、資本－賃労働という生産関係のもとで、剰余労働の発揮を強制されるわけですから、標準的な商品生産物の物的生産労働になぞらえて、あるいは看做されて、労働時間の延長、労働強度のつよめを強いられ、通常の物的賃労働と同じように、（生活のための）つらくきびしい無味乾燥な抽象的労働 labour を支出していることを実感することになるでしょう。

なお、ご質問のなかにある、「すべての仕事は労働力を提供するので、（そ

の労働力は商品であるので）労働の二重性が存在する」について。「労働力を提供するので、労働の二重性が存在する」というわけではありません。労働力の発揮すなわち労働が二重性を帯びるかどうかは、労働力が商品であるかどうかによって条件づけられるのではなくて、その労働が商品をつくるのかそれとも非商品生産物（サービスを含む）を提供するのか（つまり商品をつくらないのか）、に依存します。

Q31：商品における労働の二重性について立ち入って質問

マルクス経済学において、このとらえ方は、軸足に相当するもので、極めて重要であることがわかりました。

この学問は資本主義経済法則を解明することを目的としております。そこで、次の点についてお教え下さい。

『資本論』刊行後、その過去から現在にいたる近経およびマルクス経済における、本邦および諸外国の経済学者の原著論文のうちで、ほぼ同様な経済データに基づいて（ひとつの特徴的経済現象の発生時）、これら二大学問体系において、この労働の二重性の問題を軸足にするかしないかで、対照的に異なった結論が得られた実例（原著論文）をお示し下さい。もちろん、ほぼ同様なデータといっても、すでに、そのデータの集め方に恣意的なものがはいりこむため、具体的には少ないでしょうが（それが近経とマル経との相違）、科学論文から真理を考察する場合、ぜひこの問題における厳密な検証が必要と考えます。この検証が二重性が真実、軸足であるか否かの一つの学問的証明となると思います。私は経済学の研究を本業としていないので、ピントはずれの質問の場合はお許し下さい。

A31：科学に誠実でありたいという姿勢を持とうとするなら、なん人もこのような対決を思い描き、そして自分なりにこれを最後という決着をつけたいとつよく願うでしょう。避けて通れない疑問でしょうね。ふつつかながら私の駆け出し研究者のころ 30 代 40 代は、こうした問題意識にどっぷり浸かっていたといっても過言でありません。それは要するに、天動説をとるか地動説をとるか、聖書の天地創造説をとるかダーウィン進化論をとるか、とい

うのと同質の根本問題です。

経済学領域の問題としては、主観的効用価値説をとるか客観的労働価値説をとるかです。言い換えれば、非/反マルクス学派（＝古典派、新古典派、ケインズ学派、新リカード学派、新自由主義学派・マネタリズム）をとるかマルクス学派をとるかという問題が立ちはだかります。さらに踏み込むと、労働二重性を捉え損ねるか、把握できるのか、という学問＝科学としての鼎を問われる原理的認識の対立に連なるでしょう。そのような科学の歩みにおける原理的対立が解消・解決できないのは、究極的には、人間社会における階級対立構造があるためであり、この階級利害対立関係が色濃く影響のおよぶ領域であればあるほど、世界観と結び付いた学問的分岐対立は深くなるものです（とくに経済学を筆頭とする社会科学分野、自然科学の一部領域）。この問題はさておき、ご質問の具体的な回答をします。

「商品における労働の二重性」把握をめぐる、学説体系を賭した対立点をかたちづくった例としては、マルクス再生産論（『資本論』第2部第3篇1863-1880年）、対、ケインズ有効需要論（『雇用、利子、貨幣の一般理論』1937年）でしょう。資本主義経済の本質の捉え方から、宿痾の病である資本主義不況の診断と処方の仕方について、学派学説理論の原理の相違が顕著に政策上の対抗をもつくりだした、もっともおもしろい好例です。ケインズの有効需要創出の理論は、「労働の二重性」の把握を欠くために、商品価格のうち生産手段の費用部分を説明するために（誤った）スミスのドグマの思考方法と論理に頼らざるをえないし、また効用価値論に依っているために、貨幣の裏付けのある「有効需要」の源泉と帰着先には無頓着おかまいなしにいくえもの派生所得・需要を無批判に束ねて消費拡大という幻想を描き出し、無根拠恣意的な「乗数効果」を言いふらし、「乗数理論」と称されて一世を風靡しました。これは、二〇世紀大半（1930年代〜80年代）の資本家階級のための体制護持の切り札的景気政策の理論的支柱になったものであり、日本のゼネコン政治の論拠をなしたものです。

私は、20年前にこのケインズ有効需要論には決着をつけておきました（参考：宮川彰稿「ケインズ『有効需要の原理』を吟味する」（上）（下）『経済』

1987年1、2月号)。おもしろいことに、最近、近経マクロ経済学を専攻するケインズ経済学者から、このケインズ経済学のかなめをなすはずの理論に対し、注目するべき自己批判が投げかけられました（小野善康阪大教授「論理矛盾ある『乗数効果』」「日本経済新聞」2006年7月25日付け)。その結論は、よくよく丁寧にケインズの乗数理論のロジックを追って点検したら、現実離れしていて妥当しない、というのです。再生産論なき近代経済学「国民所得論」の不備欠陥が、真面目なチェックがかかるとすぐ露見するという好例です。

Q32：価値とは人間的労働の汗水の結晶？

　「ホリエモン」は保守の中でも悪質な姑息な手段でもうけ一途に走った会社の人間だった＝「企業乗っ取り屋」。価値という概念がわかりました。価値＝人間的労働の汗水の結晶？

A32：価値という概念をこのように人間労働＝汗水の結晶として捉えてこそ、この世のはてしない財産＝交換価値をめぐる争い、経済的競争や闘争の起きる理由もわかってきます。アダム・スミスは価値をつくる労働のことを「労苦と骨折り toil and trouble」と言い表しましたが、まさにぴったりの表現です。

　ひとはなぜそのような労働という苦労をかけるかと言えば、もっとも重要な生き延びるための生存手段の確保と結びついているからです。そして大きな交換価値＝財産をわがものに貯え込むということは、そのような物質的富の大量を支配することができるからです。逆にいえば、空気という自然素材や蒸気という自然力には、価値も付かず価値というかたちでの労働・物質的富の支配も不可能です。そんなものは見向きもされません。価値（＝貨幣）をため込んで経済的富を増大させることは、社会の他人の「労苦と骨折り」を支配できることになり、経済的だけでなく政治的社会的な支配力影響力をもつことができるようになります。

Q33：古美術品や骨董品はなぜ高価？

テレビの「何でも鑑定団」でやっているように、単なる古い皿は安いが、古美術品となると高くなる。このことは、価値としてはどう考えるのだろうか。言い回しがむつかしいですが、先生の話し方でいまこの場ではわかったような気がしました … 家に帰るとどうかな？

A33：古美術品や骨董品に高価格が付くのは、とにかくそれがこの世にオンリー・ワン、その評価額、交渉値で買い手が現れるからです。偶然的非法則的なことです。価値法則の妥当する領域は、人間の生存のために必要な商品生産物の世界です。日々何百万回何億回となく繰り返し再生産され、交換分配され、消費されている必需品・便益品（奢侈品）であり、法則は、その商品をつくるのに必要な労働量によって価値の大きさが決まるというものです。そうでないものについては、その価値の法則にあやかって紛れ込んできた、例外的な寄生的攪乱的なものにすぎません。

この本則と例外、本ものとニセもの・あやかりもの、玉と石とを見きわめる眼をつちかうことも、科学的思考を進めるうえで重要なことです。

Q34：価値はどのように決まる？

「価値は"労働"要因ではなくて"効用"とか"希少性"とか、"需要"要因で決まるのではないかと考える誤った価値論」とありますが、確かに、それらの要因によって決まるケースもあると思うのですが。

A34："効用""希少性"の要因については、ご指摘のとおり、一理はあります。とはいえ、"効用"とは"希少性"とはなにか？ を踏み込んで問いただすことも必要でしょう。たとえば身体を暖める、装おうという上着の効用と、時を告げ時間をはかるという時計の効用とを、いったいどうやって比較しはかるというのでしょうか。この領域では、けっきょく主観的な充足感、心理的満足度といったところに帰着して、客観的な議論は成り立たない世界に陥ってしまいます。

問題は、なにをもって価値をめぐる"法則"、価格の"ルール"をみるかです。これから『資本論』で考察しようとしている経済法則が当てはまる対象・できごとといえば、日々幾千回、幾万回となく繰り返されている、ごく

ありふれた日常の人間の物質的な生産と消費の生存活動です。問題となるのは、いわばいつでも"再生産可能な"、必要に応じて"任意に増産可能な"、生存条件にかかわる物質的財貨です（「再生産可能な任意増加財」とも特徴づけている）。偶然的に発掘される骨董品や、才能のひらめきで創造されたりする、そして二度と再生産されえないような、芸術作品ではありません。密輸される麻薬や買収される選挙権や娼婦のサービスなどのような、反社会的ないかがわしい商品とも違います。正常な経済活動の標準的な生産物です。

　この領域で繰り広げられている生産物どうしの交換をめぐって、「それに費やされた労働に比例して交換するよりほかにどのようなやり方がありうるであろうか？……　それとも、農民と手工業者が、一方の10時間労働の生産物を、他方のたった1時間労働の生産物と交換するほど愚かであった、とでも考えるのか？」（エンゲルス『『資本論』第3部への補遺』より　訳1567-1568/原907）。エンゲルスによるこの背理法の言い回し方法は、説得力があります。その当事者の立場にわが身を置いてみれば納得できるし、また、たとえ実際には情報の偏りや条件の有利不利のせいで10対8とか（逆に）10対12とか時にはズレが生じるかもしれないけれど、それも幾千回、幾万回の繰り返しのなかでは例外ケース、誤差でしかないということが知れるでしょう。

　そこで、いったいなにが"本則"でありなにが"例外"なのか、なにが原理でなにが副次的派生的かということが分かってくるのです。こういう手筋のよい議論のはこび方・問題の立て方に、少しずつ慣れて行きましょう。良識を支えるのは、こういう手筋のよい思考方法です。また、目の前で激しく浮沈するさまざまな情勢や出来事に一喜一憂したり過度の楽観悲観に陥ったりしなくなります。肚がすわわって動揺しなくなります。

Q35：今年の冬はストーブが高かったのはなぜ？

　例えば、今年の冬は寒かったのでストーブがよく売れたそうですが、商品の交換価値の大きさを規定する社会的に必要な労働時間が自然諸関係によって規定されたので商品の値段（価値）が高くなったと考えればよいのですか？「ものには、使用価値があっても交換価値のないものがある、交換価値

のないものは商品にはならない」という理解でいいのですか？ それ以前の文章との関連はどのように考えればよいのでしょう？

A35：今冬の寒さの影響は、一定の社会的に必要な労働時間でもって製造されているストーブの「価値」に影響するのではなくて（寒さゆえにこれまでの製造労働時間が増大したとは考えにくいから、価値は不変のままで）、価格が釣り上がったのです。ストーブの需要（買い手）と供給（売り手）とのあいだの競争で左右される「市場価格」が、需要（買い手）がぐんと増えたために一時的に価格が価値より離れて上昇した現れだと考えられます。もし来年暖冬になれば逆に買い手が少なくなって価格は下落するでしょう。

　価格とは、商品価値を貨幣という"価値の鏡"で、独立した"表現手段"で表わしたものです。この価格のほうは需要供給、季節要因その他さまざまな原因で時々刻々にめまぐるしく変動します。

　第1節の最後の段落の理解は、それでけっこうです。「それ以前の文章との関連はどのように考えればよいの」かということですが、どこが問題でしょうか？ 商品が商品であるために本質的な2要因、価値と使用価値は欠かすことは出来ないという趣旨をのべた段落であり、両要因の組み合わせのあり方を述べていて、いたって明快だと思いますが。

Q36：価値変動の原理

　「一商品の価値の大きさは、その商品に実現される労働の分量に正比例し、その労働の生産力に反比例して変動する」→ 変動を図式化するとどうなるのですか？

A36：商品の価値（価格と考えてもよろしい）W、その商品の生産に必要な労働を L、そしてその分量を Q 、その生産力（生産性）P 、と表すと、まず上の命題を、

　　$W = \dfrac{Q}{P} L$　　と関係づける、図式化することができます。

① 生産力が変わらないまま、労働量Qが2倍になればW=2L（原材料費や輸送コストが倍化する場合）で、価値（価格）は2倍に高騰。

② 労働分量Q・Lは同じでも、生産性Pが2倍になれば、W=L/2となり（豊作の場合）、価値（価格）は半分に下がる。
③ P、Q両要因のいろいろな組み合わせも可能です。
 (a) 分母子とも両方同時に2倍になれば、$W = \frac{2}{2}L$ となり、価値は不変のまま、
 (b) また、逆方向に変化する、たとえば労働分量が1/2、生産性2倍となれば、$W = \frac{1/2}{2}L$ つまり価値は1/4に大きく下がる。同じく労働分量2倍。生産性1/2となれば、$W = \frac{2}{1/2}L = 4L$、4倍に高騰する。つまり非常に増幅して変動する。
 (c) その逆に、P、Qが同じ方向に変化すると、変化の程度は緩和する。例えば、労働分量が3倍、生産性2倍になると、$W = \frac{3}{2}L$ つまり、1.5倍の上昇というように。みな、上の命題または基本図式の応用です。現実の商品の価値（価格）の動きも、たんなる気まぐれの偶然の値動きでなく、生産の条件の変化に基礎をもつものであれば、必ず、この原理 $W = \frac{Q}{P}L$ に基づいていることになります。商品価格の動きを理解する上での「伝家の宝刀」のような原理ですね。

Q37：サービスをどう見るか？

「商品の価値とは労働という汗の結晶」と要約されていました。これは、製造業や農林水産業には当てはまると思うのですが、学校の先生やスーパーの店員、事務員などモノをつくらない仕事の価値はどのように見たらいいのでしょうか？

A37：教育、医療福祉、旅行、美容理容などの典型的なサービスや商業、金融等の第三次産業の仕事をどのようにみるかは、第1巻第5篇で「生産的労働とはなにか」というテーマで言及することになると思います。丁寧に考察する必要がありますが、おおざっぱにいえば、第三次産業の仕事は、自分自身では価値をつくらず、自分の活動の提供の対価として、その活動を消費する人から支払いを受ける、つきつめて言い換えると社会の剰余価値から補

填を受けている、ということになります。

　これらサービス活動が報酬を受け取り貨幣支払いを得るということと、自分自身のふるまいが価値をつくるということとは、別の事です。経済学で定義される「価値」とは、労働生産物というモノに対象化されることが要件となります。ちなみに、「価値」をつくるかつくらないかということは、そのふるまいが役に立つ（値打ちある）かどうか、生産的労働であるかないか、ということとはまったく別事です。

　「価値をつくるかどうか（＝価値の有無の基準）」、「役に立つ（値打ちある）かどうか（＝使用価値または有用性の有無の基準）」、「生産的労働であるかないか（＝利潤をもたらすかどうか、使用価値を作り出すかどうかの二つの基準あり）」、これらは、それぞれちがった基準（ものさし、尺度）で定義されるものです。現象のあらわれでは、支払を受け貨幣を引き寄せてくるふるまいなら、価値を生み出し有用（値打ちもの）で生産的だろう、などと見えてしまいます。しかしこれらの規定は、元来異なった基準で区別し評価されるべきものですから、混同してはなりません。これらの区別を混同すると、"賭博と投機"、"ゲームと詐欺・犯罪"、ひいては"労働と遊び"、を区別できなくなってしまいます。実利的には一番目の"賭博/詐欺と投機"との綱渡り術が（ハイリスク・ハイリターンゆえ）いちばん関心をひくでしょうが、経済学のうえでは、最後の混同（"労働と遊び"とを区別できなくなること）がいちばん深刻で、――現代の一部の近代経済学派がそうであるように――経済学崩壊の兆候です。

Q38：「差別用語」の扱い

　『資本論』第１巻ａ（新日本出版）では、現代でいう「差別用語」が若干あります。これは、マルクス本人の用いた時代的限界の付与された語句なのか？ それとも日本人訳者の恣意的な訳語の問題なのか？ 「差別用語」を原典に使用する場合、一定の配慮が必要ではないか？ イ）言い換えるロ）注を付して解説を付すなど。

Ａ38：『資本論』のなかの差別用語またはそれにちかい用語用法は、――

邦訳は忠実な直訳に心がけていますから —— 時代社会に規定されたものがほとんどでしょう。なかには、マルクスが引用しているシェイクスピアなどのような文芸作品の表現にきわどいものがあります。それらは、歴史的古典書物が取り上げている当時の歴史そのものの反映ですから、訳者が訳語で配慮するというのは史実の偽造、というものです。後世の利用者が勝手に作り替えて、"言い換える"のは、古典に対する冒涜でゆるされることではありませんね。古典を繙くものの当然備えるべき常識教養として、そのような差別の歴史事情への理解は、前提されるとしてよいのではないでしょうか。

Q39：頭脳労働、知的労働に「平均労働時間」は成立するか？

社会的必要労働について質問します。情報労働や頭脳労働、知的労働に「平均労働時間」は成立するのか？

A39：一概にくくることはむずかしいと思いますが、概して、発明や開発などの研究的な、あるいは文化芸術的な、頭脳労働、知的労働は、社会的平均労働時間の概念には馴染みません。

Q&A33 の、「古美術」・骨董品の価格はどうなるか、をごらんください。「価値法則の妥当する領域は、人間の生存のために必要な商品生産物の世界です。何百万回何億回となく繰り返し再生産され交換分配され消費されている必需品・便益品（奢侈品）であり、法則は、その商品をつくるのに必要な労働量によって価値の大きさが決まるというものです。」商品というものはそもそも本来どんなものかという点を理解すると、その商品の価値の大きさをきめる労働の条件として「社会的平均労働時間」が問題になる、ということです。独創的な、当たるもはっけ当たらぬもはっけの探求や、才能個性に大きく依存する芸術活動は、商品生産にはなじまないものです。

Q40：文化芸術的な頭脳労働、知的労働の領域では労働価値論はなじまない

「文化芸術的な頭脳労働、知的労働は社会的平均労働時間の概念になじま

ない」とありますが、これらの労働領域では労働価値論は成立しないということになるのではないでしょうか？

　反マルクス学派は『資本論』を19世紀英国軽工業を前提とする限界をいいますが、これと同じということになりませんか？　北村洋基氏『情報資本主義論』では、情報労働とその他の労働を区別して独自の労働価値説を主張していますが、知的労働が進展する現代での『資本論』の新たな再編が必要とされるのでしょうか？

A40：「文化芸術的な頭脳労働、知的労働は社会的平均労働時間の概念になじまない」、だから「これらの領域では労働価値論は成立しない」、というのは、そのとおりです。芸術家の芸術作品、科学者の発見発明など、才能とひらめきと精進とがものいう世界。目ぼしを付けて2・3年費やして探求してみたけれど当て外れで徒労に終わるということは科学の世界ではふつうのこと、常態です。世の中で日の目を見ている華やかな成果は、ほんの氷山の一角、膨大な下積みの犠牲の上に、花開いているものが大半です。

　まず第一に、この陽の当たるもの当たらないものふくめて、このような不規則的な偶然的な成果、しかも音楽や絵画や発明などこれらはモノに対象化された商品ではないし、相場のような平均的市場価格なんぞあろうはずはありません。第二は、これらにたずさわるひとは、社会的影響力が大きいので大きな存在に映りますが、頭数で見ればものの数にはいりません。日本の労働者数千万人のうちの数万〜広くみてもせいぜい2、30万人ですから、数百人に一人の割合です。この種の例外的存在は法則に、労働価値の法則になじまないのは当然ですし、このような例外が存在しても、だからといって原則が揺らぐことはいささかもありません。

　"経済の情報化"とか"経済サービス化"とかいわれている風潮のなかで、なんとなく情報やサービスのふるまいが価値や剰余価値を生み出すかのように言いふらされている向きがありますが、俗論です。漠然と「情報」や「サービス」を抽象的に云々してはなりません。しっかり議論をすすめるためには、そこで話題になっている「情報」や「サービス」の具体的な部門や職種までを特定して（政府公認の"日本標準産業分類表"をもとにそれを批判的

にベースにして）それらがどのようなふるまいなのか、議論を丁寧に積み重ねて行くことがぜひ必要です。それを怠ると、情報やサービスも価値を生み、マルクスの労働価値説は古くなり修正が必要だという説にひきずられ流されてしまうのです。

『資本論』第1巻第5篇第14章の「生産的労働とはなにか」で、「情報」や「サービス」は価値を生むのか、生産的労働と言えるのかどうか取り上げます。

Q41：福祉もまた、もうけの対象に！

家事労働をどうみるか、とありますが、福祉労働はどう見たらいいのでしょうか。「福祉の商品化」が進行していると言われます。新自由主義経済路線の中で福祉もまたもうけの対象にされている感じがします。

A41：Q&A37に指示したように、第三次産業に分類される種々の「サービス」職業とならんで、生産分野から隔たって消費領域に属するような「家事労働」など、無償労働とかシャドーワークとかボランティアとかよばれている"気になる"労働が注目されています。これらについては、『資本論』第1巻第5篇第14章の「生産的労働とはなにか」で、取り上げます。これらすべて資本主義的経営の営利対象として条件があるものについては、資本主義は儲け場を見つけだしてどんどん進出し、商品貨幣経済に巻き込んでゆきます。

Q42：「クイックリー婦人」って？

クイックリー婦人の例がよくわからない。シェイクスピアの『ヘンリー四世』の劇中人物であるとは注で解るが。うるさいおばさんと商品の価値との関係についてさっぱり理解できないです。おねがいします。

A42：『資本論』第1巻第1章第3節「価値形態または交換価値」の冒頭第3段落に、マルクスは「商品の価値対象性は、どうつかまえたらいいかわからないことによって、やもめのクイックリーと区別される。」（訳81/原62）と述べています。この一文の趣旨は、商品の価値対象性の捉えにくさを際立た

せることです。つまり、商品の使用価値のほうは素材そのものですから見た通りすぐわかるのですが、価値のほうは無差別同等な抽象的な人間労働の結晶ですから、商品素材に担われているのに、見たり触ったり嗅いだりしてそれを五感で感じとったり把握することができない —— その捕らえどころのなさを、マルクスはクイックリー夫人の例で浮き彫りにしています。

『ヘンリー四世』第3幕で、主役の喜劇的人物・ほら吹きで自堕落な騎士フォルスターフが酒場のおかみクイックリー夫人にからんで悪態をつき、クイックリーがそれに応酬する場面があります。クイックリーが「お前さんは、騎士とは名ばかり、ただのごろつきさ」とやり返すと、フォルスターフは「お前も女とは名ばかり、ただの獣さ。カワウソだ、魚でもなし四つ足でもなし、どの種類に属するのかあしらいかねるからさ」とたたみかけます。このフォルスターフの台詞にあるように、クイックリー ＝ カワウソのように捉えにくいもの、と前提したうえでマルクスは、それでもカワウソはちゃんと五感で感覚的に把握できるのに、商品の価値ときたらさっぱり掴めない、超感覚的で捉えがたいものだと、"感覚的なもの"と"超感覚的なもの"との違いを強調しているのです。（ちなみに、クイックリーは亭主持ちです。マルクスが勘違いしたのか、それとも別の版ではシェイクスピアは寡婦にしてしまったのかも知れません。）

クイックリー夫人 ＝ カワウソのように捉えにくい女を確認し論旨をはっきりさせることができたところで、さて、これ以上の話は、第1巻の講座を聴きなさい。

Q43："商品の価値形態または価値表現は商品価値の本性から生じる"？

"商品の価値形態または価値表現は商品価値の本性から生じる"について教えてください。

A43：商品の価値形態は、ある商品の相対的価値が別の商品体を表現材料として現れ出る関係です。したがって二つ以上の商品の社会的な関係すなわち交換関係の発展（もっとも単純な2商品の交換から、多数の商品の、最後

には市場のすべての商品相互の関係)をたえずそのつどそのつどの価値形態の発展段階に想定する必要があります。第1、2節では商品を単独でまな板の上に取り出して細かく詮索したのとは様相がちがって、商品相互の交換関係という社会的な運動を対象にしてはじめて、価値形態の発展を辿ることが出来ます。

　だから、第1章第3節「価値形態」と第2章「交換過程」ではテーマがはっきりと異なります。価値形態の発展を、商品交換の発展にそくして完成の段階である「貨幣形態」までたどるというのが第3節「価値形態」論。これに対して第2章は具体的な商品交換の発展のなかで貨幣商品があれこれ採られ捨てられて「貨幣」が金に定着するプロセスの考察です。

　論理的考察は、それが合理的なものであれば必ず歴史的に実在した諸関係を反映したものです。マルクスの論理的=歴史的方法といわれている弁証法です。だから逆に言えば、第1章第1、2節の商品論でも、歴史的分析や、背景事情への言及がふんだんに登場しますし、第2章「交換過程」では、論理的分析をふまえて言及しつつ貨幣発展の歴史経過を考察しているのです。

Q44：アダム・スミスはなぜ、mを認識できなかったか

　先生のご本『再生産論の基礎構造』に書いてありましたが、アダム・スミスはなぜ、m を認識できなかったかという問題です。すでに明解になっている公式などマルクスが明らかにした公式はいくつかあります。(古典派経済学から近代経済学への流れの方向)これらの公式は、現代にいたるも近経済学者はどこまでも否定するのでしょうか？(あるいは避けようとするのか？)経済学が学問なら必ず善意の近経済学者も少しずつ理解は進むと思うのです。現段階ですべての経済学者(マル経と近経も含む)が認める公式(どの辺まで)の限界をお示しいただきたいと思います。

　——　私が想定いたしますには、m が関係する公式はすべてダメと近経済学者は言うような気がしますが——。

A44：剰余価値 m の存在、実在については、スミスはよく観察し論述していました。ただ、それを直接に利潤や地代としてとらえたり、労働力概念

の欠如から、首尾一貫した把握にはいたらず、矛盾した記述を残すことになりました。事実上、スミス古典派たちは剰余価値 m の実在をとらえてはいたのです。

それをとらえようと追究し努力したのが古典派だったとすれば、それの実在を知りながら、労働価値説とはまったくちがった考え方、すなわち、労働者搾取否認・資本弁護の立場で「説明」しようとしたのがその後の新古典派＝近代経済学です。

現段階での学派をとわず共通して認めるのは、労働者の賃金をこえる膨大な経済的余剰部分が存在するという事実です。その生み手をめぐって、それを労働者とみなすか（古典派/マルクス派の労働価値説）、それともそうではなくて、土地や資本や経営手腕などすべての生産要素によって剰余が生み出されるとみるか（新古典派・近経派）で対立するでしょう。しかし、この溝・亀裂は現にある階級対立そのものによってふかく規定されていて、たんに考え方や学説の上で、つまり観念の世界の中だけで埋めることは出来ません。

Q45：エンゲルスの「補遺」の評価は

エンゲルスの「補遺」（エンゲルスによる労働価値説の平易な解説「『資本論』第3部への補遺」）を評価され参考にされましたが、どのような個所についての参照で、どのような意義での評価であったか、もう一度お教え願いたい。

A45：商品価値はその商品をつくるのに必要な"労働"要因、"労働"なるコストによってきまるという労働価値説を、もっとも平易に理解するための恰好の資料です。第1章第1/2節のための、ひろくとれば第1章全体の、そしてもっと考察が進めば、『資本論』全3巻全体の理解をたしかめるための、資料といってもよいでしょう。すなわち、価値は"労働"要因ではなくて、"効用"とか"希少性"とか"需給"要因できまるのではないかと考える誤った価値論に対して、批判・対置されるべき主張になっています。また、『資本論』第3巻では、生産価格という価値から離反する現象が生まれて、労働要因も労働価値説ももはや当てはまらなくなるのではないかという外観が

つよまってきます。エンゲルスの記事執筆の直接の狙いは、そのような現象外観に惑わされることがないように、客観的労働価値の歴史的実在を鮮やかに説明してくれたものです。

　長期にわたる歴史的社会の市場で繰り広げられている生産物どうしの交換をめぐって、「それに費やされた労働に比例して交換するよりほかにどのようなやり方がありうるであろうか？ …… それとも、農民と手工業者が、一方の10時間労働の生産物を、他方のたった1時間労働の生産物と交換するほど愚かであった、とでも考えるのか？」（訳1567-1568/原907）。十日分の労力の産物と引き換えに一日分の産物との交換に応じるお人好し・愚かものがどこにいるだろうか、といったエンゲルスによるこの逆の照らし出し方、背理法の言い回し方法は、非常に説得力がありますね。その当事者の立場にわが身を置いてみればほんとに納得できるのではないでしょうか。"ひとは騙され損して、賢くなる"。では、どんなふうに賢くなるかというと、もちろん労働価値の合法則性を身に着けて、それを指針に考え行動するような「賢い消費者」になるということです。

Q46：旧東ドイツはいいイメージがないですけど …

　旧東ドイツについて貧乏な国だけど皆平等のイメージしかなく、あまり良いイメージがなかったのですが。社会保障完備といわれても日本の戦前の配給制のイメージがあるのですが、実際はどうなのかよく分からないので参考文献があったら教えてください。

A46：西側のマスメディアの伝える旧東ドイツについての情報には、そうとう"物神性に囚われた"観点からの、いつも検察官の目で見るような、かたよった報道が多いという印象を私は持ちます。弁護士の目をもって、バランスをとってみてやってください。

　辻芙美子『ベルリン・ラプソディー』三修社、1987年、というドイツ語関係の出版社から出ている「異文化を知る一冊シリーズ」文庫本。私は1988年のドイツ留学の渡独まえに読み、こんなメルヘンみたいな人間関係の国があるのかと半信半疑だったのですが、ほんとその描写のとおりでした。

【講師メッセージ 2】

春四月に、希望の法則

　暦は4月、春がやって来ました。生きとし生けるものが目覚めよみがえる希望の季節です。受講生のみなさん、心身ともに冬から春モードへの切り替えはお済みでしょうか。

（1）労働の自然必然性

　さて、前回の講義でみた、商品を理解するうえのキーワード「労働の二重性」（第1章第2節）の把握が、質量保存の法則（またはエネルギー不滅の法則）によって基礎付けられていたことに、お気づきでしょうか。

> 「労働は、使用価値の形成者としては、有用労働としては、あらゆる社会形態から独立した、人間の一存在条件であり、人間と自然との物質代謝を、それゆえ人間生活を、媒介する永遠の自然必然性である。」『資本論』第1巻、訳73/原57）

　そしてこの労働の役割が自然界の生態系のなかに次のように位置付けられます。

> 「人間は、彼の生産において、自然そのものと同じようにふるまうことができるだけである。すなわち、素材の形態を変えることができるだけである（注13）。それだけではない。形態を変えるこの労働そのものにおいても、人間はたえず自然力に支えられている。したがって労働は、それによって生産される使用価値の、素材的富の、唯一の源泉ではない。ウィリアム・ペティが言うように、労働は素材的富の父であり、土地はその母である。」（訳73/原57-8）

　一方で、人間存在にとって労働の営みのもつ決定的役割を謳いあげながら、他方で、この労働の限界を見定めて、自然界のなかでの人間の分際（身のほど）、ひいてはとりわけ近年、グローバリゼーションなどと称する資本の増長とともに加速されている、自然に対する人間の尊大驕慢なふるまいを、戒めるものとなっています。注目点は、そこに付された注13です。

【質量保存の法則】
> 「宇宙のすべての現象は、人間の手によって生み出されようと自然学の一般的法則によって生み出されようと、事実上の創造ではなく、単に素材の変形であるにすぎない。結合と分離が、再生産という表象の分析にさいして人間精神が繰り返し見い出す唯一の要素である。土地、空気、および土が畑で穀物に変えられたり、あるいは、なにかある昆虫の分泌物が人間の手によって絹に変えられたり、あるいは、いくつかの金属片が組み立てられて懐中時計がつくられたりするとすれば、価値および富の生産についても、事情は同じである」(P. ヴェッリ『経済学にかんする諸考察』) (訳58‐9／原58)

＊「エネルギー保存の法則」：はやくはガリレイの着想に始まり、マルクスの同時代1847年にドイツのヘルムホルツによって「無から動力をとりだすことはできない」として発見された。

（2）科学は情緒を普遍化する

　マルクスはいたるところで経済学を自然科学によって基礎付け、またたくみに文芸表現と結びつけて分析の説得性を加味させました。合理主義精神を鍛えることは、「反合理主義者」らが吹聴するように、冷たくぎすぎすした無機質な観念を肥大化させることではありません。

　それは、『資本論』が見本であるように、科学的認識を仲立ちとして、現代ならではのみずみずしいロマンを掻き立ててくれます。大宇宙やミクロ、古今東西の出来事の新知見に触発されて、私たちのうちに新たなポテンシャルを醸成し喚び起こし、ヒューマンな文芸的感興をはばたかせます。そして、こうして飛翔した感情・情緒をいっそう普遍的な世界に根付かせつつ、つまりロゴス（言葉と論理）のちからをかりて、より広範囲な人びとにより確かなかたちでそれらを共有させてくれます。すなわち、より多くの人びとのより深い共感・連帯をかちとる可能性をも、きり開いていくものではないでしょうか。

　最後に、質量保存の法則に関連して、とっておきの愛唱詩を贈ります。科学的認識が、詩的情緒の喚起と普遍化に寄与し、未来になにごとかを託そうとする、ひそやかな"希望のメッセージ"に結実しました。

希望の法則　　　清野　裕子

窓からいつも眺めていた櫟　(くぬぎ)の大木が
ある朝チェーンソーの音高く倒れて行った

その木をどうするのですか
尋ねた私の口調は尖(とが)っていたのだろう
この木はパルプにする　無駄にはしないよ
と男は言った

いつか
西日のさす理科教室で習ったような気がする
地球にあるものはすべて
元素記号に分解できて
同じものが同じ量
ただ形を変えて存在するだけ　と
(質量保存の法則　だったか)
それは　ずっと
何かを失うたびに
心のどこかで点(とも)していた小さな希望

日記帳をすべて裏庭で焼いたことがあった
あの時の煙も　灰も
焼き尽くせなかった私の思いも
ちゃんとどこかに存在している
元素に還って
再び合成されて
もしかしたら十年眺めたあの櫟(くぬぎ)の
芽吹いたばかりだった葉のあたりにも

　　　　　せいの ひろこ (1952年東京都生まれ。詩人)
　　　　　　　　(1994.4.3.付「赤旗」掲載)

質量保存の摂理——それは〈何かを失うたびに／心のどこかで点していた小さな希望〉。日記帳を焼いた〈あの時の煙も灰も〉、〈焼き尽くせなかった私の思いも〉、どこかに存在している、〈元素に還って、再び合成されて〉、もしかしたら切り倒された〈あの櫟（くぬぎ）の、芽吹いたばかりだった葉のあたりにも〉。"輪廻転生"の思想の科学バージョンというべきか。

　新年度です。リフレッシュして気分あらたに『資本論』チャレンジを続けましょう。

【講師メッセージ 3】

学習の初心に返る

　風薫る５月、爽快な季節となりました。いかがお過ごしでしょうか。
　ただいま資本論第１巻の『Ｑ［質問］＆Ａ［回答］』を作成しています。1995年いらい横浜と名古屋で開催された第１巻講座において受講生と講師とのあいだで交わした「質問と回答」の四巡りぶん（４回×12ヶ月）、——鉛筆嘗めなめして悪戦苦闘しながらも楽しく綴った、あの手書きの問答集を、ワープロ版に整理しました。まもなく第一弾がみなさんのお手元に届くでしょう。
　原稿校正で目を通していたところ、初回・開講ガイダンスをめぐる質問・感想と講師回答のなかに、ハッと心に沁みる新鮮なやりとりに再会しました。なんといっても初顔合わせ。見慣れない新しい教室、"新任の"講師、机を並べる新顔の仲間、びっしり詰まったテキストとわんさの資料、今まで耳にしたこともない専門用語のシャワー、志は立ててはみたものの、はてさて不安と期待は押しとどめようもありません。それは講師とておなじこと。初回開講のガイダンスはいつも、学校時代の新入学時を思い起こさせる緊張感を味わいます。
　そこで予告編として、『Ｑ＆Ａ』の抜粋を以下に転載紹介いたします。これは1999年10月にひさしぶりに開かれた名古屋講座での記録の一部分ですが、かにかくに質問・感想の、まぶしいほどの初々しさをば、まずはごらんあれ！　それに乗せられて、講師の回答も、おもわず大学新入生を迎えた初講義調に盛り上がってしまいました。〔Ｑは受講生の質問ないし感想、Ａは講師による回答、番号は『Ｑ＆Ａ』のなかのもの〕

Q10. 〔資本論は難しい … 名古屋〕
　「資本論」は、自分にはあまりにも難しく、長く、わからないものだと思っています。
A10. 開講10月の茶話会で紹介した話題を、もう一度再掲しましょう。初めて資本論に挑戦したという60代の横浜の女性受講生の弁です。

> 「『いたらぬ者はすぐわかったような気になる』の誇(そし)りを恐れず言えば、大変楽しく読むことができました。この『楽しさ』ということを少々説明いたしますと … 今の世の中、ことさら重大に思わせたり、ある方向への誘導を企てたり、えらそうに権威付けたり、欲や情がからまりついたもので、ものごとの本質が故意に偽装されている場面に出会うことが多いと思います。ちょっとやそっとの努力では何も見えてきません。そんな日常の事柄と比べれば、努力しだいで道筋がついてくるということは楽しいとしか言いようがないのです。言ってみれば、その物事の本筋というのは本来とても分かりやすいものなのではないでしょうか。しかも、資本論に書かれていることは、いま現在、私たちの生活している場で、日々起きている事柄と深く関連していることなのですから、なおさらです。」
>
> 《『鎌倉逗子資本論教室感想文集』1999年3月、鎌倉逗子学習会議、22-3頁)

ものごとが分かる ── 宇宙・自然や古今東西の社会や人間が、つまり自分のことが、わかってくるという楽しさ、学ぶならこうでなくてはという楽しさを、こころざし高く、わかり易い調子で、謳(うた)いあげてくれました。試験もない、だれのための強制でもない、少々受講料はかかりますが、ひたすらわたしのための学習です。なにか経済的な見返りを期待する資格取りのための勉強でもありません。ひとが学ぶということはどういうことかがストレートに問われ試される場ですね、ここ資本論講座は。

Q11.〔科学の革命性 … 名古屋〕

科学は徹底的に革命的という言葉に感銘をうけた。高校までの競争教育を知ったとき、うまくいかないのは、社会の仕組みが影響していることを知り自由になれたことを思い出しました。

A11.「社会の仕組みが影響していることを知り自由になれた」── すばらしい知性への目覚めの言葉です。国会図書館のカウンターうえにも、都立大図書館の外壁正面にも、その他にも掲げてある "真理は我らを自由にする" を地で行くものですね。

Q14.〔俗物根性を脱却する … 名古屋〕

日々のくらしは大変で、流れ流され生きています。でも、ずっとそんな風ではなかったことを少し思い出しました。「凡俗を排し、俗物根性、奴隷根性をたたき直し」、理性を信頼して生きるために、学習していきたいと思います。
A14. 俗物・奴隷根性からまず一歩の脱却を志す君へ。マルクスは次のように語っています。

> 「奴隷が自分は第三者〔他人〕の所有であってはならないという意識をもち、人間としての意識をもつようになると、奴隷制度はもはや作り物の（人為的の）〔つまり、不合理にこしらえあげたものという〕不自然な制度でしかないことをさらけ出すだけとなり、生産の基礎として永続することができなくなる。…」
> 　　　　（マルクス『経済学批判要綱』より、高木監訳大月書店、第3分冊399頁）

　"ずいぶん凡俗にまみれ流されてきたもんだ"という思い、これは何よりもまず第1に重要なきっかけだ ── その心意気や良し。ところで、その凡俗を脱して、いったいどこを目指そうというのか。神サマの懐へでも跳び込むの？　マルクスは、牛馬のようにその所有者に隷属する奴隷状態から、そうでない主体ある《人間》としての自覚を、まず指摘しています。人間らしさ（ヒューマニズム）の追及は今日いっそう当てはまる切実な目標でしょう。がその目標設定は、善意の意気込みだけで適切におこなえるものではありません。科学の力を総動員して、道理を尽くした世界認識と人類史の発展の行方の見通しとを掴み出す以外にない。〈りんごの木〉（真実）とそれをはぐくむ〈泉〉を、科学の光で見出すのです。……以上、『Q&A』より抜粋転載
　初心忘れるべからず。それにしても、Q14、どこででもざらに聞けるというせりふではありませんね。めったに吐けるせりふじゃない。大事なことに向かって、一生に一度あるかないかの、これは、もしかして"告白"ではありませんか？　吾がこころ木石にあらずば、講座にてしっかり受け止め、応えてゆきましょう。ほかでもない講座ならではの、尊いほどの初々しさ、忘れまい。ありがとうございました。

第1篇　商品と貨幣　第1章　商品　　61

(3) 第1篇 第2章 交換過程

Q47：交換価値について

　マルクスのいう「交換価値」とアダム・スミスのいう「交換価値」と意味が違うように感じます。マルクスの場合は、「だれが価値を、何時間かけて生み出したのか」に重点をおいている印象なのに対し、アダム・スミスは単純に「物々交換、貨幣との交換」に重点をおいているように感じます。どういう違いがあるのか教えて下さい。

A47：マルクスのいう「交換価値」とアダム・スミスのいう「交換価値」とは意味が違うのではないかというご質問ですが、取り上げている考察対象は同じものです。当時の商品貨幣の市場経済の行なわれている最先進国イギリスにおける経済現象が、いつもマルクスにとってのひな型、お手本、典型的サンプルとなっています。

　分析の仕方とその結果に、両者の顕著な違いが認められます。

　マルクスは交換価値という身近な現われから分析を深めて「価値」という本質にまで突きすすみ、この「価値」という実体の現象形態として交換価値をとらえ直した。これに対して、スミスは、イギリス経験論の思考の仕方の伝統もあってか、現象の奥にひそむ抽象的な「価値」を析出することはせず、それを市場でたえず変動する交換価値の平均値＝相場とみるにとどまっていて、本質を現象形態という関連ではとらえていない、という特徴があります。ふたりのとらえ方の違いはそのあたりに根差していると思われます。

Q48：効用説の意味

　効用説の意味が良くわからないので教えて下さい。

A48：「効用」とは、そのモノや作用がそのひとの心理的精神的満足をみたす程度状況のことであり、「効用価値説」は、商品の価値はそうした主観的心理的満足度におうじて決まるとする考え方のことです。

　しかし、労働価値説と比較すると、そのいかがわしさが見えてきます。た

とえば、味わうという「主観」はじつにイイ加減なもので、時や状況・体調などに左右され一定に定まることはありません。ビール1杯目と4杯目。4杯目が惰性飲みになったりおいしくなくなるからといって、効用が減って安くなったり、ただになるでしょうか、なりませんね。たとえば魚沼産のコシヒカリがおいしいといわれるのは、品評会などを経て、既に社会的な（客観的）使用価値を獲得しているからだといってよいでしょう。自分の舌はコシヒカリをうまいと認めないから、半額で買いたいということが通用するでしょうか。

　効用は主観的だが、使用価値は商品体の属性であり客観的なものです。日本語にも区別はあります、薬箱の能書きにしるしてある「効能」は、くすりの化学的成分に基づく客観的性質、これに対して「効用」は、そのくすりで効くひともいれば効かないひともいるという主観的作用を言い表します。「ウソの効用」であって、ウソの効能ではありません。主観的効用などというものを商品価値を決める要因にするのは、科学の手続きのイロハに背くことです。

Q49：「楽市楽座」について

　織田信長の「楽市楽座」は流通が良くなって「座」による搾取がなくなり、「価値交換」が対等だったのでしょうか？

　A49：「楽市楽座」は、信長・秀吉の時代に、特権的な座や独占販売の禁止、課税廃止などして、領国地域市場の発展を奨励したものです。おおいに等価交換が促されたことでしょう。

Q50：景気が良いとは資本家の搾取率が低下したとき？

　景気が良いとは資本家の搾取率が低下したときのことではないでしょうか？

　A50：資本の搾取率＝剰余価値率の動向と経済発展状況とは相関関係にあるものではなく、かならずしも好景気にむすびついているとはいえません。

Q51：ルンペンプロレタリアートは、つらい労働としての意識しかない？

ルンペンプロレタリアートの人は、A・スミスの言っているつらい労働としての意識しかないのではないでしょうか？

A51：「意識」とか受け止めの気持ちとかを、論じるのはむずかしい。つらいかどうかルンペンプロレタリアートに聞いてください。「つらい」と言っても、どのようにどの程度云々と、主観的受け止めをさだめるのはむずかしい。社会の客観的な経済の仕組みが就業を困難にし、いまの貧しく不安な境遇をやむなくさせています。こうした根本原因がなんであるか、理解自覚できている人はすくないでしょう。多くの人が「自己責任」と思い込まされているのではないでしょうか。

とはいえ、資本主義のもとでの失業・半失業の真因についての自覚的認識があれば、「つらい労働としての意識」それ自体も、大きく変わってくるでしょうね。というより、彼らが立ち上がれば、社会は大きく変わるはずです。

Q52：『資本論』は言葉が難しい

定義付けられた単語が抽象的で日常では使わない言葉・単語だから難しく感じるのではないでしょうか？

A52：それはどの分野の科学にも多かれ少なかれ避けられない、専門的テーマについて厳密正確に説明を尽くそうとする作業につきものの、困難です。しかし、経済学の場合、だれもが日々日常的に経験している労働や消費の生活のふるまいを対象としている学問ですから、じっくり丁寧に解き明かせば、他の分野よりもずっとなじみやすいと思うのですが・・・・。

Q53：交換過程で繰り広げられる「矛盾」

交換過程で繰り広げられる「矛盾」についてですが、どこが矛盾しているのでしょうか？

買い手は「本当にこの品物は使えるのか？」と思い、売り手は「この品物は〇〇円相当の物だから〇〇円だしてもらわないと困る」ということが「商

品は使用価値として実現される前に・・・（中略）・・・実現しうる前には使用価値でることを実証しなければならない」の意味ですよね？
　一体どこがどう矛盾しているのか教えてください。

A53：商品の本質は使用価値と価値との二つの要因から成ります。商品が商品として認められる社会の場では、つまり交換という舞台においては、必ずその本質的な二つの要因がともに残らず発揮（実現）されなければなりません。だから「矛盾」は、ご指摘のように、「この品物は使えるのか？」および「いくらで売れないと困る」という二つの要請に迫られているという解釈で正しいのです。

　ところで、この二つの要因は相互に異質であり発揮のされ方がまったく違っていて、同時に一挙に実現・消費というわけにはいきません。「商品は、使用価値として実現される前に価値として実現されなければならず、他方、価値として実現しうる前に使用価値であることを実証しなければならない」（訳146-147/原100）ということになり、相互に前提しあい制約しあう、いわば"両すくみ"状態に陥ります。一方を立てれば他方が立たず、他方を立てれば一方が立たず、これは矛盾だ。

　このまま共倒れに終わるのかといえばそうでなく、商品所有者は考え込み思い悩むまえに、商品が腐ってだめにならないうちに、さっさと実践に移していた、とマルクスは現実の運動実践つまり商品交換のことを描いています。そのことを後（第3章）で振り返って、こう述べています。「すでに（第2章交換過程で）見たように、諸商品の交換過程は、矛盾し互いに排除しあう諸関連を含んでいる。商品の発展は、これらの矛盾を取り除くのではなく、これらの矛盾が運動しうる形態をつくり出す。これが、一般に、現実的諸矛盾が自己を解決する方法である。たとえば、一つの物体がたえず他の物体に落下し、しかも同時にたえずそれから飛び去るというのは、一つの矛盾である。楕円は、この矛盾が自己を実現するとともに解決する運動諸形態の一つである」（訳177/原119）。

　おもしろいマルクスのたとえですね。楕円運動でなくてもっと単純な円運動でもよろしい。「求心力」と「遠心力」との二つの相反する矛盾のことで

す。「求心力」と「遠心力」と作用しあってプラス・マイナスゼロになるか（すくみ合って静止するか）というとそうではなくて、絶えざる運動のゆきさつのなかでなんらかの本源的または外的なインパクト（衝撃）がはたらくならば、「求心力」＋「遠心力」＝運動ベクトルが成立し、円運動を描きます。これが典型的な矛盾の運動形態、現実のありようです。こんな例は身近にごろごろころがっています。

Q54：宗教心はなくならない？

今日の講義で、宗教心はなくならないという指摘がありましたが、そういう観念的産物は実際社会の物神的幻影の消失とともに消失すると考えるが。

A54：「社会の物神的幻影の消失とともに消失する」は、そのとおりです。あらゆる物神的幻影がなくなれば宗教的迷いごとはおよそ成立の余地はありません。では、「物神的幻影」はどのように生じるのか。なにも経済的商品関係に根ざすだけとは限りません。政治的や人間関係の駆け引きで騙し騙されたりして被る人間不信や不幸、また、ひとの病気からくる堪え難い苦痛、死をめぐる永遠の別れの悲しみなど生理学的生物学的未知・不安・恐れに根ざすもの、いのちの誕生や自然の精妙きわまる摂理についての感動、神秘さの感情など、経済のできごと以外にもまだまだ数多くの未知・不透明に由来する不安・恐れ・悲しみ苦しみ（そして感動も）、は残ります。これらは、（神などの絶対者と結び付ける、はっきりした）「宗教心」になるとは限らないが、（自然法則の冷厳さや精妙・神秘さへの感歎に結び付いた、なんとなしの）"宗教的な心情"をかもしだすものではないでしょうか。これが土壌となって存続するわけですから、資本主義から将来社会への過渡期には相当長期間さまざまな宗教が同居するに違いありません。

マルクスの物神性分析の成果は、商品経済に特有の構造的特徴として明るみにだしたこととあわせて、資本主義が克服された将来社会で、どのような物神性が解消されるか（つまり経済要因に起因する分野で克服されるか）、どのような種類の物神性が解消されずに存続するか、をきっぱり明らかにしたことにある、といえるでしょう。これぞ科学、科学的予見です。物神的転

倒の仕組みが原理的に明らかになれば、あとは応用が利くのですから、見通しが開けてくるのだ。逆にいうと、資本主義が克服され未来社会が実現したならば、なにもかも吹っ飛んで悩みも苦痛もすべて解消、極楽浄土の楽園と平安が到来するのだというふうにみるのは、分析欠如の（マルクス誤解の）、誤った行き過ぎた楽観主義でしかないのです。

Q55：マルクスの宗教についての考えは？

　大学のゼミの教授がキリスト教徒で、マルクスの宗教の見方に対して批判的だと感じました。序言のなかでマルクスが「個人は・・・社会的には依然として諸関係の被造物」だ、と小泉首相の自己責任論にも対置する主張をしていたことは新しい発見でした。

A55：Q&A54の講師回答を参照してください。

　「宗教は阿片である」というマルクス主義の有名な言葉は、しばしば誤解されて、それを聞く人に反発やアレルギー反応を引き起こしていますが、マルクス誤解に基づくこともしばしばあるようです。

　A53で述べたように、科学の役目は、正確な診断そして処方です。資本主義商品経済の止揚によって、経済的貧困・搾取・抑圧の解決とともに商品物神/貨幣物神/資本物神は克服されますが、それによってさまざまな人間の悩みや苦痛を全部解消するのでない限り、宗教の土壌はなくなりません。私は、マルクス主義の考えまたは社会主義こそは、宗教にたいしてもっとも理性的な付き合い方や社会的処遇をあたえうるものと考えます。

　資本主義までの社会では、宗教は ―― 日本の戦前戦後こんにちの靖国への姿勢やイラクの宗教対立に顕著なように ―― 巨大集金組織だったりたんに政争や支配統治の道具・手段でしかなかったのが歴史です。一方で自派の宗派を肩入れすれば、その他対立・敵対する宗派を抑圧するか滅ぼすほかないというのが、宗教者当事者のまぬかれない立場でしょう。キリスト教徒の立場からいったいどのような宗教観なら受け入れられるのでしょうか。聞いてみたいものです。

Q56：東ドイツでの物神性
　『資本論』テキストそのものを読んでいる時よりも、資料の解説を聞いている方がよく分かる。やっぱり難しいけど資料と『資本論』とのつながりがおもしろい。
　東ドイツがあったころに行ってみたかったですね。物を介さない社会というのはなかなか想像できませんが、私も物神性におかされているように思います…
　人にプレゼントするときはいい物をあげようと思っています。それはその物を通じて相手が自分をどうみるかということが気になるからだと思います。
A56：私はラッキーにも、社会主義東ドイツ最後の年に1988-89年夏の1年間、東ベルリンに滞在経験をしました。その秋にはもうベルリンの壁が崩壊して東ドイツは消滅してしまいました。
　社会主義でも誕生日やクリスマス・プレゼント、訪問の際の手みやげ品などはもちろん、猟官や歓心のための贈物もあります。他方、資本主義にだって、心あたたまるプレゼントもあるでしょう。要するに、贈物関係にひとが従属して振り回されるか、それとも、人間関係が主役で贈物関係はそれをいろどる端役、しもべにすぎないのかという違いだと思います。
　しかも前者の逆立ち関係が、資本主義では商品生産という経済の仕組みに根ざす社会の客観的な構造的な特徴だという点を理解することが、だいじです。

Q57：労働にもよろこびは見いだせるのでは？
　「ロビンソン・クルーソー物語」のところで、労働と祈祷を「よろこび」や「くつろぎ」で区別していますが、労働にもよろこびは見いだせるのではないですか？　苦痛や苦労もあるけれど、働くことはそれだけではないと思うのですが。
A57：労働にもよろこびは見いだせます。「労働の二重性」の有用性の側面でひとはしばしば、働き甲斐つまり、労働の達成感、自分自身の能力への信

頼、労働成果を通じた社会への貢献と社会に認められることの喜び、職業倫理の涵養や誇りへの高揚感など、人間らしさ・人格的成長を感じるよろこびがあると思います。ところが、資本主義的商品生産のもとでは、「労働の二重性」のうち価値をつくり出す抽象的人間的労働の側面があり、しかも、賃金労働として、後者の側面こそが主要な動機・目的をなす意義をもち、前者はそのたんなる手段でしかありません。

　もうけのために現場労働者の職業倫理に反して、近ごろのように偽装や混ぜ物をしたり安全軽視の旅客輸送をよぎなくされたりする。そのあたりの経済のきびしい現実を反映して、うえのように「労働」は労苦と煩労として、他方の「祈祷」を「よろこび」や「くつろぎ」として対比させて明瞭に区別したのです。

Q58：労働はつらく厳しいもの？

　魚をとり狩りをするという有用労働が、つらく厳しいとされ、祈祷等とは区別されるが、労働をつらく厳しいとされるのは資本主義的生産における労働である。（労働は労働者のものではないから）祈祷などはくつろぎで必要労働ではない事に相違があるのではないか？

　人間はどんな社会形態においても労働しなければならない、あるべき姿態においては労働は自らの能力の実現として歓びであると思う。後述で、一日のうち幾時間は何かをし幾時間は何をしというような記述があるように。

A58：上掲の質問と解答でほぼ解明済みです。参照してください。この問題は、「労働の二重性」に照らしてみて、よく理解されるでしょう。

(4) 第1篇 第3章 貨幣または商品流通

Q59：なぜ金が貨幣に？

　世界の諸地域で「金」の生産されない地域もあるし、生産しても、各地で生産性が違い「金」の価値も違います。「金」以外が使われる場合がありますか。

A59：古代や中世のように商品取引額がさほど大きくなかった時代には銅あたりも使われましたが（富本銭、和銅開称）、やはり貨幣の役割・地位を独占するのは、貴金属、金銀、とくに最終的には金です。各地で生産性が違い、金の価値も違ってくるのは、当然です。この場合世界市場で均されて市場価値が成立し、これで通用します。生産性が高い場合は有利になるし、生産性が低ければその金生産者は不利をこうむるでしょう。

　市場での一般的等価物という貨幣の本性と、価値の表現材料という役割にてらして、貨幣材料として金にまさる素材は地上には存在しません。紙幣（銀行券）やデジタルマネーはすべて金の"代用貨幣"にすぎません。

Q60：一円のアルミ貨は鋳造費割れ？

　価値表現のためアルミ素材を使用していると話がありましたが、兌換制が廃止されているために、一円のアルミ鋳貨は一円に値しない？（以前はしなかった）だろう。

A60：兌換制がしかれている時には額面どおりの価値をもつ材料でつくられていたし、兌換制が廃止されたあとには、大規模なインフレも何度か経験し、額面以上に値する材料でつくられていた。それだから（ここが大事な推論ですが）、兌換制のあるなしにかかわらず、額面以上以下の価値でもってアルミ一円玉はつくられていたのです。アルミ鋳貨は市場にとって必要だったのであり、実際歴史上出回っていた、いるのだ。ならば、その「必要性」とはなにか、いったいなんのためにこのような派生的貨幣種がつくりだされていたか、ということが問題になるはずです。流通手段としての補助機能、

ひとえに小額の交換取引をスムーズに仲立ちするためです。
　このために、市場管理者（国家）はコスト割れしても小額面の補助貨幣を発行しなければなりません。もっとも、小額面コインでの赤字は、大きな額面のコイン（100円玉、500円玉）によってゆうに埋め合わされるのですが。

Q61：外国でゼロの多い大きな価格は何で？

　イタリアはもうユーロになっているかもしれませんが、わたしが旅行に行ったとき確かお金の単価はリラでした。でも、アイスクリームでも３０００リラとか１万リラとかやたらゼロが多かったような気がします。それで、とても不便だなっと思ったものですが、もし先生がゼロの多い理由をご存知でしたら教えて下さい。イギリスなどは、ポンド、セント、ペンスとお金の単位が３つもあってややこしかったけれど現在の日本は円だけで便利だと思います。

A61：ゼロの多い大きな価額が広範囲な日用品にみとめられるような状況、つまり、たんに個々の商品の値上がりでなく、あまねき全般的高値という特徴に着目すれば、市場での共通の価値尺度である貨幣の側に起因した現象でしょう、インフレに係わった現れとみるのが妥当でしょう。こうしたケースはおおむね、戦中・戦後の軍事費調達/物資不足や景気浮揚/高度成長のもとでの、不換紙幣の過剰発行＝貨幣価値下落によるインフレ現象のなごりをとどめているものが多い。

第１篇　第３章 貨幣または商品流通

インフレの典型は、第二次大戦後の戦後混乱期に生じたドイツでの悪性インフレです。その「物証」は、額面10億マルク、50億、100億マルクの郵便切手の発行です（ゼロが10も並んでいる！ 10億マルクのものは使用済みの消印があり、それだけ値打ち物です。なぜなら、庶民が札束抱えて郵便切手を買ったという事実の動かぬ証明ですから）。

　高額になって日常の取引に支障が出るようになると、価値尺度の度量単位（「メートル原基」のように、そのものさしの目盛りのもとになる大きさ）を調整して、ゼロを省く措置が通貨当局の手でとられます（例えば、旧100リラ＝新1リラに切り上げれば、かつてのアイスクリーム3000リラが30新リラと表示されて取り扱いやすくなる）。このような切り上げのことを"通貨ドミノ"とも呼んでいます。

　日本の通貨「円」の目盛りはどうでしょうか。「円」を単位としてその100分の1が「銭」、その10分の1が「厘」、その10分の1が「毛」として現にあります。戦後インフレと円の目減りで、こんにちでは庶民の日常生活の日用品の売買の世界からは銭・厘・毛は消えてしまいました。しかしゼロの幾つもつく高額を扱う金融世界では、いまも利率計算に必要で頻繁に使われています。

　日本でも百円を新一円に切り上げる円ドミノが話題になったことがありました。しかし、いま日常の買物で支障が出ているわけでなし、ゼロふたつ削ったならば、かえって不都合になり、眠っていた「銭」が復活するだけのことでしょう。

Q62：ケインズの「有効需要創出」について

　ケインズは、「無意味な穴を掘って埋め戻す」無駄な公共事業をしなければ経済はよくならないと考えたでしょうか？ GDPを増やすためには、もっと必要な事業をして、（老人ホームをつくる等）同じように雇用を確保する手段もあるのではないでしょうか？ また、ケインズはマルクスの『資本論』についてどのような見解をもっていたのか教えて下さい。

A62：「無駄な公共事業をしなければ経済はよくならない」というふうには、

言わなかったし考えなかったと思います。社会にとって有益な公共事業であれ無駄な公共事業であれ、公共事業のもつ有効需要創出の効果（雇用増大、資材の調達、所得の増大と消費拡大）という点では同じことだ、つまり、価値増殖促進＝景気回復作用という経済的意義＝GDP増大の点ではなんら変わりない、という主旨でしょう。そして、むしろ、その事業がモノを増産して市場をいままで以上に圧迫するのではなくて、すなわち、過剰生産の在庫整理を遅らし景気回復をさまたげるのではなくて、その事業ができるだけ追加的に何もつくり出さない「無駄なもの」であるほうが、さらに戦争のようにもっと積極的に「破壊的なもの」であってくれたほうがその作用としてはいっそう効果的だ、という主旨の、経済論理の非情冷厳さの、比喩でしょう。

門外漢には、ちょっとみたところ「(老人ホームをつくる等) もっと必要な事業をして、… 雇用を確保する手段もある」と考えがちだが（そしてこれは市民の良識なのですが）、その考えはまだ浅い。というのは「もっと必要な事業」をおこなって、市場に新しい財やサービスを提供しようものなら、過剰生産を解消できず民業を圧迫して景気回復の妨げになってしまうからだ、とケインズは言いたいのです。「もっと必要な事業」をどう見るか、市民常識では、"使用価値観点で" 老人ホームをつくる等、考えるでしょうが、資本・財界サイドでは口実さえできれば "使用価値観点" はどうでもよく二の次であり、"価値観点" こそが最優先というわけです。ここでは、《市民のまっとうな常識は資本主義的経営にとって非常識であり、資本主義的経営にとっての常識は市民にとっての非常識》、という逆立ちした事態が如実にあらわれています。

ケインズはマルクスと『資本論』について、否定的評価にたっていて、その主著のなかについでに触れているにすぎません、また同時代に誕生したソビエトロシアの経済運営に対しても、同様に懐疑的でした。1920年代第1次世界大戦後および1930年代の大不況を資本主義はどう乗り越えるか、資本主義を救済延命させることが最重要な課題であって、資本主義をつぶして変革するという考えは毛頭もちあわせてはいなかった、典型的なブルジョア経済者 ── 俗流・三流のではなく一流の ── でした。

Q63：バブルがはじけて景気の低迷は …

　米では100歳まで働いた黒人がテレビに出た。明日からもう働かなくていいと喜んでいた。日本も年金制度が破壊されると同じようになる。

　石川五右衛門がトヨタ自動車にドロボウに入って1兆円盗んだ。五右衛門は1兆円すべて消費してしまったら日本国は景気がよくなるのではないでしょうか？　内部留保金を貯めている大企業はこれを見ても悪徳だ。

　『資本論』ではシェイクスピアの例えが良く出てきます。シェイクスピアも読んでみたいと思いました。先生はシェイクスピアのどんな物語を読まれましたか、紹介して下さい。

　職場にルンペンプロレタリアート化した労働者がいます。夜勤には必要でない仕事を夜勤の時間に処理します。この人たちも人間的には悪い人ではないのです。マルクスはルンペンプロレタリアートたちについてはなんと言っているのでしょうか？　パチンコばかりせずに、労働者としての社会的未来を持ってほしいし、これからも対話を続けてゆきたいと思っています。

A63：石川五右衛門が盗み出して使う1兆円は消費財に、企業が内部留保金1兆円を資本蓄積として事業拡大に使う場合は生産財に、それぞれ振り向けられ、いずれにしても、需要（個人的消費および生産的消費）を増やし、景気回復に寄与してくれるでしょう。この点では、事業や消費が有益なものであっても無駄なものであっても、儲かりさえすればかまわないのです（無駄なダム/道路/空港の建設、干潟干拓、川の蛇行復活等）。

　シェイクスピアの作品は『ベニスの商人』『ハムレット』『リチャード三世』その他を読んだことがあります。『資本論』のなかで、捉えにくさで価値と対比されているクイックリー夫人のたとえに触発されて『ヘンリー四世』も読んでみました。戯曲は、舞台で演じられるためのシナリオですから、紙上の文字情報だけではわかりにくさがつきまといますが、反面で読者の想像力を掻き立ててくれる面白さが味わえます。

　『資本論』第1巻第23章には失業者の類型が示されています。「ルンペンプロレタリアート」は、潜在的失業者か流動的失業者のなかに当てはまるのでしょうか。

Q64：恐慌は一般市民にも必要悪ですか

恐慌は一般庶民にも必要悪ですか。

A64：労働者・勤労国民大衆にとって、恐慌は百害あって一利なし、と断言すべきです。＜恐慌は資本主義にとって必要悪だ＞という時、その立ち入った中身は、資本家階級とその利益の代弁者である政府・国家にとって、放っておけば体制崩壊・政権瓦解につながりかねない状況が現れるもとで、過剰な生産物在庫、過剰設備を解消する手段として、経済恐慌という混乱がやってきて、ノアの洪水のように一気に矛盾を流し去ってくれることを期待する。"多少"痛みを伴うが、そうなるように委ねるほかなく、また、そうなれば、矛盾は一時的にせよ解消して、次の経済発展（営利活動）に進むことができます。《 恐慌は、矛盾の一挙集中の爆発であると同時に、破壊された経済均衡を一時的に回復させる契機である 》という両面性に注意。

しかし、このような在庫の掃除を高みの見物で左うちわで"待望"できるのは、ゼッタイ倒産しない金融寡頭制の大資本（家）だけです。"産業のぜい肉"としてふるい落とされる中小零細企業や労働者は、生贄（いけにえ）、生産過剰の調整弁。たまったものではありません。だから、「必要悪」だなどといえるのは、資本家階級の中でも大資本家だけのことです。このように、恐慌は危機ですから、資本家階級・支配者層の中でも、矛盾・軋轢が噴出します。この場合は、「儲けの分捕り合戦」に代わって「損失の押し付け合い」競争が繰り広げられ、たいてい弱者にしわ寄せされます。

東京都の「外形標準課税」。いずこも火の車にもかかわらず、国は７０兆円の血税を銀行救済に投入、その銀行は融資先のゼネコンに借金棒引きしている。石原慎太郎東京都知事は銀行以外の資本を味方につけて、霞が関（政府）の仇を新宿（都）で返した。

感想1：本文を読んでいる時は一体何を言っているのか、さっぱりわからなかったのですが、先生の話を聞いて貨幣とは何か、その5つの機能についてずっと論じていたのだと要点がつかめました。W－G－W'の流通過程、商品流通の図はまるで脳のシナプスのようでおもしろく、わかりやすかったです。

講師コメント：「商品流通の図はまるで脳のシナプス」というイメージは、ぴったりですね。

　青果市場や魚市場をみると一見、カオス、混沌のような印象しかないですが、『資本論』の商品流通理解によると、"整流化"されて、みごとな概念図で捉えることができます。（下掲の要点参照）

・商品の交換過程は、内容的には社会的物質代謝であり、形態的には商品の変態である。諸商品の変態は解け難く結ばれ合って「商品流通」をなす。流通手段の機能は、商品の持手変換ならびに変態（形態変換）を仲立ちすること（訳178-9/原119-120）。簡潔な定義（訳194/原128）。

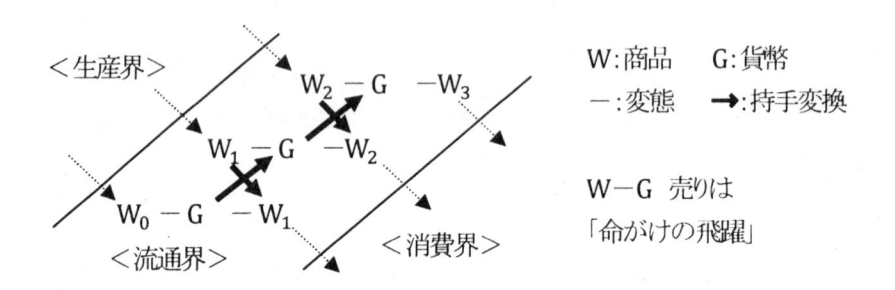

```
<生産界>
          W₂ － G  －W₃
      W₁ － G  －W₂
  W₀ － G  － W₁
<流通界>        <消費界>
```

W：商品　　G：貨幣
－：変態　　→：持手変換

W－G　売りは
「命がけの飛躍」

76　第一部　資本の生産過程

(5) 第2篇 第4章 貨幣の資本への転化

Q65：「資本家」の定義と貨幣蓄蔵者の違いについて

「資本家」の説明に関して質問します。
① G－W－G'の意識的担い手、とはどういうことか。
② 抽象的富をますます多く取得することが唯一の推進的動機である人のことを「資本家」と言うという話でしたが、では──
　ア　生活できる分のもうけがあればいいと考える個人商店主、
　イ　「成り上がり者」になる前のホリエモン、
　ウ　以前は上場会社でもうかっていたが赤字が出た会社社長はけっこうグレーゾーンに位置すると考えられるのですが、どのように考えたらいいのでしょうか？　また、
　エ　会社を起こしてないが、株でもうかっているデイトレーダー」も「資本家」にあたるのでしょうか？　教えて下さい。

A65： ①「G－W－G'の意識的担い手」として貨幣所有者は資本家になりますが、貨幣蓄蔵者はそうではありません。W－G（販売）の運動だけを自己目的化して、「シシュフォス的労働」（＝むなしい徒労）のように際限なく貨幣をため込みます。購買なき販売を繰り返し、貨幣を引き寄せ吸い上げて、使うこと G－W をせずに専らため込むだけです。これに対して**資本家**は、**貨幣を吸い上げるためにたえず販売 W－G'と、購買 G－W を行なって、貨幣を自己増殖する**のです。

資本家の魂は G－W－G'だ、人間という肉の姿をつけた G－W－G'だ、と言ってもよい。資本家とは、資本という概念の人格化、化身だということは、そういうことです。

②　ア　生活できる分のもうけがあればいいと考える個人商店主　→　これは資本家ではなく、自分自身で生産や商売に従事し、（雇い入れた労働者の剰余価値を搾取するのではなく）自分の労働の成果を自分で取得する「小商品生産者」または「小商人」の部類、農民や職人と同じタイプの労働者です。

イ 「「成り上がり者」になる前のホリエモン」→ これは、インターネット会社の経営であれ投資ファンド運用の会社であれ、取引金額の大小は問題ではなく、会社経営であれば、れっきとした資本家経営者です。
ウ 以前は上場会社でもうかっていたが、赤字が出た会社社長」→ 成功しようが失敗しようが、事業活動にはつねに浮き沈みがあり、資本家経営者であることに変わりありません。
エ 「会社を起こしてないが、株でもうかっているデイトレーダー」→儲かっているか儲かっていないかにかかわらず、投資家・投機家または利殖家、G—W—G′またはG—W…P…W′—G′という生産や商業の活動（下線部分）の仲立ちのないG—G′（この運動を、「貸付資本」または「利子生み資本」と呼び、第3巻で学びます）の意識的担い手というべきでしょう。

Q66：W-G-Wの運動は社会主義経済でもあるか

W—G—W の運動は社会主義経済でもあるものですか？ W—G—W′は社会主義経済ではありえないものなのですか？

A66：W—G—W の運動は社会主義経済であるかどうか。社会主義経済は生産手段の社会的所有・公的所有を前提にして成り立ちます。そうした原理的意味では、生産手段の私的所有を条件としてのみ成り立つ商品生産Wや貨幣の媒介—G—は本来ありえないものです。ただし、たとえば現在中国が、商品貨幣・資本を導入容認する市場経済を利用して社会主義のより発展した段階への前進を目指すとしているように、長期的な社会主義への道のりの途上にはかなりの期間にわたって、商品貨幣経済すなわちW—G—W の運動や資本的経営 G—W…P…W′—G′さえ取り入れた過渡期経済が続くでしょう。中国は、自分たちの社会のことを、社会主義の初級段階における社会主義的市場経済の歩み、と性格付けています。

Q67：最低賃金制の理論的根拠

「労働力の価値の最後の限界または最低限界」とは、現代的には、最低賃金制の理論的根拠になっているのでしょうか？

A67：鋭い着眼点、なかなかのものです。「最低賃金」をそもそも原理的にどのように考えどのように決めるかの問題は、雇い主に尋ねても法律家に聞いても詮なきことでしょう。現に行なわれている労働力の維持・再生産という営みをめぐる、歴史的経験的に積み上げられた実績をもとにして、そこから引き出すほかありません。そこでそれは、おのずと「労働力の価値の最後の限界または最低限界」に一致してくるはずです。それ以上の水準は、資本家雇い主たちとその代弁者である資本主義国家が原則ゆるそうとはせず、またそれ以下の水準では、労働者たちは疲労困憊、飢餓状況が現れて健全な労働力発揮つまり仕事になりません。行き着く相場というものが見えて来ます。

　ところが現実はもっと過酷です。数年前千葉県の定める最低賃金制にしたがった時給677円つまり月収換算12万円で千葉労連青年部の若者が実際生活に挑んだというこころみがありました。そのレベルではインスタントラーメンをすする食事が続き、2、3週間で大半が脱落したというルポ記事が載っていました。憲法で保証されたはずの「健康で文化的な最低限度の生活」は、数十年前の「朝日訴訟」で告発された当時からこんにちまで保守政権は守ったり実行したりすることを怠って来ているのが実情です。

　これら賃金相場、賃金法則の問題については、のちに第6篇「労賃」で深く学ぶことになります。しかし、賃金とは労働力の価値であり、その基本水準は労働力の維持・再生産費用つまり生活費であるという、もっとも重要な規定は、この第4章で与えられます。このことは、剰余価値がどこからどのようにきめられるかを左右する前提だからです。ここを土台としてしっかり押さえましょう。

Q68：「労働者」と呼べる？
　以下に挙げる人は「労働者」といえるのでしょうか？
ア　主任、課長などの管理職、親方・工場主など
　　　資本家に雇われている以上労働者っぽい気がします。
イ　インターンシップまたは無給の研修生
ウ　革命家（『資本論』第1巻にでてきたヴィルヘルム・ヴォルフさんなど）

エ　内職で仕事をしている人
オ　失業者
他　ウも団体の専従なら「資本家」に雇われていなくても賃金で生計を立てている以上労働者と言えるような気がします。
　あと、「無産者」と「労働者」の違いも教えて下さい。お願いします。

A68：ア　「労働者」の規定は、独立した主体的人格の担い手と生産手段の非所有という条件にある生産従事者です。
　課長など中間管理職は「経営管理」業務の一部を委任されていますが、高級熟練労働に従事する「労働者」であり、その賃金は、賃金体系の等級に明示されているように基本的に「労働力の価値」によって決まります。これに対して、経営者（取締役、重役陣）は、まずその収入は利潤に基づく成果主義報酬が原則であり、所得額の大小にかかわらず、その源泉と決まり方が賃金とは根本的に違うもの、そして仕事内容も経営方針、財務・人事など戦略的業務に属するものです。
　「工場主」は明らかに資本家、「親方」は規模にもよりますが、2、3人の徒弟を抱えているような小規模ならおおむね小生産者（まちの大工や鍛冶工）、まとまった数の労働者を雇用しているならば資本家でしょう（マルクスは、4、5人くらいを境界線にみているようです。中国では7人以下の従業員数を個人家族経営とみなしています。）。
イ　一人前の労働者（労働力商品）になるための修業中の身、生徒・学生と同様に労働者にあらず。
ウ　労働者にあらず。政治家、司祭と同類。
エ　家内労働者。
オ　さまざまな色合いの失業（レイ・オフ＝一時休業、流動的、潜在的、停滞的失業など）があり、外見は労働から切り離されているが、本質は、「労働者」予備役、産業予備軍と性格付けられるように、現役労働者軍と不可分の競争関係に置かれている。
　「無産者」と「労働者」は、同じ近代賃金労働者を、違った角度から取りあげた呼び名です。「無産者」とは、労働能力を発揮・実現するべき生産手

段を剥奪されてしまっていて、自分の労働力で、みずから生活物資も作り出せず裸一貫になっているという特徴を浮き彫りにする呼称です。

Q69：「労働力の価値」は具体的には何の価格？

　労働力についてですが、労働者の「労働力の価値」とは、具体的に何をあらわしているのでしょうか？　物品の価格でしょうか？　生産費から原料を引いたものでしょうか？

A69：労働力とは労働する能力のことです。労働者の「労働力の価値」については、第2篇第4章第3節「労働力の購買と販売」という個所で、くわしい説明があります。そこの3ページほどを読み直しておいてください。

　結論部分を抜粋すると。「労働力：人間がなんらかの使用価値を生産する際に運動させる肉体的精神的諸能力の総体」（訳285/原181）。「労働力商品の価値のきまり方：(1)労働力の再生産費用。歴史的社会的要素も含まれる。(2)家族の養育費。(3)労働力の訓練費」（訳291-4/原185-7）。

Q70：流通は生産部面において起こる価値増殖過程を準備する

　「この全経過すなわち彼の貨幣の資本への転化は、流通部面において行なわれるのであり、しかも流通部面において行なわれるのではない。流通の媒介によって行なわれる。なぜなら、商品市場における労働力の購買によって条件づけられているからである。流通において行なわれるのではない。なぜなら、流通は生産部面において起こる価値増殖過程を準備するだけだからである。こうして、"能う限りの最善の世界においては、万事が最善に仕組まれている"のである」（333/209）の部分について質問します。なぜ、最初から、「彼の貨幣の資本への転化は、」「流通の媒介によって行なわれる」とせずに、「彼の貨幣の資本への転化」は、「流通部面において行なわれるのであり、しかも流通部面において行なわれるのではない。流通の媒介によって行なわれる。」としたのでしょうか？　誤解かも知れませんが、「流通部面において行なわれる」を初め肯定し、次に否定するという手続きは、思うに、「流通部面において行なわれる」を捨象するが、このことは重要だから記憶に留め

第2篇　第4章　貨幣の資本への転化　　81

させるために意図して行ったのでしょうか？

A70：答えは、「流通による"媒介"」を強調するためです。流通で全面的に行なわれる（百％肯定）わけでもなく、逆に、まったく行なわれない（百％否定）わけでもなく、まさに流通で"媒介される"ということを浮き彫りにする言い回しです。ここの論述の流れを振り返っていただくと、理解の手がかりになるかもしれません。第2篇第4章「貨幣の資本への転化」は、はじめに冒頭第1節で「資本の一般的定式」として、経験上だれもが知っていて慣れ親しんでいる、だれも否定否認できない資本の現象形態 G―W―G' の特徴づけから入って行きます。この現象形態はひと目で、G―W（買い）と W―G'（売り）とから成っていて、流通の売買を舞台にして成立しているということは、自明のこと。これを受けて第2節で「一般的定式の矛盾」として、流通だけにおいてはけっして価値増殖は出来ないことを突き止めて行く、こういう流れです。ご指摘の"流通部面において行なわれる"を捨象する"というよりも、すでに第1節「資本の一般的定式」で「流通部面において行なわれる」かぎりの運動はじゅうぶんに考察済みであり、それを踏まえていた処置だということです。

感想2：特に、第4章第2節「資本の一般的定式の矛盾」で、極めて論理的に、時には消去法を駆使して、剰余価値の源泉を追求して「ロドス島」に到るプロセスは、息詰まるほどの迫力があります。先生の講義も名優のようでした。堪能しました。

講師コメント：「極めて論理的に時には消去法を駆使して、…息詰まるほどの迫力があります」とお受け止めいただいて、嬉しいかぎりです。なにものにも囚われない科学の営みの厳正さを前にすると、襟を正して科学の権威への信頼を高めることになります。「真理は万人によって求められることを自ら欲し、芸術は万人によって愛されることを自ら望む」（岩波茂雄）と語られるように、ほんものの真理は、なみなみならぬ「迫力」でもって読むもの学ぶものに迫ってくるものです。

(6) 第3篇　絶対的剰余価値の生産

Q71：標準労働日も「剰余労働時間」を含んでいる　労働力の「利用」とその「略奪」との違い

　労働力の「正常な利用」を要求する標準労働日の要求は、剰余価値率の争いであり、よって、原理的には「略奪」それ自体を否定するものではない。これは、体制内改良主義である。商品交換の等価法則では、全ての剰余労働は犯罪ということになるわけですが、どうでしょうか？　あるいは、資本も労働力の存在を必要とするから、剰余労働の無制限性を自制せざるを得ない側面があるのでしょうか。

A71：ご質問がちんぷんかんぷんだ、少し整理する必要があります。標準労働日を要求するたたかいは、社会的規制をかけないと労働力の「略奪」という価値法則逸脱に走ってしまう資本の本能的動きというものを社会的に規制して、法則に基づくその「利用」の範囲内で守らせようとする意義をもちます。等価交換による雇用関係はけっして「犯罪」ではありません。

　マルクスはテキストではっきりと、労働者の「労働力の利用とそれの略奪とは、まったく別の事柄である」（訳397/原248）と区別しています。ご質問の、「労働力の『正常な利用』を要求する標準労働日の要求は、…原理的には『略奪』それ自体を否定するものではない」という解釈は、マルクスの言明からはずれています。「原理的に」、「利用とそれの略奪と」を明確に識別しなければならない。そうしないと商品交換の原理を逸脱し買い手・売り手とくに売り手である労働者の立場をじゅうりんしてしまうことになる、とマルクスは指摘しているのです。労働力の「正常な利用」の場合にも —— 近代社会の高い労働生産力を前提すると —— 剰余労働は生みだされ、搾取は当然含まれています。この場合には労働力の日々の再生産は維持される。これに対して、労働力の異常な「略奪」の場合には、異常な長時間過密労働によって特別おおきい剰余労働を搾り取りつつ、労働力の日々の回復・再生産が続かないほどに、つまり雇用関係に作用する価値法則を破壊するほどに進行しま

す（労災、過労・蓄積疲労、過労死）。

　ちなみに、興味深いポイントにさしかかりました。日本共産党の言う《ルールなき資本主義》というのは、労働分野の「規制緩和」を進めてここでいう「労働力の異常な『略奪』」を野放しにする資本主義のこと。それを社会的に規制して「正常な利用」を行なわせよ（それは資本主義をつぶすことではなくて資本主義的営業の正常な儲けを持続的させることでもある）という主張になってくるでしょう。労働力の「正常な利用」と「異常な略奪」とを正しく区別する立場にたつと、その要点の趣旨が、とても明快になってくると思います。

　この遵法闘争は、商品交換の買い手、売り手の立場を尊重せよ、契約を履行せよ、という趣旨ですから、資本・賃労働制度を前提にした民法（ブルジョア民法）などの諸法律を守れという、「体制内改良主義である」ということはできると思います。この労働力商品をめぐる商品交換法則を遵守するというふるまいは、対等平等な当事者同士が合意した契約を履行することですから、けっして「商品交換の等価法則では、全ての剰余労働は犯罪ということになる」のではありません。むしろ逆、この法則に則る限り剰余労働は「合法的に」契約に基づいて雇い主に取得されるのです。

　資本主義という仕組みは、商品交換という普通の目に映る世界の法的関係では、当事者どうしまったく対等平等な関係で結ばれていて、搾取なんぞ微塵も行なわれてないように見えるのですが、経済的実質では、労働者の剰余労働の搾り取りが大規模に行なわれていて、そのことが大きな貧富の格差・経済的不平等を作り出す社会のしくみの上での元凶になっている。例えはあまり芳しくはないのですが、小選挙区制度では制度のマジックで自民党が4割そこそこの得票率で7割の議席を独占したというのと似通っています。

Q72：「価値を付け加えることによって価値を維持する」って？

　「価値を付け加えることによって価値を維持する」（訳352/原221）ことの具体例で、鉄道の話（1日不通になると、サビついたりする）が出てきましたが、これをサービス残業にあてはめると、例えば、「マクドナルドの店員が

マックと一緒にスマイル＝0円も提供する」といった感じなのでしょうか？
A72：これに係るのは「労働の二重性」の作用です。正確に述べるとこうです。労働を発揮すると、一方で、そこに抽象的人間労働の側面で新しい「価値を付け加える」とともに、他方で同時に、まさにその同じ過程のもう一つの側面、具体的有用労働の働きによって、使用しつつある生産手段の価値を新しい生産物のなかに維持する（移転し保存する）のです。だから、鉄道ストや災害で運転がストップしてしまうと、前者の新価値の付加が行われないばかりか、そのうえに、機関車・レールといった生産手段の価値を活かせず（維持・保存できず）錆つかせてしまうという二重の損失が生じることになる、というわけです。

「マクドナルド店員がスマイル＝0円も提供する」？？ というのが、突飛なたとえで、どこをどう対比対応させたらよいか、ちょっとよくわかりませんが。「サービス残業」「スマイル0円提供」も関係なく、ピンボケです。

Q73：サービス業の剰余労働の計算方法は？

剰余労働の計算方法についてですが、工場労働者なら、計算できそうですが、例えば、お店の店員さんや事務局員が生み出した剰余労働はどうやって測定するのでしょうか？ ものを生産していないので、計算のしようがない気がするのですが。

A73：商業の店員も金融の銀行員もサービス業の労働者も、物的商品をつくる物質的生産に従事しているわけではなく、── 社会の剰余価値から自分の取り分を引き寄せて来て儲けをもたらしてくれるのですが ── 自分自身は価値をつくりだしてはいません。とはいえ、彼らも、第一次産業第二次産業労働者たちと同様に働いています。労働者のあいだの競争によって均（なら）されていて、同じような就業規則、賃金体系、労働時間などにしたがっています。そこで、商品売上額を使うのではなくて、就業時間をものさしにして、労働時間に換算して、剰余価値率（搾取率）を算出することができます。一日労働時間と賃金支払い相当の必要労働時間とから剰余労働時間を割り出して、m/v の比率を計算する。そのようにしてサービス部門の剰

余労働、剰余価値率を試算したのが、次のグラフの（b）です。

現代日本における剰余価値率の推移の試算

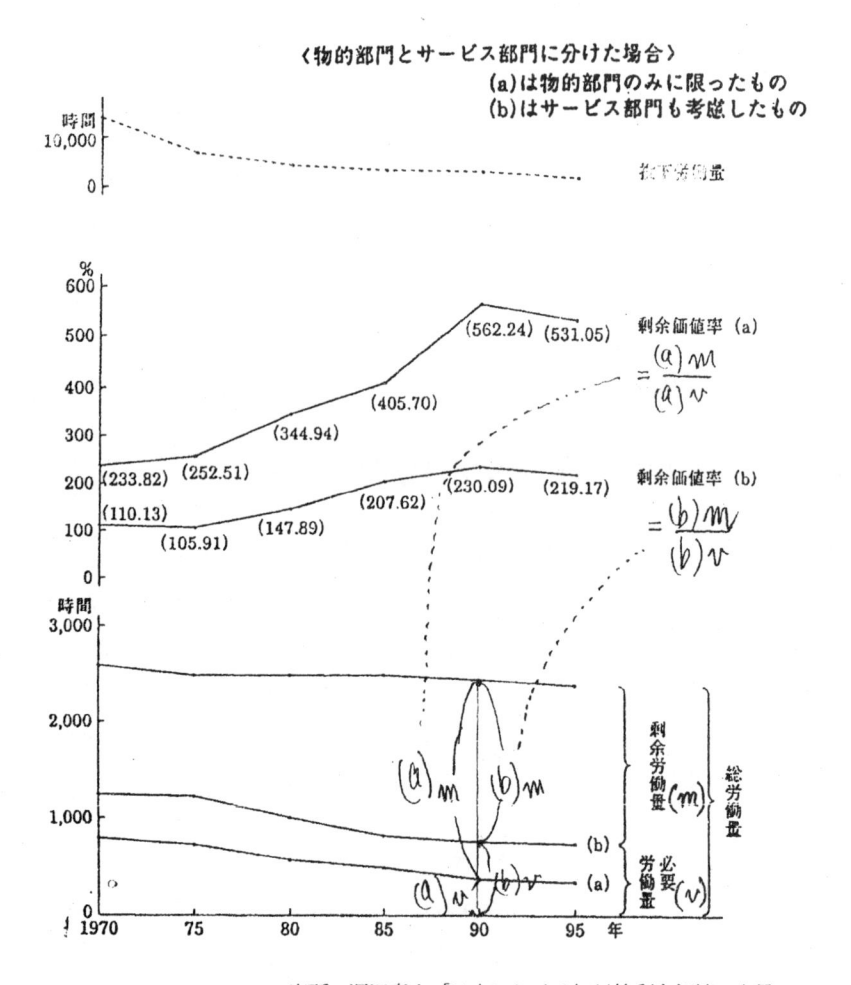

〈物的部門とサービス部門に分けた場合〉
(a)は物的部門のみに限ったもの
(b)はサービス部門も考慮したもの

出所：深沢竜人「日本における相対的剰余価値の上昇について
―― 1970年代以降を対象に」
『経済学研究論集』（明治大学）第11号，1999年9月

Q74：分業はどれぐらいまでが適当？

　トヨタ自動車のように最大限分業化されると、生きがいがなくなってくる場合がある。どの程度までの分業が良いのだろうか。人間的なのだろうか？

A74：分業のますますの発展、細分化された仕事。働き甲斐・生きがいと職業倫理とは切り離せないと思いますが、分業で仕事がますますひどく細分化されると、働き甲斐がますます希薄になって、職業の誇りも倫理も薄れていく、ということになるのでしょうか。なかなかむずかしい問題ですね。しかし、他方でこうしていま文明の利器パソコンに向かって入力していますと、かつての原稿マス埋めだけの部分的作業に限定されていた時代から今では文書編集作業の行程まで"多能工"もどきにやりとおすことができるようになり、一面で仕事量は増えつつも（つまり編集者や印刷屋の仕事まで担うようになって）、広範な行程が見通せてやりがいも増したように思います（印刷屋さん、仕事を奪ってゴメンナサイ）。

Q75：労働の密度、支出度合

　53才の労働者が旅館で死んだ。職場では「公務災害だ」と言っている。彼の素直な仕事ぶりからすると過労死だ。

　資本家は1日の労働時間の長さとして消費してもいいかもしれないが、現在は密度の度合いがすごいと思います。

A75：こんにちの労働の支出度合は、ご指摘のとおり、通りいっぺんの労働時間では推し量れなくて、人間工学の研究成果を極限まで適用し効率をアップさせた労働の密度の度合いが飛躍的に高まっていると思います。最大限の効率追求が生身の人間と衝突し始めていて、日本を代表する超一流企業に矛盾が噴き出しています。

Q76：マルクスの労働讃歌について

　「労働は、まず第一に、人間と自然とのあいだの一過程、即ち人間が自然とのその物質代謝を彼自身の行為によって媒介し、規制し、管理する一過程である。（中略）しかも、この（合目的的な）意志は、労働がそれ自身の内容と

第3篇　絶対的剰余価値の生産　　87

遂行の仕方とによって労働者を魅了することが少なければ少ないほど、それゆえ労働者が労働を自分自身の肉体的および精神的諸力の働きとして楽しむことが少なければ少ないほど、ますます、多く必要となる。」(訳304-305/原192-193)を熟読玩味しました。

　先生は、前半を「マルクスの労働観・人間観」、後半を「人間労働の目的意識性」と纏められ、自身が落ち込んだ時、この部分をお読みになると言われました。宮川彰講義本『「資本論」第1巻を学ぶ』で前半部分を、「そういう(労働することによって人間らしい成長を遂げることができるという)人間本質と切り離せない労働のかけがえのない値打ちというものを、もっとも抽象度の高い包括的言い回しでマルクスは描き出している」と語っています。「もっとも抽象度の高い包括的言い回し」でマルクスが描き出しているのですから、私が簡単に分からないのは当然です、安心しました。正直に申し上げてこの部分を「労働讃歌」という意識で読んだことはありませんでした。しかし、熟読すればするほど、思わず引き込まれていくような深い味わいを感じます。蛇足ですが、「人間は、この運動によって、自分の外部の自然に働きかけて、それを変化させることにより、同時に自分自身の自然を変化させる」は、文字通り宮川彰講義本で言われる「自然と人間の変化発展への寄与」それ自体でしょうか？

　また、宮川彰講義本で紹介されているエンゲルスの「サルがヒトになることに労働はどう関与したか」(『自然の弁証法<抄>』)を読みました。歴史的に「労働」の持つ決定的な役割が、マルクスと同じスタンスで書かれていると読み取れました。

A76：「人間は、この運動によって、自分の外部の自然に働きかけて、それを変化させることにより、同時に自分自身の自然を変化させる」は、「自然と人間の変化発展への寄与」と言えるでしょうか？　つづめた表現で、意味が取りにくくなって恐縮でした。人間は労働によって、さしあたり外部の自然・環境を変えるということは、だれにでも受け入れられるところでしょう。マルクスの指摘の重要な点は、それに加えて、労働を通じて「同時に自分自身の自然を変化させる」と見てとったことにあると思います。労働こそが人

間らしさを涵養し発揮させてくれる、といった趣旨で、「自然と（ともに）人間（自身）の変化発展への寄与」ということができるのではないかと思います。しかも、人間を含めた外界自然へのそうした能動的で合理的（合自然法則的）な働きかけは、理性を備えた人間労働のみが果たしうるのだ、だからこそまた、自然破壊には責任がつきまとうのだ、というすごい労働讃歌なのです。

　それとも、ご質問の意図はもう少し別のところにあるのかな。人類の産業活動の発展が、自然や人間を、地球環境を破壊しているという現実をみるならば、「変化発展への寄与」というのはストレートにはあたらないのではないかという趣旨でしょうか。しかし、こうした事態こそは、営利優先の資本主義的にゆがめられた労働のあり方であって、ここでは、本来の人間労働の意義、もうけ主義にゆがめられない姿を、高く掲げたところに、意味があると思います。

Q77：資本の本源的蓄積過程における労使力関係の歴史的変化

　第8章「労働日」の第5節と第6節は主題は同じですが、副題は違っていて、反対になっています。第5節では、法律で労働日を延長する、第6節では、逆に労働日を短縮する歩みとして、まとめられています。資本の本源的蓄積の過程で、前者はその初期で、農民から労働者への分化が不十分な時期であり、労働者が売り手市場であり、後者は農民からの土地収奪が進み、無一物のプロレタリアとして労働市場にほうりだされ、今度は資本家が買い手市場となる、とても興味深くお聞きしました。こんな理解でよろしいでしょうか？

A77：たいへんけっこうです。その大きな歴史的流れの逆転がざっくりつかめれば大収穫です。すると、こんにちの日本や世界の状況はどちらの方に向いているだろうかという問題につながってきますね。

Q78：割増手当で稼ぎたい労働者も多いのですが…

　労働時間の時間短縮をすすめていたが、職場では「超過勤務＋夜間作業手

第3篇　絶対的剰余価値の生産

当て」で稼ぎたい人の方が多い。資本家との闘いの以前の問題でつまずいてしまっている。これが現在の労働者・労働組合の課題です。正規の労働時間での賃上げが必要だと職場の労働者に話している。正しくこれを受けとめない労働者が多い。

A78：《「超過勤務＋夜間作業手当て」で稼ぎたい人の方が多い。資本家との闘いの以前の問題でつまずいてしまっている。》

　『資本論』のなかでも、労働時間短縮の問題で、低賃金労働者たちは、時間延長による追加の割り増し超勤手当をうる誘惑に勝てない、という工場監督官の報告書の一節を紹介しています。しかし、労働時間延長は疲れがたまり家庭団らんの時間を奪うので、労働者は本当は反対だという本音である、ということも紹介しています。そもそも基本給部分で低くて等し並みに生活していけないので、周辺の諸手当をあてにして家計補充する―― 低賃金・長時間過密労働という資本の願いどおり、思うがツボの賃金法則が貫いているのです。この法則メカニズムは第6編「労賃」で学びます。

　労働者が団結して闘い取るべき課題・目標、必要性がハッキリしていますね。

Q79：「労働」の定義について

　専業主婦やボランティア活動も「労働」の仲間に入りそうですが、やっぱり賃金で生活していることが大前提でしょうか？

A79：根源的な大事な疑問ですね。結論的に言うと、専業主婦やボランティア活動は、そもそも"商品生産"の範囲に収まるかといえば、ほとんどはずれです。専業主婦の「家事」は、基本的に家庭での"消費活動"に従事するふるまいであり、また、神社や公共施設の清掃など地域環境保全に駆り出される人手＝「ボランティア活動」も、あらたに生産物を生み出すものではありません。これらは、生産ないし労働のふるまいではなくで、生産で生み出された生活物資を消費するまたは生活環境保全のためのふるまいなのです。

　ちょっと思い起こしてみましょう、「商品」の定義はといえば、『資本論』

冒頭第1章第1節「商品の二要因。使用価値と価値」というかたちで押さえることができました。それと同じように、「労働」の定義は、第3篇第5章「労働過程と価値増殖過程」（とくに第1節「労働過程」）において尽くされています。もし迷ったら、いつもここの原点に立ち戻って確認点検をするのが有効でしょう。

　商品というものの本質が使用価値と価値という二つの要因を備えているように、それをつくり出す労働もまた二重性を、労働過程と価値増殖過程との二重性を帯びている。「商品の生産過程は、商品が使用価値と価値との統一であるように、〔具体的有用労働の支出としての〕労働過程と〔抽象的人間労働の支出としての〕価値形成過程との統一である」（訳318/原201）。価値形成過程が一定の点を超えて延長されると、価値増殖過程となる（原333/訳209）。「資本主義的な商品の生産過程は、労働過程と価値増殖過程との統一だ」（原337/訳211）。

　逆にいえば、第一に、労働（過程）と価値増殖（過程）どちらかが欠けては、―― とくに価値増殖が欠けると ―― 資本主義的生産にはなりません。第二に、価値増殖過程が欠けても ―― 資本主義的な労働ではなくなるけれども ―― りっぱな労働過程を発揮するものがあります。その一つは、**換金作物生産農家の労働**、家具製造職人の家具をつくる労働などは、「労働過程と価値形成過程との統一である」"商品の生産過程"です。その二は、たとえば家庭菜園での自家消費用作物の栽培労働など、もうけ（価値増殖）を狙うわけでもなく商品をつくる（価値形成する）わけでもない、単に使用価値の獲得をめざすだけの労働もあります。これは消費活動ではなくれっきとした労働です。以上が資本主義のもとでの「労働」の基本的な大区分でしょう。「家事」「ボランティア活動」のなかにはグレーゾーンに属するものもありますから、一括して論じるのではなくて、具体的に活動内容を明らかにして議論する必要があります。

　いずれにせよ、「労働」vs.「非労働」つまり遊び・ホビーという対比、「生産」vs.「消費」という根本的対比を基礎とした上で、それが商品生産（小商品生産）関係として行なわれるのか、それとも資本主義的商品生産（資本

第3篇　絶対的剰余価値の生産　91

ー賃労働) 関係として、行なわれるのか、その性格の違いを丁寧に見極めることです。

Q80:「欠乏は受動的な紐帯(連帯の絆)」
「欠乏とは云々 … 」という『経済学哲学草稿』のマルクスの言葉をもう一度教えてください。

A80：問題のフレーズに先立つ部分から紹介しましょう。「豊かな人間は、同時に人間的な生命発現を必要としている人間である。すなわち自分自身の実現ということを、内的必然性として、必須のものとして持ち合わせている人間である。人間の富だけでなく、欠乏もまた —— 社会主義[私有財産制の止揚]を前提とするならば —— 人間的な、それゆえ社会的な、意義をひとしく獲得する。欠乏は、人間にとっての最大の富である他の人間を欲求として感じさせる受動的な紐帯である」(マルクス『経済学哲学草稿』岩波文庫、訳144頁)。資本主義のもとでの競争至上主義、弱肉強食の"ひじ鉄社会"の人間関係と比べた、相互扶助の社会主義のもとでの支え合い精神のあふれるゆたかな人間関係が輝いています。富だけでなく、逆に欠乏や不備でさえも連帯や絆をかえってつよめる契機にもなりうるんだ、と。マルクスのすばらしい洞察ですね。この社会の身の回りでも、利害関係のうすい共同体的な人間関係の中では、困難な状況のもとで培った連帯感など人生の忘れえない体験となり、上記の指摘を痛感することがあります。《 まさかの時こそ、真の友 》。私のお気に入りのマルクス名句です。

感想3:「シーニアの最後の一時間」
第3篇第7章第3節「シーニアの最後の1時間」をきいて、何となく変な感じがするのですが、ホワイトボードで、図で説明していただけたので、視覚的に理解でき、わかりやすかった。現代の日本でも、同じようなことがありそう。そして、多くの労働者が納得してしまいそうと感じました。おかしなことでも皆が納得すると、あたかもそれが当然のごとく見えてしまうので、とても恐いです。

講師コメント：「シーニアの最後の１時間」、これは本当にクセものです。マルクスの経済学、労働価値説の心得のないひとは、必ずこれに引っ掛かりますね。「労働の二重性」理解の真の試金石の一つです。労働者は、一日８時間労働を発揮して、その際に、抽象的人間労働の側面で８時間労働に相当する新しい価値v+mを付け加えるとともに、その同じ労働の発揮のなかでもう一つの具体的有用労働の側面の働きによって、ふるい生産手段の価値cを新しい生産物のなかに移転し保存するのですから、一日労働の全生産物の成果はc+v+mの大きさになる、というぐあいです。しかしここで、労働者は二度、つまり、一度は新価値v+mを付け加えるために、もう一度は生産手段価値cを新生産物に移すために、働いているのではありません。労働者は労働の二重性のお陰で、８時間分しか価値をつくっていないのに、生産手段価値「c」を加えた８時間以上のおおきな価値を持つ生産物をもたらす。この関係をシーニアは、一日８時間労働で労働者は一日労働の成果の価値c+v+mをつくってしまった、つまり、有用労働の成果であるc+v+mを抽象的労働の一日労働時間（v+m）のなかに誤って読み取り、割り振りして計上してしまったのです。一個同一の労働の、価値をつくる抽象的人間労働の側面と、使用価値をつくる具体的有用労働の側面との同時にはたらく二重性を見抜けず、両者を混同してしまった典型例です。

　このような誤った見解を「論拠」にして、最後の１時間の短縮は全収益をなくしてしまうから、時短をゆるさない、という資本弁護論イデオロギーに仕立てあげてしまうのだから、始末にわるい。このロジックを逆に言い換えると、わずか１時間ほどの労働時間の延長で収益の量も率も２倍以上に増加するなどと、過度の楽観論をふりまいておだてあげる。徹底的に論破する必要があります。

(7) 第4篇 相対的剰余価値の生産

Q81：マニュファクチュア時代と経済学

テキストで、「マニュファクチュア時代に初めて独自の科学として成立する経済学」(訳634/原386) とありますが、なぜマニュファクチュア時代に経済学が独自の科学として成立したのでしょうか。

A81：もっとも基本的な区別の指標（目じるし）をとりあげると、前近代の作業のあり方は、農村であれ都市であれ、熟練した個人の職人の手工業でした。これを乗り越える作業様式は、大規模化して、ひとつ屋根の下に多数の職人・労働者を集めて〈協業・分業〉を展開すること、すなわちマニュファクチュア（＝工場制）形態をとることです。古代・中世の永く続いた生産様式から、決定的に抜け出す新しい方法は、この集団化＝工場制、農場では大農経営にあった。これは近代を招来する技術的物質的萌芽だったのです。この動きは、人の英知に反映します。フランスの重農学派、イギリスのスミスら古典学派は、天才的慧眼でこの近代社会の重要な意味を汲み取り、最大限評価して、その発展の必然性（必ずそうならざるをえないという傾向のこと）をたたえ、そして奨励さえしようとしたのです。人類の歴史の発展法則の新たな段階での新しい徴候をスミスらは見誤らなかった、萌芽や兆しのうちにちゃんと掴みとった。それこそ「科学の任務」、あるいは「科学する」ということ、「科学的である」ということです。ちなみに、それまでの経済学というのは、重商主義の学説であり、商品の売買でいかに安く買い高く売るかの差額だけでもって、商品経済の富を皮相に、つまり「既存の富の商人の懐(ふところ)への再分配」として、把握するほかなく、だましあいのテクニックの集成ごときものでしかなかったのです。

スミスや重農学派は、良い時代のめぐり合わせに良い仕事をしました。人類社会の存立基盤である物質的生産活動が、商品生産の法則（ないし価値法則）の客観的な自立性の装いを与えられて、人々の目に法則的に捉えられるような条件が熟した、その歴史場面に登場して、資本の生産様式を唱導した。

新興ブルジョアジーのイデオロギー（わかりやすくいうと、旗振り世論）が科学的根拠〈経済学〉を必要とし、科学（経済学）が旧封建勢力に代わって台頭する新興革新勢力（新興資本家階級）のイデオロギーにぴったり適合できたのです。彼らは当時すでに天文学や物理学では常識となっていた天然自然の法則的運行の掟（おきて）についての確信を人間社会にも適用し、そこに顕われている「自然法（＝社会の歴史法則のこと）」を探り出すことを使命として自覚していました。のみならず、そうした自然法（資本主義法則）が、封建的な邪（よこしま）な人為的介入を排して、あまねく社会に行きわたる政策（自由放任主義）を掲げたのでした。重農学派のオリジナルな看板は、フィジオクラシー Physiocratie 、つまり"自然法（physio）の支配（cratie）あらしめる"だったほどです。ある意味で、というより立派な、唯物史観の先駆でした。

Q82：機械導入と資本主義・共産主義

説明で「共産主義社会では、労働コストが多少なりとも削減となれば、機械が導入される」とされましたが、資本主義的利用限度での機械の導入化との生産力の進歩の度合いを比較すれば、資本主義的利用のほうがテンポが速いのではないでしょうか？

A82：「労働コストが多少なりとも削減となれば導入される」という関係は、一方で導入に踏み切るハードルも低く容易なのですが、他方で、普及・陳腐化が進行した後の事態では、添え図のように、逆に撤収・廃棄から遅れることを含んでいます。つまり、資本主義の下でなら、とっくに時代遅れになって採算が合わなくなっている機械でも、共産主義の下でなら、「多少なりとも」労働軽減があれば、―― その労働軽減に機械の意義が認められるのですから ―― 採算が悪化しても廃棄されずに使い続けられることになる。

ここに重大な問題が横たわっており、講義の中でもこの点に特別のコメントをしておきました。資本主義ではまだ十分に使えるのに早め早めに廃棄、新しい機械の更新を進めないと競争に敗れてつぶれてしまう〔大量廃棄・使い捨ての奨励〕。社会主義の下では、労働コスト削減の最大限を追及する。

しかし、世界市場の競争にさらされる部門では、資本主義の生産力に及びえない場合も生じる。これは逆説ですが、上の経済の法則によって説明できる問題です。説明できるということは、英知を集めて克服できるということです。（ここにヒントあり、展望あり。）

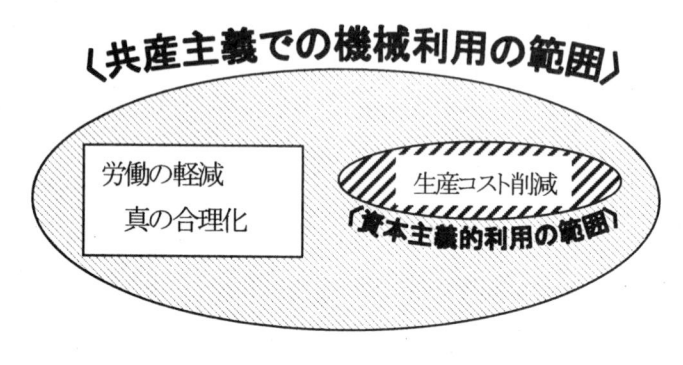

〈共産主義での機械利用の範囲〉

労働の軽減
真の合理化

生産コスト削減
「資本主義的利用の範囲」

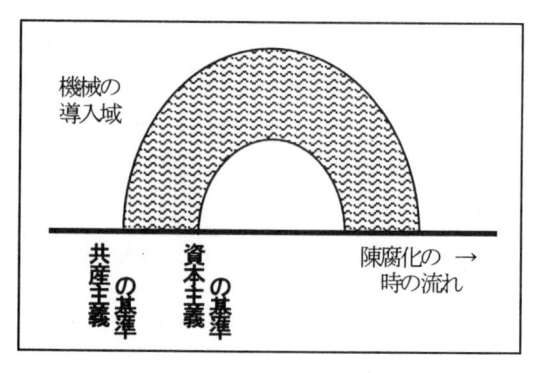

機械の導入域

共産主義の基準　資本主義の基準　陳腐化の→時の流れ

Q83：機械のポジティブな側面

「機械」を賃労働支配という視点からのみでなく、社会的生産力の技術水準の革新という文明論的視点から分析していくことが必要ではないでしょうか。そうしないと、単純な機械への反発としてのラダイツ運動に結果することになりはしないでしょうか。

例えば、現代中国はマニュファクチュア（工場制手工業）段階から機械制大工業への移行期と見られますが、それを中国民衆への支配の深化としての

み把えれば、一面的でしょう。むしろ機械文明の発達を人類史的な進歩とし把え、その資本主義的な歪曲を批判するというスタンスが『資本論』の現代化にとって必要なことではないでしょうか。近代的生産力の賛美は地球惑星システムの破壊という結果をもたらしました。『資本論』の論理を現代的に発展させる必要があります。これはマルクスの責任ではなく、私たちの課題です。

A83：新聞の全面広告（ホンダ自動車）においては、近未来のロボット時代到来が"Power of the Dream"（夢のちから）と謳われていました。多くの生活用品にME（マイクロエレクトロニクス）が組み込まれパソコンが普及して、それらの圧倒的な影響力によって庶民の情報生活スタイルが様変わりしつつある時代、——"IT革命"が称揚されているこんにちの日本において、「ラダイツ運動」のような"機械打ち壊し暴動"が起こる可能性がはたしてあるでしょうか？　また、"技術革新"が第一の生産力として官民こぞって奨励されている中国において、機械打ち壊しが起こりうるでしょうか？日本でも中国でも十ちゅう八九の人々が、機械や技術革新が生活を豊かにし生産力を高めてくれることを信じて疑ってはいないでしょう。ご指摘のような「機械文明の発達を人類史的な進歩とし把え」るという（ポジティブな）見方は、日々洪水のように溢れていて、無意識のうちに人々に吹き込まれ、黙っていても浸透しています。こういう時代背景と情況を受け止める必要があります。

　では、なにを問題にするべきか？　資本家階級の階級的意思と意図は、最新鋭機械の及ぼす大きな威力を庶民の身近な生活利便さで見せつけておいて（機械のすばらしさを洗脳しておいて）、そのことをそのまま工場企業の生産過程における機械合理化（相対的剰余価値生産、＝搾取強化・リストラの推進）の弁護・正当化の理由に描き出そうという点にあります。カーナビは便利だ、インターネット、デジカメやDVDで趣味が広がったなどという生活次元の利便さの向上は、それらの技術が資本主義生産に導入されてもっぱら搾取強化＝収益増大を狙いとして応用される話とは、異質なものであって、前者は労働者が個人的消費をたのしむこと、後者は労働者が生産的消費で搾

り取られ〔(a) 女性・児童労働の引き込み、(b) 労働時間延長、(c) 労働強度の増大〕、リストラ・配転・出向させられること。両者はけっして混同されてはなりません。

　資本の狙いは、生活利便さの向上でカムフラージュして装っておいて、真の狙い・収益増大を果たすこと、この事情（狙い）を覆い隠すことにあります。マルクスの当時、新機械の生産が新規雇用を創出して失業者を増やすことはないのだという典型的な機械導入の弁護論がばらまかれたと記してありますが、こんにちの日本でも、同様です。"IT産業など新分野の開拓こそ新規雇用を増やす"などと、驚くほどよく似た弁護的主張がまかり通っている情況があります。この点で、マルクス『資本論』の時代背景と同じものがあって、機械導入の資本主義的な意義・限界に警戒し、警鐘を打ち鳴らすという課題は、すこしも色褪せていないでしょう。

　ご質問の後半部分は ── 「機械文明の発達を人類史的な進歩とし把え、その資本主義的な歪曲を批判するというスタンスが『資本論』の現代化にとって必要なこと」 ── 、その通りで同意出来ます。

　中国など発展途上国との競争に打ち勝つために、財界はものすごい勢いで産業ロボットによる機械化合理化、無人工場化、つまり省力・リストラを進めようとしています。このような情勢に見合った主要な課題は何であるかを、正面にすえることが大事です。

Q84：石炭から石油エネルギーへの転換は、機械導入と同じ？

　炭坑をつぶして石油エネルギーに転換したことも機械の導入と同じでしょうか？

A84：石炭から石油エネルギーへの転換は、燃料という補助材料の生産性の向上でしょうね。原料材料の品質向上も、機械の導入と同じく、生産力の増大の一因と言えます。

　しかし、機械は、百万馬力で労働者の手足の延長になりまた手足になり代わって働いてくれる生産要因ですから、労働者への影響の度合は全然ちがって直接的で絶大なものがあります。

Q85：生産活動は環境破壊？

　人間は自然に働きかけ、自然を変革すること（労働）によって富を生産してきました。それは、別の側面からみると、人間は地球を破壊することによって、富を生産してきたということになるのでしょうか。

　ヒトの誕生からきのうまでの富の総体として今日の富があり、今日までの富の総体としてあしたの富があると考えてもよいでしょうか。また地球破壊の集大成として。その富はエネルギーだと考えることができますか。細胞レベルで取りざたされるエネルギーを生命エネルギーと呼ぶのにならって、人間のレベルで消費するエネルギーを生活エネルギーと呼んでもよいでしょうか。例えば、富の偏在すなわち生活エネルギーの偏在というように。

A85：たいへんおもしろい着眼ですね。しかし、読み変えにはよくよく要注意です。「規定することは、否定することである」（このスピノーザの名文句を、マルクスも『資本論』の中で紹介引用しています）。"自然に働きかけ、変革すること"は"自然を破壊すること"、よく財界人が好んで引用する経済学者シュンペーターの言葉「創造的破壊」など。はたして、ほんとうにそうか？

　ところで、例えば、イノシシを飼いならして豚を家畜として養殖してきた牧畜業、貧弱な米や小麦の原種を品種改良して豊かな生産性を獲得してきた農業は、自然"破壊"の歴史だった、"地球破壊の集大成"だったと、はたしていえるでしょうか。長かれ短かかれの期間をかけて着実に自然になじんできた、自然生態系にとってリスクがないこと安全であることが確認されてきて、人間の食生活の豊かさや労働の発展に寄与してきました。——こういう運動のパターンは、社会についても人間についても、肯定的評価の与えられる「発展」「成長」と名付けられるべき変化・変更のたぐいであって、ふつうには、ネガティブな評価のともなう「破壊（的)」という言い方はしないでしょう。

　現代は、自然環境破壊や遺伝子操作や新素材開発など、次々と従来の自然界には存在しなかったものが生み出されて、人々を不安にしています。自然生態や社会の再生産、人間らしい生存成長のあるべきすがたを考えながら、

そこへの"発展的"な"成長転化"というものさし（評価尺度）を磨いて、ものごとをみることがこんにち求められています。逆に、形式論理にとどまって形式主義をふりまわすと、人類史の歴史的発展は、人間の成長は、すべて破壊の歴史だったという、一面的な、行き過ぎた出口のない悲観論に陥ってしまいかねません。

「人間のレベルで消費するエネルギーを生活エネルギーと呼んでもよいでしょうか。」この問題についても、問題の立て方、取り上げ方を慎重にみる必要があります。日常生活の自然素材を分子・原子のレベルに還元し置き換えてみても、ムダです。上着や机というそれぞれに違った素材に作り上げているそれぞれに違った組み合わせによってこそ、私たちは上着や机の使用価値を享受出来ているからです。還元・帰着の手続きだけでは、一面的に誤りに陥るでしょう。それと同様に、日本の国民の経済社会状況を知りたいのに、人間一般の抽象的状況を持ち出しても、議論の前進や助けにはなりません。

日本という資本主義経済のしくみのもとで生じている富の偏在の問題を、「生活エネルギーの偏在」というように過度に抽象的で簡単な要素に置き換えてしまうと、真の具体的原因やそれをもたらしている具体的仕組み・メカニズムが見えて来なくなってしまいます。厳しい賃労働-資本関係から生じている経済的社会的対立を、人間の一般的コンフリクト（つまり、いつの時代どの社会の組織集団でもみられる軋轢衝突（あつれきしょうとつ））のようなのに還元してしまっては、問題の立て方が一面的で、余りに抽象的過ぎて、具体的解決の出口が見えません。たとえば、農業による自然への働きかけを、"自然の改変"＝"人為的改造"＝"自然破壊"とみなし、人間の文明が、言いかえると人間存在そのものが生態系や地球環境の破壊の元凶だったという、乱暴な宿命論が一部にあります。これだと、解決策は人類が消滅するほかないという、出口のない悲観論に陥るほかありません。これは、行き過ぎた一般化や抽象化の議論がはらむ危うさの一例です。

また、"人類みな兄弟！"というスローガンを思い起こします。右翼の大物笹川良一氏が叫んでいたその言葉とその狙い（階級対立・矛盾の隠蔽または

調停宥和）が、ちょうどここの議論とオーバーラップするのではないでしょうか。資本主義のもとでの経済的格差、富の偏在を、その真の姿と原因をしっかり具体的に見抜く必要があります。

感想4：第10章の「商品を安くすることによって労働者そのものを安くするために、労働の生産力を増大させることは、資本の内在的な衝動であり、不断の傾向である」(訳557/原338)、「労働の生産力の発展による労働の節約は、資本主義においては、決して労働日の短縮を目的としてはいない」(訳559/原339)は、ともに、「資本主義のもとでの生産力発展の目的」としてよく分かりました。

講師コメント：この一番だいじな結論エッセンスの確認、たいへんけっこうです。これで第4編も八割がた、理解出来たも同然です。

感想5：絶対的剰余価値と相対的剰余価値の関係の説明で、映画「シンドラーのリスト」（スピルバーグ監督作品）を例に引きながら、「白黒」だと思っていたところが、カラー映画が出てきて第3第4の色が登場し、以前の画面が実はモノトーン「濃淡」だったということがそこではじめて認識できたという話は、認識論として納得しました。

講師コメント：妙なところで、印象は刻まれるものですね。私も学校時代の授業の思い出にのこっているのは、多くは余談・道草・エピソードの類いの場面です。

「相対的」剰余価値の成立のメカニズムと特徴が明らかになってくると、そうではないそれと対立するメカニズムと特徴をもつ、つまり他との依存や比較なしにそれ自体として規定される「絶対的」剰余価値という概念が、振り返ってみると浮き彫りになってくるのです。

(8) 第5篇 絶対的および相対的剰余価値の生産

Q86：豊かすぎる自然条件

　恵まれすぎた自然条件のもとでは、資本主義も労働生産力も発展しないというマルクスの指摘を知りました。「必要は発明の母」とか「かわいい子には旅をさせろ」と同じような意味か。人間が頭と手足を使って、使った苦労に報いる生産が得られる。

A86：日本の諺「かわいい子には旅をさせよ」とは、かなりずれていますが、幾分か共通する意味合いもあります。テキストのテーマは、自然条件の恵みないし自然と富は、物質的富の生産に、つまり物質的生産活動の発展の程度にどのようにかかわるか、というものです。一定水準の自然の富を前提するなら、人間の生産活動にプラスの影響を及ぼすのは、自然的富の絶対的に豊かな水準ではなくて、むしろ"変化"に富み"多様性"のある富の中身だということですね。自然環境という外的刺激が、人間の発達、人間の文明・文化の発展に積極的に寄与するという点では、ひとりの人間の一個の人生についても、同様のことが言えるかもしれません。温室育ちの過保護がもたらす消極面を戒めているようです。

Q87：「シャドーワーク」「無償労働」の評価

　"生産的労働"論から評価して、消極的に評価する宮川先生の論議には少し違和感を持ちます。剰余労働としての生産的労働論を機械的に適用して、無償労働の貨幣評価を批判することは、市民的な共感を得ないでしょう。"生産的労働論"ではなく、"社会的有用労働論"として再定義することによって、無償労働の社会的意義づけをすべきではないでしょうか？

　マルクス的生産労働論では、流通・金融・サービス・公務労働が、非生産的労働と位置づけられ、周辺労働化（？ 現代労働の非物質化）に対応できる『資本論』の理論化が求められます。

A87：小さくない経済学上の混乱があります。まず、"有用"労働、"価値形成"労働、そして"生産的"労働の規定をきちんと、――現象や外観に流されるのでなく、経済学的に、――抑えることが、先決かと思います。とくに生産的労働とは何かについては、第5編第14章を熟読吟味して、基礎固めをしましょう。

「ボランティア」、「内助の功」、「家事」などの無償の活動をどのように経済学的に貨幣評価するか、経済理論的に規定するか、という問題に答えようとすると、講義のような応答になるほかありません。経済学の規定では、これらの活動は消費の領域の個人的消費のふるまい、消費活動であって、けっして物質的生産の本来の労働ではなく、たとえば「家事労働」「ボランティア労働」と呼ぶのは正しくありません、それは（社会学やウーマン・リブとかNPO活動の運動論的な観点からの便宜的なまたは喩えの用法にすぎず）経済学の正統な立場からは避けるべき誤った用法です。もともと誤った用法だから、すこし理屈をつけて経済学的に貨幣評価しようとすると、――資料の記事のように、「炊事"労働"」をどのような金銭労働になぞらえるのか、レストランの見習い調理師か、家政婦の調理か、はたまたヘルパーの炊事手伝いかなどなど――いつも大混乱です。

ご意見の「"社会的有用労働論"として再定義することによって、無償労働の社会的意義づけをすべきではないでしょうか？」ですが、なんのためにどういう目的で「"無償労働"の社会的意義づけ」をするかにかかってくると思います。具体的にそのねらいを問うてみることです。

（1）遺産相続や離婚で財産をわけるためというなら、専業主婦と共働きとによって内助の功や主婦稼業の評価の仕方がちがってくるでしょう。その財産分与の理由は、家事の金銭評価に基づくものではなく、爾後の生活保障を勘案するとか定着した社会慣行（民法）にしたがってのことです。それらについてはずっと以前から社会常識の線でいくつか判例実績が具体的に評価を下しています。

（2）また、育児休暇を保証するための育児家事の重要性を知らしめるために貨幣評価を求めるといった資料記事のケースは、とんでもない的外れな動

機です。いま日本で夫・男性がまだまだ育児休暇が取りにくい状況にあるのは、"無償労働"の育児家事が貨幣評価されていないからではなくて、根本的には労働者（夫）の長時間過密労働があって会社資本に縛りつけられてしまっていることがあるからです。闘いの課題の本命は、"無償労働"再評価ではなくて、賃労働対資本の階級関係に基づくところの、時短・賃金アップ・労働条件改善によって、労働者（夫、女性労働者も）がゆとりをもって育児や家事に参加し、家族団らんを過ごせるという状況をかちとることです。

フェミニズムやウーマン・リブの立場から"無償労働"再評価をというアプローチは、たいていの場合、経済理論的基礎がよわいために、本当の課題をはずして、歪んだ対立構図（おんな対おとこ → 男主敵論、ボランティア対賃労働 → 賃労働主敵論）を作り出しています。支配階級が、被差別部落を作り出しあるいは反社会的な過激派分子を泳がせて、労働者階級内部に対立やいがみ合いをつくりだして、対資本闘争をよわめたりゆがめたりする構図と同様です。

「"社会的有用労働論"として再定義」のご意見ですが、一見善意に見るとうなずけそうですが、冷静に経済学的見地からいうと、"社会的有用労働論"は危ういものです。なにをもって（またはだれが）"有用"と評価するのか。「"国民"のための"構造改革"」のスローガンは、「"財界"のための"規制緩和＝儲け野放し"」という反労働者的内容をカムフラージュしたものでした。抽象的な"国民のため" "有用"などという用法では、いかようにも定義・評価できるからです。なんのため、だれ（どの階級）のためのものかをみきわめること、——繰り替えし私が強調するゆえんです。

とっておきのマルクスの、"社会的有用労働論"に関する辛らつな批評例を紹介しておきましょう。泥棒や犯罪がりっぱな社会的分業のささえであり、ホントに"社会的有用"であり、国内総生産GDPをりっぱに増やしてくれることの説明です。

【資料】マルクス『剰余価値学説史』(ME全集、第26巻第3分冊、訳492-493頁より)

世の中、"役立ち"でないものはない
―― ホントにマジメな解説
マルクスの「余論（生産的労働について）」

「哲学者は思想を、詩人は詩を、牧師は説教を、教授は概説書を生産する。犯罪者は犯罪を生産する。この後のほうの生産部門と社会全体との関連をもっと詳しく考察すれば、多くの偏見を免れるであろう。犯罪者は犯罪を生産するだけでなく、刑法をも、またそれと同時に刑法を講義する教授をも、またさらに、この同じ教授が自分の講義を「商品」として一般市場に投じるために必要な概説書をも、生産する。これによって国民的富［GDP 国内総生産と読め］の増加が生じる。…… 犯罪者はさらに、警察および刑事裁判所、判事、絞首刑吏、陪審員などの全部を生産する。そして、これらのいろいろな職業部門はすべて、社会的分業のそれだけの数の部類を形成しつつ、人間精神のいろいろにちがった諸能力を発展させ、新たな諸欲望とそれらを満たす新たな諸方法とをつくりだす。拷問だけでも、きわめて巧妙な機械的発明のきっかけを与え、その道具の生産にたくさんの尊敬すべき職人たちを従事させた。

犯罪者は、半ば道徳的な、半ば悲劇的な印象を生産し、こうして公衆の道徳的および審美的感情の動きに、ある『サービス（Dienst, service, ＝役立ち）』を提供する。彼は、刑法概説書を生産するだけでなく、刑法典したがってまた刑法立法者とを生産するだけでなく、技術者、文学、物語、さらには悲劇をも生産するということは、… シラーの『窃盗』ばかりでなく、『オイディプス』シェイクスピアの『リチャード三世』さえもが証明するとおりである。犯罪者は、ブルジョア生活の単調と日常の平安とを破る。それによって彼は、停滞を予防し、また、それなしには競争の刺激さえ鈍くなるにちがいない、かの不安な緊張と可動性とを呼び起す。こうして彼は生産諸力に刺激を与える。犯罪は、過剰人口の一部を労働市場から取り去り、それとともに労働者間の競争を減少させ、それによって最低限以下への労賃の低下をある点まで阻止するのであるが、他面、犯罪にたいする闘争が同じ人口中の一部を吸収する。

このようにして犯罪者は、正しい釣り合いを生み出して『有用な』就業部門の全体の展望を開くところの、かの自然的な『均等化』の一つとして登場するのである。
　犯罪者が生産力の発展に及ぼす影響は詳しく実証することができる。ひとりの泥棒もいなかったとすれば、いったい錠前が今日のように完成されていたであろうか？
　ひとりの贋金作りにもいなかったとすれば、銀行券の製造が現在のように進んでいたであろうか？　…　犯罪は、つねに新しい財産攻撃手段によって、つねに新しい防御手段を生じさせ、こうして、機械の発明にたいするストライキとまったく同様に、生産的な作用をする。　…　また、罪の樹は、アダムの時代以来、同時に智慧の樹ではなかったか？
　マンデヴィルは、すでに、ありうるすべての種類の職業等々の生産性を証明していた。『われわれがこの世の中で悪と呼ぶものは、道徳的なものも自然的なものも共に、われわれを社交的な動物たらしめる大原理であり、例外なくすべての職業と仕事との確乎たる基礎、生命および支柱であって、そこに、われわれは、すべての芸術と学問との真の起源を求めなければならない。そして、悪がなくなる瞬間に、社会は、すっかり破壊されないまでも、損なわれるにちがいない。』
　　　　　　　　　　　　　(マンデヴィル『蜜蜂物語』1705 年)」

Q88：公立学校の先生は生産的労働者ですか？

　公立学校の教師も、子どもたちを教育して、資本に労働力を準備して、供給するのですから、資本の利潤に貢献する生産的労働ではないですか？
A88：まず、「生産的労働」とはなにか？　二つの違った異質の概念規定（ものさし）があることにご注意下さい。
　[1] 一つは、どの社会いつの時代にもあてはまる、普遍的な人間生存のための対自然との物質代謝を仲立ちするという意義をおびた、だから生存生活物資をちゃんと作り出さなければならない "物質的生産的労働"、── マルクスはこれを生産的労働の「本源的規定」と呼んでいます。具体的有用な性格の労働とイメージしてよいが、しかし、具体的有用労働がいつもこの本源

的規定での生産的労働かというとそうではありません。サービスや医療、教育など立派な目的に適った具体的有用な性格を持っていますが、物的財貨を生みだす物質的生産的労働ではない、だから不生産的労働です。大学教授も弁護士も同じ。

　［２］二つには、賃労働・資本関係（雇い雇われ関係）に入り込んで、この資本主義的生産関係に担われて、資本のために剰余価値をつくりだしたり利潤をもたらしたりする活動のことを、"生産的労働"、——第一の「本源的規定」に対して、これを生産的労働の「歴史的（資本主義的）規定」と呼んでいます。この場合、資本のためのもうけに貢献するという点が決定的です。物質的生産的労働でなくても、商業でも金融活動でも賭博でも、また、サービスや医療、教育など独立採算で営業されている営利経営であれば、そこで雇われて働く労働者はすべて、資本主義的規定で"生産的労働"を発揮していることになり、資本主義的規定で"生産的労働者"であります。逆に、どんな立派な物質的生産（たとえば、米作り、大工・鍛冶などの仕事）に従事していようが、農民や大工や鍛冶工は、独立自営業者であって資本のもうけに貢献するわけではなく、資本主義的規定でみると"不生産的労働者"となります。家事やボランティアも同様に、仕事内容が、どんなに立派なものづくりであれひとさまに有用に役立つものであれ、同様に資本のもうけに貢献するのではなく、資本主義的規定でみれば"不生産的労働（者）"です。もっとも、家事やボランティアは本来の"労働"ではなくて、家庭での"消費活動"、自発的な"慈善活動"と呼んだ方が正確でしょう。

　重要なことは、この二つの生産的労働の基準（ものさし）は、使用価値と交換価値とが違うようにまったく異質なものだということです。二つの規定のさまざまな組み合わせで分類する（たとえば、資本主義的規定で生産的労働者であり、かつ、本源的規定では不生産的労働であるもの、というように）ことは可能ですが、両者を"統一的に捉えよう"としたり"有機的に関連づけよう"としたりするのは、ムダです。公務員をなんとか「生産的労働者」の仲間入りをさせようともがくのとおなじくらいばかげたことです。

　以上の基準（ものさし）で、疑問に挑戦してみて下さい。

第５篇　絶対的および相対的剰余価値の生産　　107

公立学校の教師は、国や地方自治体に雇い入れられた、"公僕"であり公務員です。資本に雇用された賃労働者ではありませんね。"国家に期待される人材"の育成ということは、個別私的資本の生産関係を超えた問題であり、また、有用性・役立ちということだけですから、資本主義的規定でみて"生産的労働"からはかけ離れます。ちなみに、犯罪者のように、社会的に"有用な"かかわり方は、実にいろいろです、「泥棒は警察官の雇用を作り出していて、錠前屋を繁昌させて、有用だ」、「贋金づくりは印刷技術を、公害は公害防止技術を向上させ、公害防産業を興隆させるのにおおいに貢献する」などなど、なんとでも言えるのです。Q&A87 参照。

Q89：搾取強化と豊かな生活との両立
　生産力が上昇すると、生活手段の総量が増大するのに労働力の価格が下がることがあるというところがよくわかりません。どうしてそうなるのでしょうか。

A89：テキスト（訳895/原546）8行目までに同じ例示が掲げてあります。この関係は、労働者を物質的生活で豊かにしながら、労働生活での搾取をいっそう強化するという、コワーイ、手ごわい重要ルールです。よくよく注意を！
　非常に簡単な例をあげましょう。基準点に比べ生産力が3倍になる。→ 生活手段の値段が1/3になる。労働力の価値も1/3に下がる。→ ところが賃金（労働力の値段）は1/3にではなく1/2に下がると仮定すると、1/2になった賃金で1/3になった値の生活手段を買うことになる。すなわち、1/2になった賃金で1.5倍（1/2 ÷ 1/3 = 3/2）の分量の生活手段を買える。生産力上昇という相対的剰余価値生産のとっておきの切り札は、このように、労働者を潤して怒らせることなく、階級対立を緩和しながら、しかもしっかり剰余価値を増産できるのだ。なんとすばらしい、うるわしいことではないか！ パイ（儲け）を大きくして労使ともに豊かになろうという、「生産性向上運動」は、こうした客観的メカニズムがひかえていたのです。

Q90：労働者の犠牲を最小限にする方法

資本主義の中で労働者の犠牲を最小限にする方法はないのでしょうか。

A90：労働者階級が自分たちの唯一生きる術、働く際のもろもろの環境、すなわち労働力の価値に見合った賃金収入の確保、労働時間の短縮、職場の労働条件や労働環境の保全・改善、福利厚生の充実など。月並みですが、厳しい階級対立社会のなかで、特効薬なんぞなくて、当たり前のことを地道に追求するほかありません。

Q91：階級社会は弥生時代からはじまる

縄文人の骨にはいわゆる「刀傷」がほとんどない。弥生人の骨には「刀傷」のあるのがあると本（題名を忘れました。1講か2講で縄文人も通貨を持っていたという話を聞いて、興味をひかれ読んだ本のうちの1冊です）にあいました。

弥生時代はすでに階級の時代にあり、縄文時代は階級前の時代にあったと考えてもよいのでしょうか。

A91：石器・縄文時代＝無階級社会、弥生時代＝階級社会というふうに私も理解しています。弥生時代には農耕牧畜が始まって能動的な自然への働きかけで生産力が大きく高まったことが、「剰余労働」や剰余生産物の"ゆとり"を生み出し、それをめぐる争奪（マルクスが云うように、略奪は略奪される物が生産されていないと成立しない）、またはそれで生きていける不労階級が登場しうるのですが、縄文時代の単なる採取活動（木の実を採ったり魚を捕ったり）のようなサルと変わりない受動的な労働の低い生産力では、奪うべき余剰すらなかった（＝無階級社会）のではないかと思います。

縄文人も通貨を持っていたということはまずありえません。

(9) 第6篇　労賃

Q92：「賃銀」表記？
　テキストでは、「賃金」ではなく「賃銀」と表記されていますがなぜでしょうか。原語でも「賃金」と「賃銀」とは異なるのでしょうか。それとも訳出の段階で「賃銀」とされたのでしょうか。
A92：もとの用字は「賃銀」。中世の銀本位制度に由来して、労働の提供に対する賃銭が銀貨で支払われたことから、「労働賃銀」、ちぢめて「賃銀」と呼んでいたもの。近代の金本位への移行とともに、出自（出生事情のこと）の実態を失って、慣用的な用法「賃金」が受け入れられている。日本語の訳出事情です。英独語の原語は、Arbeitslohn（独）wage（英）のみ、金か銀かの区別はありません。

Q93：出来高賃金と中間搾取が結びつきません
　講義で、出来高賃金は「派遣労働などの中間搾取を容易にする」という指摘がありましたが、具体的にどういうことでしょうか？　出来高賃金と中間搾取が結びつきません。
A93：出来高賃金、すなわち、労働の対象化された生産物成果で労働提供を評価測定し対価を支払う賃金制度です。雇い主と被雇用者とが、監督管理者と従業員とが、職場で直接対面する必要がなく、労働現場での監督なしに仕事の質・量を管理できることが特徴となっています。そのために、日本の大手ゼネコンでは当たり前になっている、仕事を第一次、第二次下請、孫下請にと次々に請け負わせる、いわゆる"丸投げ"体制が容易になります。
　それぞれの段階で元請け（発注主）業者は、手数料などの名目で儲けの上前をピンハネできるようになります。これを中間搾取といいます。今はやりの、人材派遣業も同様です。発注主からの業務委託金額から、人材派遣企業の利潤や経費を差し引いて、現場の派遣労働者に賃金として支払われますから、派遣労働者が手にするのはひどい低水準の賃金です。

Q94：能力主義賃金体系

　最近の賃金体系をめぐる動きでは、生活給部分の引き下げと能力部分の引き上げ、それに伴う中高年の賃金抑制などは、賃金の労働力の価値以下への引き下げに当たるのではないかと思うのですがいかがでしょうか。

　なお、マルクスは、この賃金の引き下げを「横領」(訳547/原333)と表現し、労働力がその価値どおりに売買される場合での資本家の不払労働＝剰余価値の取得である「搾取」と区別して、その不当性を強調していることに注意すべきだと思うのですがどうでしょうか。

A94：賃金の本質とそのしくみの解明は、第6編「労賃」でより詳しく見ることになります。

　能力給部分の重視それ自体は、即、労働の価値以下への引き下げということにはなりません。雇用者は、能力給重視によって、"賃金原資"（＝総人件費）を増やすことなく、労働成果をより大きくする効果を狙っています。もしこの場合、初期の狙いどおり原資を増やさず、（あわよくば削減して）生産を高めることができるなら、その企業全体として賃金引き下げが達成されたといえるでしょう。ある一人の中高年労働者の賃金抑制をもって直ちに労働力価値以下への圧下だと判断することは、なかなかむずかしい。種々の条件や状況を考慮する必要があります。

　慎重にならざるをえないのは、個別事情に引き回されると、「Aさんは悪平等のおかげで高すぎる賃金だった」「能力が認められて賃金の上がった者もいるじゃないか」などというレベルの議論で混乱するからです。〈この個別判断・競争激化こそ能力主義の狙い（個別分断統治による労務管理強化）なのですから〉とはいえ、近年の成果主義や能力・業績主義の賃金体系の最大の狙いが、職場や企業全体の総人件費の抑制にあることは、財界もマスコミもあけすけに語っています。

　賃金も普通の商品の市場価格の動きと同じです。値札が20％引きになったからといって、本来持っているはずの価値から同率だけ価格を下げられてしまったということにはならない。①商品価値そのものが、気付かないうちに低廉化していて、値札が高すぎてそれに当然引き寄せられただけかもしれ

ない。②貨幣価値の上昇（＝デフレ）による商品価格の名目的下落かもしれない。これと同じことが賃金にも当てはまります。

Q95：成果主義賃金体系の浸透
　「賃金は労働力の対価として払われ、資本との力関係によって決定する」だったと思いますが、ここまで年功序列（この制度も労働力の対価とは言い難い）の賃金体系が破壊され、成績・査定主義が蔓延していることをどう見ていけばいいのでしょうか。

A95：簡単にお答えできるような問題ではないと思いますが、明瞭なことは、ご指摘のように、資本に対する労働（者階級）の力関係の変化、日本の四半世紀の労働運動の激変（1970年半ば、「第二の反動攻勢」以来、戦後労働運動の右傾化／バブル不況下での社民勢力の衰退と労使協調路線の破綻）の結末であるということです。労組の右翼的指導層は"雇用か賃金か"と脅されて賃金のあり方（この中に成績主義あり）や賃下げで譲歩を重ね、はては雇用（リストラ）で資本の先兵役を引き受ける。これでは一般組合員から見放され敵視されるも仕方ないでしょう。考え方の問題としては、「賃金とは何か、労働者とその家族の生活費である」（賃金論）の理論武装ができていないので、現象面での攻撃（例えば、時短するなら、パートタイマーのような時給換算に基づいて減給もするぞという攻撃）にきちんと反撃できない弱点あり。「賃金とはなにか」の原点が問われますね。

Q96：賃金体系のあるべき姿
　賃金体系のあるべき姿と言っては変ですが、どのような形がいいのでしょう。

A96：現社会では、賃金体系は、資本家にとっては労使対策の切り札として、労働者支配の道具、搾取強化の道具となっています。「あるべき姿」というのは"資本にとっての"という意味で、労働者にとっては、奇妙なことです。とはいえ、ノーマルな賃労働―資本関係、法則適合的な労使関係というのがあり、これに照らして前近代的もしくは、過度搾取の状態を批判し、

せめて価値法則に戻させる、ルールを守って労働力の価値どおり支払わせる、という見地が大事です。そして答えはすでに出ている。長時間過密労働をなくし、生活できる・生き甲斐・働きがいある賃金を！という価値法則基準だ。

Q97：「ワーキングプア」、貧困は打開できる？

　懸命に働いても生活保護基準以下の生活しか出来ない貧困層が急増し（400万世帯以上）、すべての階層に広がるという深刻な事態が起きています。この事態をどう打開したらいいのでしょうか？
　（1）私たちは、『資本論』で、「労働力の価値は、労働力の所有者の維持に必要な生活諸手段の価値である」、即ち、労働力の再生産費用・家族の扶養費・労働力の修養費です。賃金の本質＝労働力の価値＝労働者生活費です。正しい理論が出発点です。
　（2）一方、憲法第25条でいう「健康で文化的な最低限度の生活」を保障する建前で、1946年生活保護法が制定され、50年に大改正され現在に至っています。この法のもと最低限度の生存権の維持を規定しているが、その水準は劣悪なもの。貧困層が増大するなかで、逆に受給を抑え、老人や障害者など働けないものをしめだす行政指導を強めている。朝日訴訟（人間裁判）は今なお記憶に新しいが、最近でも「北九州市餓死事件」や「ホテルマンの死」など違法な保護行政が問われています。
　（3）他方、最低賃金制確立のたたかいは、家内工業者・小商人・農民や生活保護者の生活条件改善のたたかいとむすびついています。
　以上（1）〜（3）はお互いに関連しあっています。だとしたら、その実現は労働者階級を中心とする強力な統一戦線の発展によってはじめて可能となるでしょう。

A97：ご指摘の通りだと思います。『資本論』による資本主義の解明の最終結論は、第1巻から第3巻を挙げて、労働者一人ひとりの階級的自覚に基づく団結の必要・必然を指し示しています。労働者階級としての大望を語り示すこと、すなわち、物質的生産活動で果たしているありのままの役割にふさわしく社会の主人公となるための政治変革に立ち上がって、労働者階級とし

ての政治的権力の掌握の必要・必然を、指し示したことでした。

　これに対して、日本の現実は、資本主義経済の正常な運転にもおぼつかない、経済ルールや価値法則の遵守からかけ離れた横暴な資本主義の運転になっています。「賃金」範疇一つとっても、価値法則に照らして、労働者とその家族のまともな生活生存がきちんと保証される水準が、労働力の価値に応じた賃金支払いが、ルール遵守の線でしょう。ご指摘の通り、賃金概念破壊的な抑圧が当たり前のように横行している現状です。『資本論』はまた、こうした資本主義のルールがどのような仕組みで生み出され作用するかということも、あきらかにしています。すなわち、階級闘争が社会発展の原動力となっている資本主義社会にあっては、資本家階級による搾取・収奪の確保のために死活を懸けて挑んでくる闘いに対抗して、労働者階級の側による生存確保のための背水の陣の反撃攻勢が、当然前提されて作用しあうということ、これら両要因の拮抗で価値法則が、賃金（労働力価値）をめぐる等価交換のルールが、かろうじて支えられるものだということです。「労使協調路線」はこの客観的な冷厳な価値法則の性格をすっかり見落として、見ようとしないで敵の前に武装解除して、軍門に下るような姿勢であるといってよいでしょう。いまだかつて、世の中に、いわゆる「中道」「中庸」を目指すと掲げて中道・中庸に位置しえた例はありません。マルクスの例示では、太陽への求心力とそれと拮抗する遠心力とがそれぞれ全力で働きあってそこで均衡がとれた状態が惑星の公転軌道の運行（マルクス曰く、矛盾の、解決形態ではないが、矛盾がとりあえず運動しうる妥協形態）だと云うことです。

　月並みですが、厳しい階級対立社会のなかで、特効薬なんぞなくて、当たり前のことを地道に追求するほかありません。

(10) 第7篇　資本の蓄積過程

Q98：「富」の定義は？
「富」の定義をもう一度教えてください。

A98：「富」の定義について：二つの見方を配慮する必要があります。第一に、使用価値視点から。いつの時代どこの社会にもあてはまる人間の生存条件を形づくる物質的富、生産物も非生産物も自然物も、富の諸要因をかたちづくるものです。これに対して、第二に、近代資本主義商品経済に固有な、交換価値視点から。人間の無差別同等な労働の成果である、汗水の結晶である、交換価値または貨幣の分量がすべてです。だから、どんなに自然の豊かな恵みに与っていようと、自然環境や景観に恵まれていようと、そんなことは資本主義的商品経済の立場からは、何の意味もありません。逆に、交換価値または貨幣という富を増やすためには、どんどん自然を破壊し人間を犠牲にしてはばからないのが、資本主義です。やはり、根本的に逆立ちしています。

Q99：資本蓄積の図式について説明を
資本の蓄積の進行の過程についてのわかりやすい図式を説明してください。

A99：まず、基本になる「資本の循環図式（公式）」の原型は、

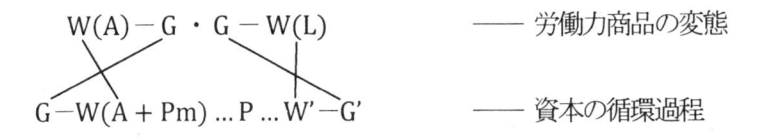

$$W(A) - G \cdot G - W(L) \quad \text{—— 労働力商品の変態}$$
$$G - W(A + Pm) \ldots P \ldots W' - G' \quad \text{——　資本の循環過程}$$

W：商品、　G：貨幣、　A：労働力、　Pm：生産手段
W(A)：労働力商品、　W(L)：生活物資商品、　P：生産過程
W'：増殖された価値、　G'：増殖された価値を含む貨幣

第7篇　資本の蓄積過程　　115

これに、蓄積（剰余価値の資本への転化）の契機を組み入れて図示したのが下掲の図式です。"資本の蓄積の循環図式"とでも言えるでしょうか。労働力の再生産の運動との絡みあいを示すと、部分が絡み合ってきます。この過程いいかえると労働力商品の変態の過程は、本来の資本循環の運動には含まれず、図のように交換を通じて絡み合うだけです。

【資本の蓄積】資本の蓄積の図式は以下の通り。
・剰余価値の資本としての使用、資本への再転化を、資本の蓄積とよぶ。

$$G - W < {A \atop Pm} \cdots P \cdots W' \begin{cases} W - G - W < {A \atop Pm} \cdots P \cdots W' & \text{旧資本} \\ \triangle W_1 - \triangle G_1 - W_1 < {A_1 \atop Pm_1} \cdots P_1 \cdots W'_1 \begin{cases} W_1 - G_1 \\ \triangle W_2 - \triangle G_2 \end{cases} \end{cases}$$

剰余価値　新資本　　　　　　　　　　　　　　　　　:蓄積部分

※　蓄積の条件は、剰余価値が生産手段と生活手段（労働力）とに転化できる、すなわち、剰余生産物が新しい資本の物的構成部分を含むということである（訳995-6／原606-7）。

・追加資本（　　:蓄積部分）は、初めから剰余価値であり、剰余価値が剰余価値を生むこととなる（訳998／原608）。

116　第一部　資本の生産過程

Q100：国民総中流論をどうみる？

搾取をかくすしくみがいろいろありますが、「国民の中産階級化」というような宣伝もそうですか。

このしくみにどのように対抗し、暴露をしたらよいですか。日本の多くの若者がパートやフリーターを余儀なくされていますが、マルクスは予想していたでしょうか。

A100：「国民の中産階級化」という宣伝文句も、まさにその役割を担い、そして一定果たしました。社会学の社会階層論や未来学といったいかがわしい専門分野で提唱されて、バブル経済の一時期あるいは相対的に安定した景気状況の時期に、繰り返し装いを変えて、「総中流論」などともてはやされたことがありました。しかしまた、景気が傾いて不況に突入したりすると、繰り返し、すぐしぼんでしまいました。やはり、原理的批判は、『資本論』第1巻の第3～5篇の剰余価値論に基づいた第7篇資本の蓄積法則を学んで、20-30年、50年、百年単位の資本主義社会の歴史的発展の趨勢をとらえ、経済現象の諸局面に一喜一憂して振り回されるようなことをしないことでしょう。

現代日本の多くの若者の「不正規雇用」の状況に関して、マルクスは、資本主義の発展とともにますます、相対的過剰人口＝産業予備軍（失業者）の増大圧力が強まり、資本蓄積の進展とともにそうならざるをえないと、『資本論』第1巻第7篇第23章で《資本主義的蓄積の一般的法則》の中にその一環として、相対的過剰人口の法則（失業の法則）をあきらかにし、産業予備軍（失業者）の状態として「流動的形態」・「潜在的形態」・「停滞的形態」・「受救貧民」の四つの型に特徴づけています。そのバリエーションと云ってよいでしょう。

Q101：旧ソ連での労働の形態をどう規定するか

旧ソ連型社会主義社会でのノルマ労働の形態は、経済学的にはどう規定されるのでしょうか？ それは国家資本の下での夫役労働（出来高払賃金）だったのでしょうか？

第7篇　資本の蓄積過程

A101：従来の伝統的な社会主義において、労働とそれに対する分配については《 能力に応じて働き、労働に応じて分配される 》（生産力の発展した共産主義では一歩進んで《 能力に応じて働き、必要に応じて分配される 》）という見方が常識でした。この場合、前の句に、「能力に応じて働き」という前提条件があるように、働ける者すべてが目一杯に働いた結果、その社会の成果を公平・公正に分け合うとあって、その分配原理はいわば社会主義的職業倫理の最大限の発揮を前提にしています。「ノルマ労働」といわれるものが、人々の個々の主観的な思いでないとしたら、客観的にどのようなものをさすのか？労働の権利に対する"労働の義務"なのか、もっと具体的に職場で決められた業務課題のようなものなのか、あるいはもっと精神的な労働規範のようなものなのか、ちょっとはかりかねますが。「国家資本の下での夫役労働（出来高払賃金）」とは、国有企業に雇用された公務労働者の剰余労働の発揮のことでしょうね。賃金の出来高払形態かどうかはまた別の話です。

Q102：ルーカスのモデルの前提の矛盾について

宇沢弘文さんのルーカスのモデルを、「ところが生まれたときに、将来自分がどれだけの仕事をして … （中略） … 合理的に行動する、選択する。」と批判していましたが、ルーカスのつくったモデルは、現在の自分の収入だけでなく、将来の自分の収入（年金や退職金がいくらもらえるのかという具体的な額）も想定していたのでしょうか？

A102：たいへん鋭い着眼ですね。その通りです。合理的期待形成説というのは、人間わざをこえて神業にちかいあまりにも現実離れした、将来像確定・見通し完備といった仮定に立ったむしろ計画経済想定の議論なので、いまでは多くの批判を浴びて支持を失いつつあります。新古典派の、こうした、将来像確定・情報完備の非現実的な想定ということは、おもしろいことに、それ自体、深刻な自己矛盾、自己否定を抱えているのです。個人の最大限の自由を標榜し、国家など第三者の介入を極端に排除しようとするのが彼らの拠り所・生命線でした。ところが、彼らの立場は、取引当事者の個々人の購

買力・所得やら嗜好などの情報が完全に把握されることを想定するというのですから、第一に、プライバシー情報の完全筒抜けの社会であり、およそ市場経済の要件に不適合です。すなわち、その前提は、不特定多数の不確定需給要因がかかわり合うという"市場"概念に抵触してしまっていて、"市場"概念を根本から覆すことになっています。第二は、その延長で指摘できることですが、そこまで情報が完璧把握される社会とは、これはもう彼らがもっとも毛嫌いするはずの高度な社会主義を想定してしまっているということ。それどころか、むしろ個人のプライバシーさえ保護されない、たちの悪い極端な"全体主義国家"そのものだということです。自分たちが何を語っているのか（矛盾に陥っているか）自覚できないところが、俗流議論のまぬけさ加減なのです。

感想6：就業時間短縮による「飢餓賃金」、低賃金（賃下げ）と長時間労働、というお話は、まさにワーキングプアのことを言っていると思いました。今、仕事を3つもかけもちして働いても、まともな生活ができない理由はこれかーと思いました。賃下げと長時間労働は、相互につながっていることがわかりました。

> 参考資料　『資本論』第1巻剰余価値論の要点
> 『学習の友』2002年8月号特集宮川稿：「資本」とは何か？

「原理の目」で射抜く資本の正体

　平均株価が一万円を割り込んで「三月危機」切迫していたことし年初に、こんな発言が大臣から飛び出しました。

　「東京株式市場が博打（ばくち）の場になっている」（塩川正十郎財務相）。

■日本政府の「空売り」規制

　株価の下落を食い止めようと、政府は株の「空売り」規制の強化に乗り出します。「空売り」とは、株を借りてきて高値で売っておき安値で買い戻して差益を儲ける、投機的投資テクニックのことです。

　これには、規制で手足を縛られることになる証券業界からただちに反対の声が上がりました。「空売り」には市場に流動性や躍動感を提供する重要な役割があり、それを規制すれば、一時的に投機を抑制できるかもしれないが、中長期的には市場の衰退をもたらすのではと危惧されるというのです。結局2月末に政府の「総合デフレ対策」に規制強化が盛り込まれて、株価暴落の危機はひとまず免れたのでしたが、近年日本や欧米の経済では、株や金融の市場がとばく場と化していて、その特徴は「カジノ資本主義」という名で知られているとおりです。

　このひと幕は、マルクスも注目したイギリスの銀行家 J. W. ギルバートの指摘を思い起こさせます。「銀行の目的は取引を容易にすることである。取引を容易にするものはすべて、投機をも容易にする。取引と投機とは多くの場合にきわめて密接に結びついているので、どこまでが取引でどこからが投機であるかを言うことは困難である」（『資本論』第3巻、新日本新書第10分冊訳692頁）。

■原理の眼で資本の正体に迫る

この動きをどう見るべきでしょうか。合理的経営の正常な軌道から逸脱した、たんに気まぐれで一時的な偶発的現象なのだろうか、それとも、この経済体制の本質に起因した、不可避で必然的な傾向なのだろうか、という問題が浮上します。

もしそれが例外的に行き過ぎた単なる攪乱現象であるならば、緊急避難的な手当てで済ますこともできるでしょう。だが、もしその動向が、この経済の仕組みそのものに根ざした宿病の表れだとすれば、もはや対処療法で取り繕うことはゆるされず、抜本的治療が避けられなくなるでしょう。

こうした事態を見抜くためには、資本とはなにかというおおもとを押さえた原理的把握がぜひ必要です。以下では、三つの命題と図式（①〜③の定式）に基づいて、資本についての理解の基礎を明らかにしましょう。

（1）資本とは、自己増殖する価値である

① 資本の一般定式： $G-W-G'$

注：Gは貨幣、Wは商品、－は流通過程つまり売買、G'はもうけ（剰余価値）を含む貨幣。$G-W$ は買い、$W-G$ は売りをしめします。

資本の基本的な運動を図式化すると、$G-W-G'$ となります。製造業であれ流通業であれ、物的生産活動にたずさわる資本はみな例外なくこの運動形態を持ち合わせているので、これを「資本の一般的定式」と呼びます。資本の本質的な諸契機と特徴とをおもいきって煮詰めて抽出した、いわば最大公約数の資本の運動形態のエキスを表わすものです。

市場には、これとは別に、個人的消費を仲立ちする流通 W_1-G-W_2 があります。これは、商品 W_2 を買うために商品 W_1 を売る、個人的消費を目的とした過程であり、毎日の買物行動でくりひろげられているわたしたちにもなじみの売り買いのことです。

■自己増殖運動のなかで、貨幣や資本は資本となる

　これに対して、資本G－W－G'の場合は、対照的に、売りのための買いという順序、形が現れます。ここでは、貨幣Gは買い物でのたんなる「支出」とは違って、回収の予定された「資本としての貨幣」という資格を持って、「前貸し」される（＝投資される）のです。この図式では、より大きな貨幣額G'の取得であることが、端的かつ明瞭にしめされています。

　このように、資本とはまずは自己増殖する価値だ、と押さえることができます。たえず貨幣と商品とを取ったり脱いだりしながら出発点に戻って循環運動をえがく価値なのです。別の角度からみると、貨幣や商品は、それ自体孤立して取り上げてみてもなんら資本であるわけではありません。定式のえがくひとまとまりの循環運動の関連のなかで、その一環を担うかぎりで、資本の現われとなります。

■「あとは野となれ、山となれ！」── 資本の利益第一主義

　定式が浮き彫りにする特質は、運動の動機・目的がもっぱら交換価値（貨幣）の量的増加にあるということです。この事情と結びついて資本の本性もまた明らかです。この運動の物的な担い手となる商品素材や生産物の使用価値の問題は二の次にされる一方、過程の第一義的な目標は、つねに際限のない交換価値増大のあくなき追及にあって、質的限界をかくされることはありません。運動の一つの結果がより大きな交換価値量というかたちで現れて、そのままあらたな過程の反復の前提・出発点をかたちづくるために、運動の自己目的化と無窮性という性向を帯びることになります。

　こうした資本の特質について、マルクスは「我なきあとに、（ノアの）洪水来れ！」というフランスのことわざをあてがいました（『資本論』第1巻、新日本新書第2分冊訳464頁）日本語の言い回しの「あとは野となれ、山となれ！」と同じ趣旨です。素材や使用価値の問題をなおざりにし、とことん利益第一に利己的に振る舞う資本の特質を、見事に言い当てました。価値増

殖を自己目的とした運動の無窮性については、「生産のための生産、蓄積のための蓄積」(同第四分冊訳1021頁)――この合言葉が古典派の昔から今日に至るまで、資本のスローガンであり続けています。

「売るために買うことは投機することであり、したがって投機と商業とのあいだの区別は消えてなくなる」(同第二分冊訳257頁)。冒頭に紹介された、最近の株の「空売り」投機の渇望も、元をただせば、このような根深い資本の性向に由来したものなのです。

(2) 資本の価値増殖は、労働者の搾取にもとづく

② 産業資本の定式：$G-W<\begin{matrix}A\\Pm\end{matrix}\cdots P\cdots W'-G'$

注：Aは労働力、Pmは生産手段、Pは生産過程、…は生産における資本運動の継続、W'は剰余価値を含む新商品をしめします。

一般的定式のなかに登場した、資本の果実をなす肝心の「剰余価値」は、では、どのような仕組みで生まれてくるのでしょうか。価値法則(＝等価交換)のもとでは、儲けを説明するのに、安く買って高く売り、不等価交換で売買余剰をねらう、商人資本の振る舞いを持ち出すことはゆるされません。前提にそぐわず、そのもうけは結局他人の損失で購われたものにすぎないからです。

■金の卵を産む賃金労働者

この問題を突破するには、ひと粒のたね麦が数十の穀粒の実りをもたらすような、そのような実体的な価値増殖を引き起こす要因を、市場で見つけださなければなりません。そして労働力こそ、その増殖をもたらす要因であり、労働者は"金の卵を産むにわとり"なのです。

賃金労働者は、労働力を商品として時間決め、たとえば日決めで雇主に切り売りします。労働力商品の価値は、労働力を日々再生産し維持するのに必要な費用つまり生活費によって決まり、── 価値法則に基づいて ── この価格が「賃金」として労働者に支払われます。一方、雇主は、労働力商品の使用価値を買い手の権限でめいっぱい消費し、つまりは一日フルに労働させます。雇い入れの際に支払った賃金に相当する「必要労働」分を再生産させて取り戻すだけでなく、さらにそれを超えて、不払いの「剰余労働」分をも働かせ、その成果を剰余価値として獲得します。

　万事みごとに、価値法則にのっとって価値増殖が生じたばかりでなく、労働者の不払労働の成果が、当然であるかのようにたくみに、資本家経営者の取得に帰することになりました。これが生産現場でくりひろげられている、資本のもうけの基本をなす価値増殖であり、経済法則に適合した"合法的"搾取の仕組みです。

　この搾取成立のかなめは、もっぱら、使用価値の消費がとりもなおさず労働してあらたに価値を生み出すという性質、しかも補填分よりも大きな価値を生み出すことができるという、労働力商品に固有な性質のおかげです。だから、資本主義の経済的富の産み手は、唯一労働者であって、家畜でも、機械でも、高性能産業ロボットでもないということ、また、儲けを生み出す理由が、資本家の監督労働でも、節欲努力でも、資本サービスの提供でもないということが分かります。この点を押さえることは、資本の剰余をめぐるさまざまな逃げ口上や俗流弁護論をきっぱり退けるための、科学的な剰余価値論の要点です。

■現代の搾取の率は、260％超

　ちなみに、労働力価値の補填分すなわち必要労働を超えて、どの程度剰余労働を提供できるか（「剰余価値率」または「搾取率」）は、主として社会的生産力の発達の度合と階級闘争の発展程度（労使の力関係に基づく一日労働時間の長さの程度）によって左右されます。19世紀初頭のマンチェスター

工場ではこの比率(「剰余価値率」=「剰余労働」÷「必要労働」)は約100%、同1860年には150%余に達し、また、1920年大正期日本の小作料率100%、近年1980年代のわが国では製造業部門260%以上の実績が残されています。

(3) すべての収入のみなもとは、労働者の生み出した労働価値である

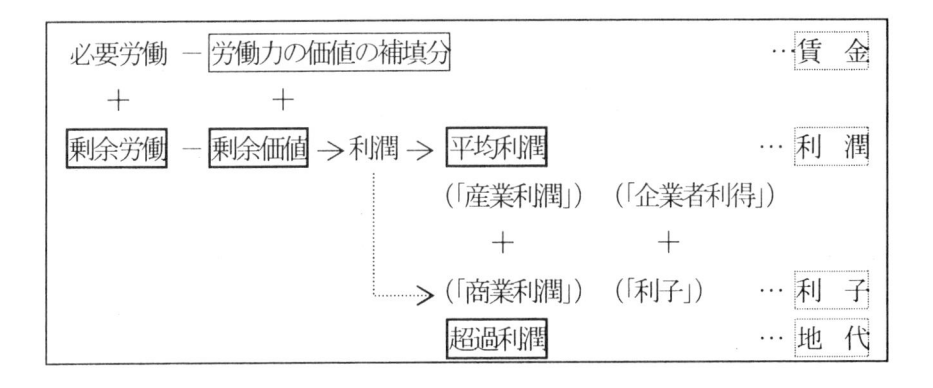

```
必要労働 ─ 労働力の価値の補填分                      …賃 金
    ＋        ＋
剰余労働 ─ 剰余価値 → 利潤 → 平均利潤               …利 潤
                    (「産業利潤」) (「企業者利得」)
                         ＋          ＋
                  ─→ (「商業利潤」)  (「利子」)      …利 子
                    超過利潤                        …地 代
```

剰余価値の解明を基礎に、これを一国経済の規模で束ねてみると、資本主義社会における三つの基本的収入をかたちづくっている「賃金」、「利潤」、「地代」の源泉とその派生の関連が、上のように図式化できます。

ここでは、労働者=「賃金」、資本家=「利潤」(うち金融的投資家=「利子」)、地主=「地代」というように、近代社会に登場する三大階級の物質的生存基盤が、労働者によって年々歳々生み出される社会の富(賃金補填分＋剰余価値)にしっかりと裏打ちされ、価値法則の基盤に照らして明らかとなります。一見バラバラで脈略もなく混沌とした、不可解で捉えがたい株価、地代、金利の動きも、相互の内的関連で結び付けられ、労働価値の法則に収れんさせられるわけです。

マルクスは、資本とは何かの分析(=『資本論』)を通して、この社会の富=私有財産[資本資産、土地資産、株・金融資産その他]のみなもとが唯一労働に帰せられ、しかも、労働者の生み出した剰余労働以外ありえないとい

第7篇 資本の蓄積過程 125

う関係を、きっぱりと原理的に明らかにしました。この社会の富が、いったいだれによって生み出され、どのような仕組みで、だれの懐に納まりそしてだれの胃袋に消えるのかということの筋道を、指し示してくれたのです。

■『資本論』を羅針盤に、「原理の目」をつちかう

このように、資本主義を"丸ごとわしづかみする"見地からこそ、株価や金利など、複雑な経済の動きの正体が見えてきます。それが、労働の成果である富（剰余価値）をめぐる分捕り合戦であり、あるいはそのリターンマッチに過ぎないのだということが、手に取るように明らかになるはずです。

現代の資本主義は、「巨大な詐欺制度、とばく制度」（マルクス）と化し、腐乱した奇怪な錬金術のるつぼの様相を呈しています。あらためて私たちは、学習の重要さを喚びさまさずにいられません。資本の正体をつかみ、さまざまな出来事の真相を見抜く「原理の目」をつちかうために、読者のみなさんが、『資本論』を羅針盤として、果敢に学習に挑まれることを期待します。

【講師メッセージ 4】

〈カテゴリーの人格化〉または"肩書き"について

― その (1) ―

青葉が目に染みる季節がやって来ました。

講座受講生のみなさん、そして、北海道から沖縄にいたる全国各地で講義テープをお聞きいただいているテープ受講生のみなさん、おすこやかに資本論学習をおすすめでしょうか。

■ 新潟、名古屋でも、資本論読破への挑戦始まる

4月第2日曜に新潟、5月第3日曜には名古屋で、新たに第1巻講座があいつぎ開校しました。これで21世紀はじめの年に私が講師となって企画された資本論講座は出揃い、いずこも盛況のうちにスタートしました。"資本論の峰"の踏破をめざして、先達役の横浜の部隊に続いて、新潟ルート、名古屋ルートからも、後続部隊の登攀(とうはん)が始まったのです。

この間時間を割いて教材の作成を準備してきましたが、遠隔地での教室の並行開催の実現には、それがあずかって力となりました。『講義要綱』・「講義資料集」・『講座Q&A』——これらの学習支援資料によって、大衆的学習運動としての資本論講座の器(受け入れ容量)を一段と充実させることができたと思います。年齢も性別も職歴・活動歴も社会経験もじつにさまざま、問題意識も学習進度もまちまちながら、どなたもみな、社会進歩と科学と人間とにつよい関心を寄せ、資本論読破の意欲にもえる受講生ばかりです。ひと一倍人生にアクティヴな(前向きで活発な)大勢の熱心な参加者を、しっかり受け止めなくてはならない。ひろい間口で 懐ふかく受け入れられる態勢がしだいに整ってきましたね。

《 資本論は、撞(つ)くちからに応じて美しい音を響かせる梵鐘(ぼんしょう)のようなものだ。》(宮川實)——初めての挑戦者にも、またベテラン読者や研究者にも、読むたび毎になにか心に触れる"こだま"を返してくる『資本論』。時と処を同じくしてつどい学ぶ同窓の仲間たち一人ひとりの、

第7篇 資本の蓄積過程 127

そのような"こだま"が教室じゅうに響きあう講座になってくれたらと、共同学習のみのりを願っています。

> ■ 重々しい名の座に、坐りきりにさせないで
>
> わたしを名付けないで
> 娘という名　妻という名
> 重々しい母という名でしつらえた座に
> 坐りきりにさせないでください
> わたしは風
> りんごの木と
> 泉のありかを知っている風
> 　　　　（新川和江「わたしを束ねないで」より）

　生身の一個の女性が「娘」、「妻」、「母」という三つの名前、肩書きを持つ。どれが本物の正体なのか？　みんな、です。これが社会的存在としての人間の実相、様々に輻輳した社会関係のしがらみを背負った人間のリアルな姿なのです。
　さて、前回の講師メッセージ３では「[自分が]うまくいかないのは、社会の仕組みが影響していることを知り、自由になれた」というある受講生の感想を紹介しました。じつは『Q＆A』の当該回答箇所には、左掲の詩の一節が添えてあり、もともと、社会関係の人格化または"肩書き"、資本論にいう〈カテゴリーの人格化〉についてコメントするつもりでいたものです。[遅ればせながらいまその宿題を果たします。]
　その感想の感触、意識はぜひ大事にしたい。『資本論』の舞台のなかの登場人物の性格をとらえるコツをふくんでいて、つまり、マルクスによる登場人物の描き方（資本論でもちいられている科学的方法）を理解するのとおなじ手すじだからです。マルクスは『資本論』「序言」でその"演出方法"の手のうちを明かして、次のように述べています。

> (1)「ここで諸人格が問題になるのは、ただ資本家や土地所有者が経済的諸カテゴリーの人格化であり、特定の階級諸関係や利害の担い手である限りにおいてである。」
> 　　　　　　　　　　　　　　　　　　　　　　　　　　　（「序言」訳12/原16)
> (2)「諸人格の経済的扮装は、ただ経済的諸関係の人格化にほかならず、諸人格はこの経済的諸関係の担い手として互いに相対する。（第2章 冒頭訳144/原100)

　引用中の「人格 Person」とは、人物のこと、「カテゴリー」は基礎概念、「人格化 Personifikation」という難しい見慣れない用語は、権化、化身、擬人化などと言い換えるとわかりやすい。引用文をときほぐしてみると、"ここ『資本論』での登場人物は、〈資本〉や〈賃労働〉や〈土地所有〉という経済的関係(概念)の化身、擬人化として、資本家や賃労働者や土地所有者が現れる"と。

　この「…として現れる」という点が肝要。松下幸之助氏には、ぜひとも、資本の本性をわが魂とする、鬼のような資本権化として登場願わなければなりません。功なり名遂げた果ての余興の、奨学基金創設者やまちの文化事業寄附者のごときりっぱな慈善事業家とか、メザシ好物の好々爺とかとして描かれては、台本も台無しです。人柄や品性がいかにすぐれていようとも、それは別の話。資本家の「経済的扮装」をまとうやいなや、その経済的ポジションに立つかぎり、搾取の鬼と化し、「人狼的」資本家の典型としてふるまうのです。そうでなければ、日本資本主義史上、空前絶後の2449億円(1998年没)にのぼる遺産は貯まるはずがありますまい。余興(それとも罪滅ぼし?)の扮装(=カムフラージュ)に目を奪われて、本業、すなわち立志伝中の実業家なる本顔素顔を直視することをおろそかにしてはならない。

■　〈人格化〉の認識でひらける脱皮の展望

　こうした取り上げ方だからこそ、また次のように真の"慰め"、"救い"の言葉を差しかけることも可能になるのです。上掲引用(1)に続く文です。

> (3)「個々人に［経済的］諸関係の責任を負わせることはできない。個人は主観的には諸関係をどんなに超越していようとも、社会的には依然として諸関係の被造物主なのである。」　（「序言」同上）

　資本家経営者として鬼だ蛇だだからといって、その人の人格まで全部ダメ、人間性が全否定されるわけではないし、逆に、人品卑しからざる善人も、だからといって資本魂のなせる人非人的なふるまいをいささかも免罪、擁護できるものではないのです。社会や経済の仕組みに基因するさまざまな「社会的な自然属性」というものを、抽象力でしっかり析出する、腑分けして捉える、── 資本論の考察方法の基礎です［この要領が飲み込めると、資本論が俄然おもしろくなること請け合い、ホントです］。

　もしこの点を識別できないとどうなるか。もって生まれた生来の性分なのかそれとも後天的社会的なものなのか、運命的宿命的なものかそれとも変革可能なものか、自分と帰属組織と社会の変化につれて、どこがどのように変わるのか、変わらない変えられないのか、見境いがつかなくなってしまうでしょう。

　それゆえマルクスは、自分の経済学は、たしかに一見資本家や地主を容赦なく攻撃するかにみえるが、ほかのどの学派にもまして「経済的機構のもたらす責任を個人に負わせることはしない」と、どの学説よりも資本家にやさしいんだと（さしずめ〝社会を憎んで人を憎まず〟か）、言明する（できる）のです。

　さきの感想子さんの「知って、自由になれた」のも故なきことではなかった。マルクスの言葉は、新川和江の詩のように、重い肩書きや幾重もの扮装を文学的にかっこよく吹き払うことはしないまでも、わが身をがんじ巻きにしている社会の衣装をつまり社会的諸関係の肩書きを明るみにし、風通しよく、見通しよくしてくれるのではないでしょうか。　この話題、重要なので引き続きまた取り上げます。

【講師メッセージ 5】

公人・私人の"肩書き" ― 〈カテゴリーの人格化〉その (2) ―

　紫陽花(あじさい)の季節をむかえました。ことしは花の色がいまひとつ冴えないのは、横浜地方の少雨のせいでしょうか。

　『Q&A』第1巻全4分冊分の全範囲を収めた原稿が、やっと校閲をおえて私の手を離れ、冊子の上製版がまもなく名古屋講座の方々のご尽力でできあがってきます。お手元にある暫定版に差し替えてご活用ください。

　なお、各地講座でのQ&Aは引き続き進めていきます。受講生のみなさんの質問や感想に講師が紙上で回答やコメントを差し上げます。すでにひな形が出回っており、イメージと要領はつかんでいただけたものと思います。初歩からウルトラE(最高難度)の質問にいたるまで、『資本論』に関してならなんでもござれ、お答えしましょう。

　草津市と岩手県在住のテープ受講生の方からおたよりが届きました。こんなところでも学ぶ仲間が頑張っている、と勇気づけられるとともに、少しお顔がみえたようで親しみが湧いてきました。いつかテープ受講生の方々ともお目にかかれる機会があることをたのしみにしています。

■　公人と私人のはざまで

　小泉首相は8月15日敗戦の日に靖国神社を閣僚として公式参拝することを表明し、それに固執しています。歴代の自民党保守政権の立場は、公人としての靖国参拝は違憲であるとしています。(憲法学者杉原氏の記事6月27日付け参照)。"変人人気"をバックに、かつての中曽根元首相さえ叶えられなかった最後の一線を、首相の肩書きで一気に踏み越えて、保守タカ派の宿願に応えようと狙っています。

　思い出されるのが、故大平正芳元首相をめぐるこんな光景です。【政教分離の憲法原則をめぐっては当時はまだこんにちよりずっときびしいチェックがかかっていました。靖国参拝後の首相、汗をふきふき釈明の記者会見。】

記者：「どんな肩書きで参拝されましたか？」

大平首相：「内閣総理大臣としてでなく、私人大平正芳として参詣簿に記帳し、靖国の英霊に参拝いたしました。」

さて、これでうるさい記者、世論の追及はまぬかれて一件落着か、と思いきや、後日譚(ごじつたん)が漏れ聞こえてきました。

■ 私人のうちなる葛藤

大平氏は私的にはクリスチャンの洗礼を受けていたそうです。一難去ってまた一難。しかし今度はもっと深刻な、ほんとうの難儀だ。つまり、肩書きの異なる名刺を取っ替えひっかえして切り抜けられる状況ではなく、私人という逃げ場のない土俵で「神々の闘争」（決着のつかない果てしない争いのこと）に巻き込まれたはずなのです。戦前の被弾圧の歴史から政府による神道(靖国)結託をきびしく批判するキリスト教界であれば、クリスチャンとして私人大平正芳の内心の世界に繰り広げられた、憎っくき神道イズムに対する葛藤はいかばかりであったでありましょうかと、他事ながら、同情してみたくもなるところです。

と同時に、これほど信条・信仰がもてあそばれ、無節操に軽んじられたケースもまためずらしい。うるわしい「内心の自由」の名のもとに慎ましく振る舞ったつもりが、敬虔な神道主義者とクリスチャンそれぞれの神々を敬う汚れなき気持ちにひどく水を差すものであったろうと思われるのです。

> 人間的本質は、なにも個々の個人に内在する抽象体ではない。その現実においてそれは社会的諸関係の総和（ensemble）である。
> ——マルクス「フォイエルバッハに関するテーゼ」その(6)
> （『ドイツ・イデオロギー』付録所収）

この命題は、マルクスの唯物論的な人間本質規定の代表格として知られています。「社会的存在が社会的意識を規定する」（『経済学批判』序言）という有名な命題とも適合し、また、人間が環境の産物であると同時に環境をつくり出していくという実践活動の重視とも調和します。

■ ユニークな「諸関係の総和」を

　そしてもちろん、「公人」「私人」の肩書きの"使い分け"や、さらには、ある人のうちなるキリスト者と神道者との"棲み分け"の関係についても、ちゃんと説明を与えてくれるものです。

　しかし、その両者が非融和的にはげしく衝突するような境遇に、股裂き状態に、身をおいてよいなどと慰めてはくれません。そのひどい「疎外状況」に身をおいたのも、だれあろう大平氏だし、彼みずからが選び採った「社会的諸関係の総和」の帰結なのですから。

　どのような取り合わせと組み合わせと味付けでそれら「諸関係の総和」を身につけるか、これこそは、その人の〈人格〉、〈人となり〉、〈個性〉にほかなりません。余人にはないユニークな「諸関係の総和」を、そして、堪えられぬほどの分裂的な「総和」にならぬよう、ハーモニーのとれた節操ある個性的人生というものを、築きたいものです。

【講師メッセージ 6】

〈人生の底がぬけて　怖いものがなくなる〉構え

— 〈カテゴリーの人格化〉その (3) —

■　秋深まって、カム・バック

　秋も深まってまいりました。横浜、名古屋、新潟、そして10月開校でスタートしたばかりの新顔の埼玉の講座受講生のみなさん、また、全国各地のテープ受講生のみなさん、おすこやかに資本論学習をおすすめでしょうか。
　無差別テロと報復戦争の暴虐そして思考停止内閣・与党による憲法蹂躙の暴挙という堪えがたい理不尽の数々が横行しています。情勢に立ち遅れることのないよう、現代の闇を射抜く武器『資本論』の学習を果敢に深めてまいりましょう。
　この夏から初秋にかけて私は、新刊書の原稿の執筆に明け暮れし、「講師メッセージ」の続きや各教室Q&Aでは、ご無沙汰してしまい失礼いたしました。ようやくカム・バックです。

■　横浜資本論講座の記録がユニークな本になりました

　1998年4月から1年間かけて開催された横浜資本論講座「第2・3巻講座」の諸種の記録（講義テープ、レジュメ、Q&A、資料等）をもとにした、拙著『「資本論」第2・3巻を読む』上・下（学習の友社、各¥2625）が11月初めの「赤旗まつり」で刊行されます。これまでの類書にない、斬新でユニークな解説本が出来あがりました。
　とまれ手に取ってごらんあれ。まずはちょっと数分本書上・下の「はじめに」のところでも立ち読みしてみてください。現代の激しい「流通革命」の仕掛けはなにか、消費不況の奥深い原因と打開の展望、利潤・利子の動向や商業活動の再評価、株価・地価の激変のことなど、こんなふうにマルクスは光を当てようとしていたのか、こんなに現代のさまざまな重要な出来事が分析されていたのかと、興味が湧き起こり、『資本論』第2・3巻挑戦への動機

がきっと掻き立てられることでしょう。

『資本論』の魅力を縦横に語りながら、マルクスの理論水準を薄めずに、しかも、現代の諸問題に果敢に切り込む姿勢をかかげて、わかりやすく解きあかすことに、意を尽くしました。ずいぶん欲張りな話ですが、でもこれは、横浜資本論講座・鎌倉資本論教室第2巻［鎌倉では2000年度1年間に第2巻をじっくり読了しました］の運営方針そのまま地で行くものでしたね。この点で、もし見るべき点があるとしたら、それはひとえに、両教室の学習運動のおかげであり、その実を結んだ産物なのです。ともに支えて講座を成功させてくださった運営委員ならびに受講生のみなさんに感謝いたします。

＊＊＊

■「わたしを束ねないで」の《対の重し》に、高村光太郎の「母」を

　以前この「講師メッセージ（4）」の欄で、〈カテゴリーの人格化〉のテーマに関連して、新川和江「わたしを束ねないで」を取り上げました。「わたしを名付けないで／娘という名　妻という名／重々しい母という名でしつらえた座に／坐りきりにさせないでください／わたしは風／りんごの木と／泉のありかを知っている風」（01年6月配付資料）。

　前近代のしがらみにがんじがらめにされた"共同体社会"と対比して、近代の"契約社会"の場合における、自由意志の尊重される人間関係を背景にした、伸びやかに羽ばたこうとする主体的な人間類型を謳いあげる詩でしたね。さて詩句をよく見てみますと、讃えられた自由な飛翔の対極に、その蔭に、根源的な関係が横たわっていることが分かります。たとえば「重々しい母という名」の「座」。これは単なる踏み台に、自由な振る舞いのための跳躍台に、否定されるべき消極要因に、とどまるべきものでしょうか。そうではないと思います。

　そこで、《対（つい）の重し》となる光太郎の詩の出番です。

第7篇　資本の蓄積過程　135

母をおもふ

　　　　　　　　　　　　　　　高村光太郎

夜中に目をさましてかじりついた
あのむつとするふところの中のお乳。

「阿父（おとう）さんと阿母（おかあ）さんとどつちが好き」と
夕暮の背中の上でよくきかれたあの路次口（ろじぐち）。

鑿（のみ）で怪我をしたおれのうしろから
切火（きりび）をうつて学校へ出してくれたあの朝。

酔ひしれて帰つて来たアトリエに
金釘流（かなくぎりう）のあの手紙が待つていた巴里の一夜。

立身出世しないおれをいつまでも信じきり、
自分の一生の望もすてたあの凹んだ眼。

やつとおれのうちの上り段をあがり、
おれの太い腕に抱かれたがつたあの小さなからだ。

さうして今死なうといふ時の
あの思ひがけない権威ある変貌。

母を思ひ出すとおれは愚にかへり、
人生の底がぬけて
怖いものがなくなる。
どんな事があらうともみんな
死んだ母が知つてるやうな気がする。

　　　　　　　　（新潮社『日本詩人全集9』高村光太郎、105頁より）

「肩書き」を幾枚も切って —— つまり逃げ口をつくっておいて —— ずるく立ちまわろうとする軽佻浮薄のやからには、この光太郎の「母」の鈍重なまでの絶対愛、あるいは志操、あるいは肚を据えた威厳ある覚悟、というものを、ぶつけてやりたいものです。階級的節操についても同じことがいえるのではないでしょうか。（新川和江さんの詩に共鳴共感する人が軽佻浮薄だなどといっている趣旨ではありません、念のため。）

フランス語版『資本論』への序言

《学問に王道はありません。険しい山道をよじ登る労苦を厭わない者だけが、その輝く頂上にたどりつく幸せにめぐまれるのです。》
カール・マルクス

Es gibt keine Landstraße für die Wissenschaft, und nur diejenigen haben Aussicht, ihre lichten Höhen zu erreichen, die die Mühe nicht scheuen, ihre steilen Pfade zu erklimmen.
Karl Marx

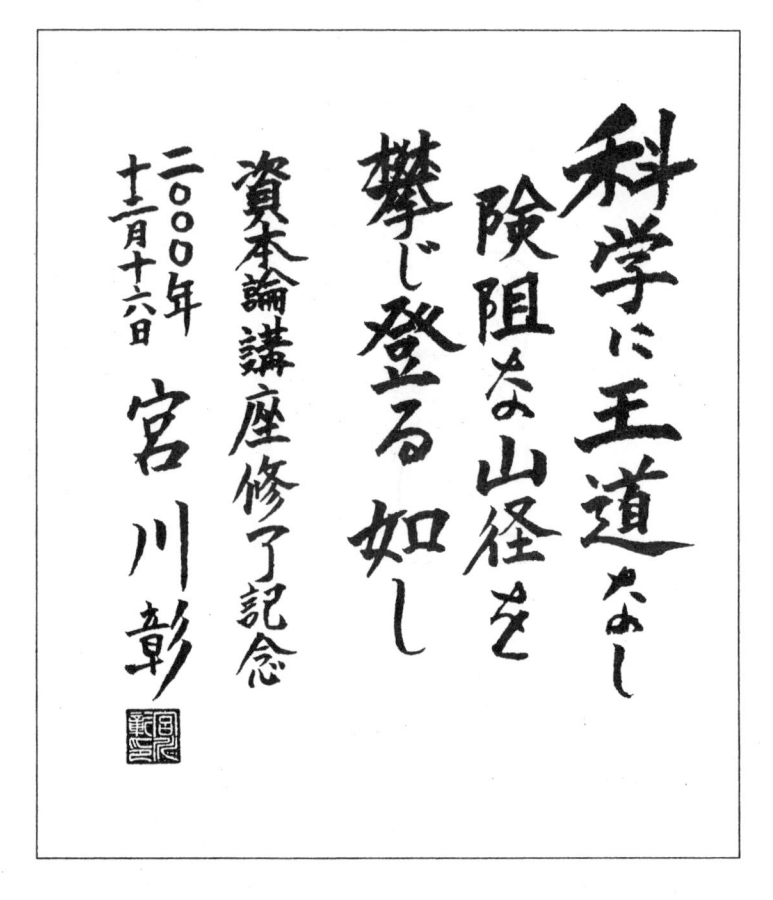

科学に王道なし
険阻な山径を
攀じ登る如し

資本論講座修了記念
二〇〇〇年十二月十六日
宮川彰

II
第二部
資本の流通過程

第 1 篇　資本の諸変態とそれらの循環
第 2 篇　資本の回転
第 3 篇　社会的総資本の再生産と流通

(1) ガイダンス・序言

Q1：講義が現代社会の現象と結びつきわかりやすい

　はじめてでドキドキしながら資本論講座に参加しましたが、とても楽しかったです。職場で『反デューリング論』の学習会があったのですが、その中で、空想的社会主義者とマルクスのちがいを説明していた中に、「資本主義社会を肯定的に見て、研究して、その中から矛盾を見つけ出した」というのがあって（空想家たちは見る前に批判をはじめてしまったのが失敗だったとのことですが）、その肯定的に見て、というところにハッしました。すごいナーと。『資本論』は手にするのもこれがはじめてなんですが、がんばって読んでいくようにしたいです。先生の講義は（今回がガイダンスだったかもしれないですが）1つ1つのコトに、説明が豊かにつくのでとても楽しいです。今ある社会の現象（ユニクロとかコンビニとか）を使ってくれるので、とてもわかりやすいし。がんばって休まず聴くようにしていきます。よろしくおねがいします。

A1： 興味をもって聴いていただけてよかったです。『資本論』第1巻が生産を取り扱っていて剰余価値論がテーマになっており、労働者階級の理解が進むのに対して、第2巻は、流通が問題になってくるので階級問題が希薄になり、あまり面白くなくなるというひともいるのです。しかし、別の見方にたてば、流通つまり売り買いの話だから、工場労働者だけでなく、買い物するひとすべて、主婦や学生や子供、退職高齢者ら労働者でない人々すべてを巻き込んで、身近に深く係わってくるというメリットの側面もあるわけです。

Q2：現在のマスコミには庶民は眼中にない

　今のニュース、マスコミの記事の経済に対するリポートはいかに利益をあげているかが評価の対象であるんだなと思います。そこでは一般庶民にとって役に立つとかは眼中にないような気がします。

A2： ガイダンス/第1回講義でも触れたように、利益至上主義の資本によ

る唯一交換価値基準の運動 G—W—G'と、人と社会にとって真に役に立つかどうかの生活者＝消費者による使用価値基準の運動 W—G—W とのきびしいせめぎあいになるでしょう。例えば具体的には、愛知万博推進、対、海上の森自然破壊とゼネコン無駄遣いの反対、というように。

Q3：なかなか具体例が頭に浮かびません …

　第1巻の勉強しないといけませんね。講義レジュメを読んでくださったのですが、具体例が頭に浮かびませんでした。流通のところと、労働のところはよくわかったのですが…。
A3：『資本論』第1巻「資本の生産過程」のおさらいを、第2巻「資本の流通過程」の講義のなかにどの程度折り込むか。商品の価値はそれをつくるのに必要な労働量によって決まる、という「労働価値説」が、第2巻・第3巻すべての議論の前提になるのですが、そこを丁寧におさらいする（し過ぎる）と、第2巻「資本の流通過程」独自の考察を深められなくなる、というジレンマがあります。必要に応じて、適宜折り混ぜ、反復おさらいするよう努めましょう。集中講義も活用しつつ。

Q4：ユニクロの今後

　物流の係で働いていますが、ユニクロが某コピーライターのインターネットサイトと連携して食品事業に乗り出してきているが、その思惑とは何か。そういった所の見えていない部分を学習していきたい。スーパーとユニクロの対決もそうですが、コンビニ業界とかなりの競争がくり広げられている。今後どうなっていくのか
A4：ユニクロの食品事業への進出の思惑は、衣料品部門での低迷を打開するために、リスク分散と二匹目のどじょう狙いでしょう。ユニクロとコンビニ業界との競争ですか？ どのような商品で競争がくり広げられているのでしょうか。Tシャツ、フリースはコンビニは取り扱っていないと思いますが。
　［その後ユニクロは、不振の食品事業拡張を撤退し、本業で専念し、業績挽回をはかっています。］

Q5：日本の労働者の賃金は下がっていくばかり

日本国民の生活は中国や東南アジアの人々と同じような水準になっていくのでしょうか？（国民のたたかいがないとすれば）

A5：保守本流の「小泉改革」の幻想を吹っ切れず「改革の痛みを分かち合い…」などと言いくるめられて我慢を重ねてきた労働者国民大衆が、いつどのように目覚め、どこで堪忍袋の緒が切れて爆発、批判するかという政治過程にかかってくるでしょう。そのためにも、賃金とはなにかという原理的理解がますます重要になってくるでしょう。賃金は歴史的、文化的、精神的な成熟度要因をも考慮した生活費ということですから、多少の平準化はあっても同じ水準にはなりません。

その競争による平準化のことですが、精神的成熟度の点で見ると、民主主義と労働者権利の自覚の高まっている韓国労働者がレベルを上げ、日本では逆に階級意識を鈍らし眠り込ます攻撃が強まっていて、有効な反撃ができないならば、資本の走狗＝隷従化をつよめ、レベルを落とすことになるでしょう。いずれにせよ、資本のグローバル化には必ず労働者階級の国際連帯の強化の条件も熟してきます（こんにちの世界的な反グローバリゼーションの抵抗運動の高まり）。日本国内でしばしばみられるみみっちいモグラ叩きのような「足の引っ張りあい」、低い方へならす低位平準化ではなくて、勝ち取られ到達された高い水準に近付けるような高位平準化を闘い取っていかなくてはなりません。

Q6：労働強化のみを主張する資本は、労働者を大切にしていない

持続的な経済の発展は、福祉厚生へお金を回すことだ。大もうけもしないが、倒産もしない。日本の大企業もこれを追及して欲しい。

トヨタ自動車は、2兆円もの利益を得たが、しかし来年はもっと利益を上げよと労働者に言っている。労働強化のみを主張する資本は、労働者を大切にしていない。これは資本の循環過程の主体的運動のことですね。

A6："乾いた雑巾をも絞るトヨタ商法"とも耳にしますが、2兆円もの利益は、製造業史上最高の収益でしょうが、資本にとっては終点というものはな

く、単なる一通過点でしかありません。この姿勢は、際限のない、できるだけ大きな価値増殖を至上課題とする資本の本性の、もっとも忠実な見上げた模範と言うべきでしょう。

Q7:「こうだん」社会主義者とは
　序言でエンゲルスによって批判されたロートベルトゥスが「こうだん社会主義者」だったとのことですが、「こうだん」が耳からきいただけではわかりませんでした。

A7:「こうだん社会主義者」＝講壇社会主義者のことです。大学の教壇に立って社会主義を論じる講師や教授のことを指します。まだ民主主義が抑圧されていた時代には、社会主義の思想や学説はマルクスたちのように、また戦前日本の社会主義運動リーダーたちのように、弾圧され官憲に追われ亡命したりして、要するにアングラ生活（アンダーグラウンドな地下秘密生活）をよぎなくされました。このように困難に取り巻かれているふつうの社会主義者たち比べて、そのような時代に大学の教壇に立てるということは、社会的地位にも経済収入的にもめぐまれた安定した状況にあるということですが、そのことは反面で、彼らが講じる思想や学説は、官憲政府や支配層に容認されるような程度の、骨抜きされた、やわな中身のガス抜き用の社会主義でしかないという否定的側面もあったのです。蛇足ながら、ねたみ、ひがみ、さげすみなど人間のホンネ感情が渦巻くところの言葉、思想信条の自由がみとめられる現代日本にはあまりあてはまらなくなった歴史的用語です。

感想1:『資本論』の学習の仕方をあれこれと聞いたことがありましたが、日常の生活の中で『資本論』を学ぶという手法は、新鮮に受け止めました。やはり学習する目的は、現代社会をどうとらえ変革していくかにあるわけで、その視点を失った学習は、趣味的になってしまうと思います。マルクスの指摘した資本の論理が、現代社会でどう現れているのかを常々気にしながら、これからの学習を楽しみにしたいと思います。

(2) 第1篇　資本の諸変態とそれらの循環

Q8：貨幣資本の循環について
　PとA、Pmは同じもの生産資本ではないのかしら？
A8：PとA、Pmは同じ生産資本です。生産部面（生産段階）にある資本は生産過程をまさに運動していくもの、現在進行形の状態に入り込むわけですから、その入り口での諸要素（A、Pm）とそれらの運動さなか（…P…）とを分けて表わしたものです。こうして描き出すことで、貨幣資本の元手でなにを買ってもよいというのではなく、必ず生産手段Pmと労働力Aとが買われなければならないということがはっきりします。たんなる買物ではなくて、資本の生産要素の調達だということが条件づけられるのです。

　・〔資本の循環の三つの段階〕

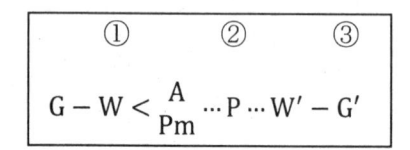

$$G - W < \begin{matrix} A \\ Pm \end{matrix} \cdots P \cdots W' - G'$$

（①　②　③）

Q9：貨幣から始まり貨幣で終わる循環の分析が資本の魂を体現
　G…G'（前述の資本循環図）分析の結果が、資本の魂を体現しているのは面白いですね！いやむしろ、それを読みとるマルクスのすごさでしょうか。
A9：『資本論』が執筆された19世紀半ばにいたる、世界史における商品・貨幣・資本をめぐる出来事、取り上げるのにあたいする現象（それは膨大な経済学書、経済記事のなかに観察され描き出されている）を、徹底的に点検し、総括した、認識の成果です。資本の真の正体、普遍的本性を凝縮してあらわしていますから、これを心得ていると、資本理解の首根っこを握っているようなものです。

Q10：資本の循環と貨幣資本の循環

G—W…P…W′—G′は、資本の循環のしくみ、と理解したのだけど、ポロっと先生が、「貨幣資本の循環」と言っていた気がして、えっ？！と思いました。

A10：G—W…P…W′—G′は、「生産資本の循環」P…W′—G′・G—W…Pや、「商品資本の循環」W′—G′・G—W…P…W′とならぶ、資本の循環の一つです。とはいえ、なんといってももっとも目立つ、典型的な、資本の運動を代表するひな型なので、資本をその三つの型を区別する必要もなくひっくるめて議論する、議論して差し支えない場合には、大抵いつも、資本の循環として貨幣資本の循環 G—W…P…W′—G′ をとりあげるわけです。

Q11：商品流通の概念図

商品流通の概念図で商品の生産者 A、B、C の出発点が商品 a、b、c となっていますが、この商品は資本主義生産を前提としているとすれば、出発点は、G からすべきではないか？と思いますが。この図だと単純商品との区別がつきかねることにならないでしょうか。

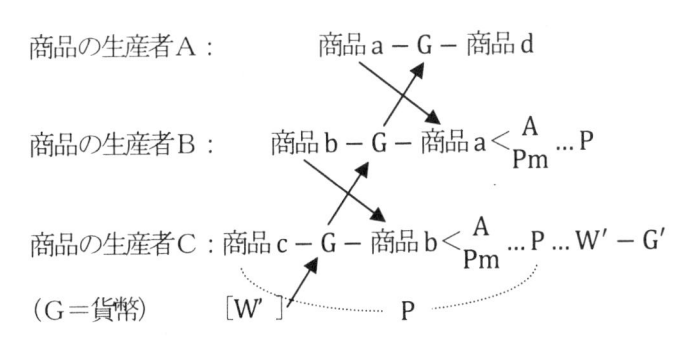

商品の生産者 A： 商品 a — G — 商品 d

商品の生産者 B： 商品 b — G — 商品 a $<^A_{Pm}$ …P

商品の生産者 C：商品 c — G — 商品 b $<^A_{Pm}$ …P…W′ — G′

（G＝貨幣）　　　[W′]　　　　P

A11：単純商品流通（儲けとは関係のないたんに使用価値を目的とした等価交換）と資本運動（価値増殖の目的）とを区別しようとする大事な観点からの質問です。生産者 A、B、C は、必ずしも資本主義生産者に限られず、単純な商品生産者つまり小生産者もありえます。

たしかに、資本の運動は、G－W…P…W'－G'で代表されるのですが、この貨幣資本循環の過程が反復されるとG－W…P…W'－G'//G－W…P…W'となり、二つの生産過程（…P…）に挟まれたW'－G'//G－Wが現れでてきます。つまり、これは、W－G－Wという単純な形式を持つ商品流通の運動形態です。「この図だと単純商品との区別がつきかねる」どころか、ここの商品資本循環の過程では流通はいつもこのW－G－Wという単純な形式で現われます。W－G－Wという流通運動が「…P…」という生産過程で媒介されていること、さらには、W－G－Wの運動の中には、労働力商品の売買が含まれ、また場合によっては独立自営業者の非資本主義的商品も入り込みうるという可能性とも矛盾しないように、図解では表示されています。それがこの図の特長でもあるのです。

Q12：貨幣資本の理解における二つの誤りについて

　「貨幣資本の把握においては、通常、二つの誤りが並立または交錯している」（訳56/原37-8）とあるが。この２つの誤り、その違いがよくわからない。
A12：「貨幣資本」は「貨幣」＋「資本」という合成語ですから、それは、合成された２つの要因それぞれ固有の作用をもちながら、しかも両者一緒に発揮されるという特徴をもちます。そこで、具体的な働きの場合に、その作用のはたらく根拠を取り違えてみてしまうという誤りが生じます。
　たとえば、資本価値はさまざまな姿を取っては脱ぎ捨てしながら自立した循環運動を進めますが、その際、商品でもなく、工場や機械といった生産的要素でもなく、貨幣の形態をとると資本は「貨幣資本」となります。この形態でもってこの時生産手段や労働者を買い入れ雇い入れることができるのですが、そうできるのは"貨幣の購買手段"としての機能のおかげであって、"資本"であるからではありません。資本が貨幣形態を取っていればこそ、市場においてそうした生産諸要素を買い入れ調達することができるのです。だから、「この貨幣資本が市場で生産諸要素を購入できるのは、資本であるからだ」というと、まちがい、取り違えになります。正しくは、「この貨幣資本が市場で生産諸要素を購入できるのは、貨幣形態を取っているおかげだ

からだ」というべきでしょう。

　では、逆に、「貨幣資本」の、もう一つの構成要因である「資本」としての役割機能はどんなふうに現われるのか。貨幣の元手で買い入れられるのが、消費手段ではなくて、まさに労働力Aと生産手段Pmでなければならないという限定にそのことが現れています。たんに貨幣要因だけというなら、何でも買える、何でもよいはずですが、ここではそうではなく、「貨幣資本」すなわち貨幣の形態をとった"資本"であり、"資本としての運動"を軌道に乗せなければならない、そのためには必ず労働力Aと生産手段Pmを調達しなければならない、ということです。

　目先を変えた例。たとえば、私宮川は、一つ身の首都大学東京教授・資本論研究者、です。私が名古屋講座の講師に招かれているのは、大学教授だからではなくて、資本論研究者であるおかげです。大学教授だからとみるのは、主要な理由を取り違えた見方ということになります。

　このように、経済学では、経済的な性格や形態をしっかり見きわめる作業がきわめて重要です。自然素材で担われているのですが、経済的本質はしばしば転換したり錯綜したりするものです。たとえば、同じ自動車カローラが、メーカーに引き取られれば営業車(「生産手段」)ですが、個人に買い取られれば自家用車(マイカー、「(耐久)消費財」)、また、財布の中のお金は「流通手段」としての貨幣ですが、それがもし銀行に預けられるなら「蓄蔵手段」となり、さらには、銀行の手で融資されるならば「貨幣資本」の「投資資金」となります。

　これらを捉えるのは、抽象的思考力あるのみです。ボヤっと見てて目に入るのは自動車とかお金でしかない。思考力を駆使して、経済関係のなかで、「生産手段」か、「消費手段」か、「流通手段」か、「蓄蔵手段」か、「貨幣資本」かを、つき止めるほかありません。

Q13：貨幣資本の循環についてよくわかりませんが
　貨幣資本の循環について、耳慣れない用語がいっぱい出てきて、よくわかりませんでした。

A13：第1章「貨幣資本の循環」第1節には(訳56/原38)に、次のように重

要な"見きわめ"論点が指摘されています。まとめると
「貨幣資本の理解における二つの誤り
　(1) 資本価値の貨幣形態での諸機能を、資本の性格から導く誤り。
　(2) 貨幣機能を資本機能にするものを、貨幣本性から導く誤り。」
　社会科学（社会を科学する）分野において、「抽象する」という思考力の発揮が求められる問題でしょう。重要ですから、以下は補講としてお受け止めください。
　資本家は、資本金（=「貨幣資本」つまり、貨幣の姿をとった資本価値ですが）の一部（いわゆる人件費部分）で労働力を購入し雇い入れます。この事態をどうとらえるか？ まず、労働力を"購入した"のは、"買い入れる"ことができたのは、資本金=貨幣資本の概念のうちの資本"金"とか"貨幣"資本の貨幣の役割、つまり、「お金」の購買手段としての機能、価格をもつ商品なら何でも買えるという機能、のおかげでであって、それ以外の根拠に依るものではありません。つまり、"資本"金とか貨幣"資本"のうちの"資本"という性質だから買えるというわけではありません。他方、貨幣"資本"の"資本"としての性質が発揮されるのは、それでどんな商品を購入してもよいというのではなくて、必ず"労働力"という商品でなければならないという点に現われます。貨幣で買えるということで資本性格が示されるわけではありません。強調を示した" "内の対応をじゅうぶん注意して読んで下さい。
　マルクスが掲げた(1)・(2)はこれらの原因（根拠）-結果（現象）の関連付けをまちがって取り違え、すり替えてしまう典型的な誤った議論です。貨幣資本は、「貨幣」＋「資本」という異なった二つの属性の合成概念であり、ある作用を間違ったほうの属性に起因させてしまうような取り違えの混同には、要注意です。

Q14：むちゃくちゃ難解でした

　なんだか、今回はむちゃくちゃ難解でした。第1巻の商品価格のことを集中講義で、教わったのですが、商品価格は、コーヒー一杯の事例をあげられ

ていたので、それを思い出しながら聴いておりました。
A14：そうですか、「むちゃくちゃ難解でした」か…
　夏祭りかフリマか縁日で、おでん屋でも綿菓子屋でもいいですが、なにか模擬店をやった経験はありませんか。ワイワイばか騒ぎするあのちょっとした経験があると、赤字にしてはならないと目の色変わりますよ。資本の貨殖の動機や資本経営のエッセンスが体感できて、資本の運動 G－W…P…W'－G' が手に取るようにわかるようになると思うのですが。

Q15：資本流通の連続性の基礎について
　高利貸資本や商人資本と産業資本との根本的違いは、搾取、収奪の対象を労働力の商品化を通して、接続していくことにあると思うから、一般的商品流通の形式に入れて、資本流通を説く場合、この部分の指摘がいるのではないか？
A15：「一般的商品流通の形式に入れて、資本流通を説く場合」とはどのような説明の場合か？　意味不明です。W－G－W という単純な（つまり、一般的な）形式を持つ商品流通の運動形態は、生産資本循環および商品資本循環の観点にたった場合に目に見えて現われます【P…W'－G'－W…P、W'－G'－W…P…W'】。「一般的商品流通の形式に入れて、資本流通を説く」という係わり方をしていて類似を見い出そうとすれば、後者の商品資本循環【W'－G'－W…P…W'】が近いでしょうか？　これを探りあてた後、どのような意味あることが言えるのか思い当たりませんが。

Q16：設備や在庫は資本の足かせ？
　R・マッケナン氏「設備や在庫は資本の足かせ」ならば、資本はどこに投下されるのか、これからの学習の課題ということでしょうか？
A16：マ氏の「設備や在庫は資本の足かせ」という考え方も、「生産の空費」である流通費を極限にまで切り縮めるという線に沿うかぎりでは、一定合理的な一面があります。しかし、生産設備まで無用だとなると、これは流動性の高い貨幣資金を短期的に操る投資家むしろ投機家の観念を投影したもの

であって、これは、投資対象企業の成長発展を見守るという投資家精神のイロハもかなぐり捨てた、身の回りの自分の資本の運用ばかりに目を奪われて、経済のなんたるかの基本をみない近視眼的な暴論というほかありませんね。

Q17：流通が資本の価値増殖過程を制限するって？

「流通時間は生産時間を制限し、したがって資本の価値増殖過程を制限する」と、「運輸業は、流通のなかに延長された生産であり、その資本は価値を付け加える」の文言との違いがもう一つ理解できません。

A17：商品の売り買いに費やされる流通時間では、商品が生産されることもなく、そこでかかる費用＝「純粋な流通費」は価値も剰余価値も生みません。これに対して、運輸業は、流通のなかに延長された場所移動という生産であって、だから価値も剰余価値も生むのです。運輸の仕事は、商品やひとが場所移動する流通部面で流通過程としておこなわれるので、便宜的に広義の「流通費」に含められているのですが、本質は製造業と同じような生産なのです。

これに対して、もう一つの流通費である保管費は、「純粋な流通費」の性格の場合もあれば、運輸業と同じく、流通部面でおこなわれる生産として価値も剰余価値も生む場合もあり、ケース・バイ・ケースです（Q&A20、21をみてください）。

このようにひとくちに流通費といっても、立ち入ってきめ細かにみてみると、純粋なそれから生産を本質とするものまで、価値を生産しないもの（生産の空費）から価値・剰余価値を生産するものまでピンからキリまであり、それをマルクスは大きく三つの部類（第1節「純粋な流通費」、第2節「保管費」、第3節「運輸費」）に分けて代表させています。

Q18：高速道路建設は大資本に大きな利潤を？

道路整備事業について、いろいろと議論されていますが、第2東名高速道路などを建設することは大資本の大きな利潤形成を助けることになりますか？

A18：もちろんです。国の発注事業ですから、たっぷり費用を積み上げ計上して［事典には記載されていませんが、費用計上の際には、口利きしてくれた有力者向けの献金分や丸投げマージン分も算入してあることが、しばしば贈収賄事件の発覚で露呈しています］、成し遂げた事業成果については税金で買ってもらって売りそびれることなしに回収できる。軍需産業と同様、道路・港湾・ダムの創設整備など公共土木事業は、ゼネコンにとってもっとも安定した儲けのあがる仕事です。

Q19：保管費の説明をもう一度
　大切だと思うのだけど、よく分からないのでもう一度。
A19：「保管費」の理解では、みずから資本の魂を宿したつもりで、つまり、資本家経営者になったつもりで、生産物の保管業務とそこから発生する費用とを考察してみることです。顧客に対してわが社の製品の供給を確保し製品を切らさないように一定在庫を備蓄することは、企業の社会的責任であり、それどころか、売れ筋を絶やさず補給することは儲けをあげる経営ノウハウの基本です。このように位置づけられる「保管費」（「在庫費」）は、必要なものであり、積極的な生産的な性格のものです。これに対して、市況の予想がはずれて、不本意にも製品が売れずに滞貨し、そこから「保管費」（「在庫費」）がかさんでくるという場合は、商品市場ゆえの"見込み違い"から生じる「空費」、否定的な不生産的な費用、「浪費」となります。
　この両者の識別の基本ですが、前者は、社会が合理的な計画経済・統制経済になった場合にもどのような経済制度のもとでも必要になる、生産・分配の連続性継続性を支える要因です。これに対し後者は、合理的な計画経済では「浪費」として不要になり、消滅するものです（計画経済は本来、こういうロス浪費をなくして効率を高めるためにこそ導入される）。
　この積極的な「保管費」（「在庫費」）と浪費的なそれとは、現象はおなじで見分けがたく思われますが、部門や業種によって在庫率の正常・不正常という線が経験的にあり、それを適切に見極め操業するということは、企業業績の死活を制する非常に重要な経営手腕の一つとなっています。

この問題の光と影を示したのが、今回の中越沖地震で被災した部品工場の操業停止に伴う、トヨタを初めとした日本自動車メーカー12社全社の部品調達不能による操業停止事件です。トヨタの「カンバン方式」はジャスト・イン・タイムの部品調達を最高限度まで突き詰めて、浪費にあたる部分を限りなくゼロに近付けるノウハウですが、他方の必要な積極在庫まで削りに削っていましたから、地震や（3年前の新日鉄名古屋工場の）火災などのアクシデントが起きると、ゆとり（＝備えの在庫）をなくし、本体工場の操業停止にまで追い込まれてしまうことになります。下請・アウトソーシングを徹底利用するのですが、ひとたびことがおきると、"ひさしを貸して、母屋を取られる"母屋をゆさぶられている、といった本末転倒の事態ですね。

　こうした「保管費」(「在庫費」)の適切処理は、経営実践ではあたりまえのこと、必須の経営管理業務の一つであって、むしろ逆に言うと、これをうまくこなせない経営は、すぐ淘汰されて市場に生き残れません（現に存続している企業は、多かれすくなかれその処理に成功を収めているということ）。

　ちなみに、バナナ等果物を倉庫の中で完熟させたり、地下室でワインを熟成させたり、貯木場で材木を浸し寝かせておくといった種類の「保管費」(「在庫費」) は、あきらかに生産過程の必要な一環であり、上に述べた積極・消極な保管費とは区別されなければなりません（れっきとした生産の一工程だから、『資本論』第1巻の生産分析対象であり、すでにそこで考察済みであり、第2巻で分析対象になっているものではありません）。

Q20：保管費について質問します。

　第6章第2節で、保管費は、「その生産的性格」から、再生産過程の流れの条件として必要な正常在庫の範囲で、「個別資本家にとっては価値形成的に作用し、彼の商品の販売価格への追加分をなしうる」といっています。ところが、もう一方「在庫形成が流通の停滞であるかぎり」は、その費用は「なんらの価値もつけ加えない」ともいっています。本日の講義では「自発的な場合」「非自発的な場合」として明確にされました。しかし、「流通停滞で」、一定の範囲をこえる在庫の場合でも、保管費が投入され、したがって「新た

な労働」が追加された在庫商品である以上、個別資本家にとっては、そこにいちどは、「一定の有用効果」とそれに結びついた価値の追加がおこるのではないでしょうか。生鮮食品関係の商品等を考えるととくにその感をつよくします。

ただ、その場合、その追加価値が、市場で商品が売られるとき、そのまま実現されるか、というと社会的に過剰な商品がその価値実現において、個別の価値どおりには認められないのに似て、そのまま実現されない、つまり結果的に商品の価値に追加されないということにはなるのではないか、とおもいます。しかし、これをもってだから正常在庫をこえたときには、保管費が価値形成的に作用しないということにはならないようにおもうのですが、どうでしょうか？

A20：保管費の理解をふかめる重要な指摘ですね。保管費を理解する際、「自発的な場合」と「非自発的な場合」との区別しにくさ捉えにくさに対して、もっとすっきりと商品価値の形成とその未実現というよく知られた形で整理できるのではないか、との思惑があるものと思います。

保管の業務は、商品の使用価値をふやさず、ただ使用価値の劣化をできるだけ少なくするという流通部面での仕事です。一方の、価値形成的に作用する保管業務は、正常な再生産過程の流れの条件として必要な費用をかたちづくり、まさにこの生産的性格に基づいて商品価値を付け加えます。これに対して、他方の、流通の停滞に基づく在庫形成とその保管は、正常な再生産過程の進行の必要から生じているのではなく、ぎゃくにその阻害から生じ、たんなる生産の空費をなすプロセスであるところの売買の停滞・攪乱に根ざすもの、という本質的相違があります。前者は、正常な再生産過程の必要な費用であるのに、後者は異常な流通の停滞のせいで攪乱的偶然的によぎなくされる費用です。このような相違を、商品価値の形成と過剰生産によるその未実現という形で対比させることはできない。このケースの価値の実現・未実現は、そもそも生産過程で価値が生産されていることを前提にした区別だからです。

不本意な「非自発的」在庫のための保管費は、価値の未実現と類比させて

考えるよりも、むしろ、欠陥商品だったため市場から返品されてきた商品を完全な使用価値に修復して戻す場合の、追加費用と類比させる方が適切でしょう。使用価値はふえない、それを元通り回復させるためだけに費やさなければならない追加費用がかかってくる、しかも問題の商品価値もびた一文ふえるわけでなし、本来まともに生産されていたならこんな追加費用は不要だったはずです。過剰生産による価値未実現の場合には、使用価値も価値もまっとうに生産されていて、ただその価値の一部が実現できないというものです。

「自発的」在庫と「非自発的」との両者を見極めるもっとも手っ取り早い方法は、商品流通が廃止される社会になった場合に、その在庫が生産物の分配業務としてなお必要とされ存続するかどうかという点でしょう。たんなる売り買いだけに起因する商品在庫とその費用つまり保管費は、商品流通が廃止されるとともになくなります。このように、「自発的」と「非自発的」との区別は、「純粋な流通費」とその他の流通費との区別がそうであったように、資本家生産者個々人の意図や見方による主観的なものではなく、経済のしくみに根ざす客観的な区別と理解してください。

念のため、倉庫で寝かせながら果実を完熟させたりする過程は、使用価値の変化仕上げですから、生産過程そのものであり、「自発的在庫」でも第2節流通費で取り上げられる保管の仕事でもなく、第1巻「資本の生産過程」の考察対象です。

Q21：運輸とは？

流通と運輸・・・運輸はひらたく言うと、手に入らない地域に、生産物を届けているという理解で、よかったのでしょうか？

A21：それでけっこうです。生産者から消費者へ。この場合、受け手の消費者は、個人的消費を行なう人（普通の消費生活者のこと）でもよいし、生産的消費を行なう人（生産者、企業家のこと）でもかまいません。個人的消費現場であれ生産現場であれ、そこに運び届けられてはじめて使用価値が発揮されうる、消費されることになるのですから、場所移動することによって

「使用価値として完成」（マルクス）することになります。

　この業務はふつうは企業の外、流通部面で行なわれるので、「生産費」vs.「流通費」というおおきな区分のもとでは、「輸送費」は「流通費」のなかに括られるのですが、本質は、"流通のなかに延長された生産過程"という性質を持ちます。売買費用や貨幣取扱費用のような「純粋な流通費」とは違って、その輸送された商品の価値に付け加えられ計上されます。運輸労働者は、他の製造加工業労働者と同じように、価値も剰余価値も生み出すのです。
【生産物の使用価値を増やしはしないが使用価値を「仕上げる」という点で同様な業務に、製品の選別・区分け・包装・陳列といった卸し・小売業が行なっている仕事があります。一見したところ商業の費用に見えますが、これらもやはり生産の延長で、使用価値の「仕上げ」の仕事であり、価値も剰余価値も生み出す労働です。】

　"運輸サービス"などと呼ばれて、旅行サービスや医療・教育サービスなど価値を生まない本来のサービス業務と紛らわしいのですが、しっかりした識別が必要です。わかりやすい考え方の目安は、社会体制が変わっても将来（社会主義）に至るまで、運輸労働（や選別・区分け・包装の仕事）の必要はなくならないという点でしょう。これに反して、売買費用や貨幣取扱費用など「純粋な流通費」は、合理的な注文方式の計画経済になれば不要になって消えてしまいます。

Q22：ゆうパック等の消費者 → 消費者の運輸もありますよね

　運輸費について。運送業が扱う貨物の大半が、商流貨物であり、運輸が生産の一過程であり、価値を付け加えるという議論は、大方として正しいと思いますが、現代社会において論じるには、生産財を運ぶ場合、消費財を運ぶ場合と厳密に分けて考えるべきではないでしょうか。IT化や宅配便が発達した現在、メーカー直販もあります。
　ここで疑問ですが、商流と全く関係の無い宅配便（et：消費者 → 消費者）や、ゆうパックなどについてどう理解したらよいのでしょうか？
A22：なかなか奥の深い、凝ったご質問です。答はこうです。まず、「現代

社会」では「生産財を運ぶ場合、消費財を運ぶ場合と厳密に分けて考えるべきではないか」との前半の質問について。輸送する商品が「生産財」であれ「消費財」であれ、そしてまた、IT化や宅配便が発達したとしても、特段に現代的特徴が出て来るわけではありません。前の質問と回答 Q&A21 の通り、生産者 → 消費者原則が当てはまります。

　これに対して、後半の商品流通とは「関係の無い宅配便（et：消費者 → 消費者）や、ゆうパック」をどう考えたらよいかです。鋭い着眼点でよく考え込まれた質問のおかげで、質問の立て方のなかに答は出ています。すなわち、すでに商品流通から抜け落ちた品物の「消費者 → 消費者」の配送の場合ですから、個人的消費サービス（個人的消費のふるまいに役立つサービス）の領域に属することで、価値を（剰余価値も）作り出す輸送労働（"流通過程に延長された生産的性格の労働"）とはなりません。個人旅行で鉄道旅客輸送を利用する、個人的贈物・情報の搬送・通信を（宅配や、ゆうパックで）利用するのと同様です。

　カギは、輸送をめぐる生産関係がどのように係わっているかにあり、生産関係と非生産的な個人消費に属する関係とは区別して捉えて評価しなければなりません。とはいえ、個人的消費を助けて価値を生み出さないふるまいだとはいえ、費用はかかることですから、料金が設定されます（公的郵便サービスなら税金でまかなうこともあれば、費用の一部または全部を回収できる料金で、また大手運送会社経営の宅配便サービスなら、主要業務である商品生産物運輸費になぞらえて費用だけでなくさらに利潤もあがる料金価格設定で。）

　生産関係に基づく区別の重要さは、すぐ見えてきます。例えば、同じ宅配トラックで運ばれている荷物に、業務用貨物が積み込まれていると、輸送経費としてしっかりその製品の製造原価に計上されますが、同じトラックに積み込まれている個人的貨物には、場所移転という使用価値サービスを享受しているだけであって、原価を積み増すということはありません。また例えば、通勤に鉄道を利用するとすれば、労働力調達費用（通勤費の会社もち）として生産物製造経費にその費用は算入されてきますが、同じ電車に休日に家族

旅行で乗ったとしても、なんの製造費用に影響するものではなく、家計またはポケットマネーによる娯楽（個人的消費の享受）でしかありません。映画を見たり床屋に行ったりするのと同様です。外見だけではなかなか識別しにくいのですが（といっても、装いだけで資本家と労働者とが区別できなくなっているという程度の見分けにくさとそう変わらないものですが）、生産関係に基づく区別の重要さが発揮されるところです。

Q23：商流貨物と宅配便は運賃計算の仕組みが違う？

　かつて運送業の現場（荷扱い、営業、集配送）に関わったことがあるので、ずっと疑問に思っていたことでした。よく考えてみると、商流貨物と宅配便は運賃計算の仕組みからして根本的にちがうのです。商流貨物の運賃は、荷主企業との綿密な商談で決まる一方で、宅配便の運賃は、大きさと届け先までの距離で簡単に決まる仕組みでした。運賃の交渉をしたことがありますが、シビアでしたね。

A23：業務用「商流貨物」と個人サービス用「宅配便」とは、運賃計算の仕組みが根本的にちがうという事態は、経済学的に興味深い点です。日通やヤマトや佐川など大手の物流運輸会社は、もともと業務用「商流」で地歩を占め、次第に個人サービス用宅配へと進出してきました。前者は、輸送された完成生産物の製造コストをしっかり構成することになるので、他の製造コストの諸費目でロスをなくす業務課題と同様に、委託発注側の厳しい節約効率化の監視が行き届くのでしょう。

感想2：流通は純全たるコストであるという点は興味深かったです。だからこそ流通業者は目にみえないプレッシャーに締めつけられるのだろうか？ Q&Aを読んで思ったが、資本家というのは儲けることが宿命であるし、そうせざるをえないという点である。資本主義というのはそれをのばなしにするという点で無駄が多いと思われる。寅さんが帰ってくるとタコ社長に「よぉ！ 搾取してるか？ 」とちょっかいをだしタコ社長が怒るシーンがあるが、タコ社長は本当に博を働かせて儲けているわけではないと自分ではそ

う思って怒っているが、搾取をしているからこそ手形を落とせるわけであって、寅さんは資本家の宿命を言い表しているのではないでしょうか？（さすが山田洋次さん）

講師コメント：第2巻に喰らいついて、学習への希望を語ってくださっていることは、ほんとにすばらしいこと、貴重なことだと思いました。"『資本論』を読んで、寅さん、浜ちゃんの映画を二倍楽しもう！"ですね。『資本論』をまなぶと、寅さん、浜ちゃんのシーンや台詞の味わいが倍増すること請け合いです。なぜかというと、山田監督はじめあの映画の脚本家たちは、『資本論』のエッセンスを心得ているからです。

感想3：コーヒー店の値段の違いというのはおもしろかった

講師コメント：コーヒーの値段の違い（ドトール180円 vs. スターバックス250円）は「おもしろかった」という印象、たぶん、暗黙のうちに労働価値論にたつ解説記事の説得性に得心がいったということでしょう。こうしたことをしっかり刻みつけるところから、科学的認識が踏み固められていくのです。コーヒー価格というものが製造原価でもってその相場＝水準が定まってくるのであって、近代経済学のミクロ価格理論がもったいぶって説くように「効用」によって決まるのではない。現実をありのままに観察することから、ばかげた非科学的主張をはねかえすことができるでしょう。

　資本循環の運動をとらえることも、俗流資本理論や、価値の自立性を認めない価値論なき俗流価格論を粉砕するために、決定的な武器となります。『資本論』第2巻の第1章資本循環論はたいへん抽象的で取っ付きにくい難解な記述のオンパレードのように見えますが、資本図式や簡潔なキー命題で要点を押さえるようにつとめてください。その苦労は後でかならず報われます。

(3) 第2篇　資本の回転

Q24：小売業(特にコンビニ業界)は奥が深い、ちょっと怖いかも

　今の仕事になる前にコンビニの本部員として、直営店、加盟店の指導を行ってきました。コンビニや回転すし店のPOSシステムの話が懐かしかったです。

　加盟店さんの場合、廃棄を出したくないので、極端に発注を削るオーナーもいて困りました。ピーク時をちょっと過ぎると、オープンケースが、ガラガラの状態です（競合店に顧客が流れてしまう）。いかに下位商品で廃棄を出さず、上位商品だけで廃棄を出す（つまり人気のある商品は、常に並べてあるので顧客離れを食い止める）ようにするか。

　『資本論』を勉強し始めて、小売業（特にコンビニ業界）は、奥が深く、ちょっと怖いかもと考えるようになりました。

A24：「加盟店さんの場合、廃棄を出したくないので、極端に発注を削るオーナーもいて困りました。ピーク時をちょっと過ぎると、〔発注を削ったために在庫が切れて〕オープンケースが、ガラガラの状態です（競合店に顧客が流れてしまう）。」── 食うかそれともライバルに食われてしまうか、戦場さながらの臨場感あふれる"現場ルポ"、ありがとうございました。現場をあずかるものなら実感できそうですが、悪夢に出て来てうなされそうな光景ですね。

Q25：家畜は固定資本？　流動資本？

　家畜の例をあげて固定資本、流動資本の区別のお話がありました。機械でもよく似た例があると思います。例えば鉄道車両は何十年と使われますが、古くなって廃車になれば、部品取りやスクラップとして売却されます。

　航空機にしても然り。一定年数使ったら中古機として売却されます。飛べなくなればスクラップになります。このように耐久期間使い切った機械もスクラップになれば、牛や馬が食肉用に回されるのと同じく流動資本になりう

るということなのでしょうか？ スクラップは立派な鉄鋼の材料ですからね。
A25：教室での、役畜として使えなくなったら食肉用に処理してしまうという説明では、やや言葉不足があったかもしれません。（ほかの明快なサンプルの例示によるご指摘のお蔭で、正誤をハッキリさせることが出来ました、ありがとうございました。）

　正確に言うと、こうなります。〈 同じ家畜でも、役畜として機能をはたせば固定資本となるし、食肉用に肥育されるならば流動資本である 〉、そして同一の資本運動の中で一方の固定資本で機能すれば、他方の流動資本にはなりえず、両者が代わるがわる交替することはない、と。同一資本の生産−流通過程において固定資本が流動資本に転換するというような関係は、そもそも生産事業計画の変更という異常事態ですから、失敗であり、正常な場合ではありえません。

　〈 役畜として使えなくなったら食肉用に 〉とか、〈 古くなって廃車になれば、部品取りやスクラップに 〉 とか、〈 航空機も … 飛べなくなればスクラップに 〉 とかいうケースは、廃棄物利用、リサイクル再利用のパターンであり、まったく異質な問題ですね。当該企業の生産過程で固定資本としてりっぱに役目を果たし終え寿命が尽きたあと（したがってその固定資本としての価値は全部、それが係わった製品の中に移し終えて回収されているはずです）、他の別の資本によって廃棄物として再利用され、第二のもう一つ別の余禄の役割を付け加えた、という関係です。

Q26：照明は生産物には入り込まないから固定資本？

　「照明」が補助材料で、流動資本とのことでしたが、「照明」は、生産部面で全部機能しつくされるものでなく「生産物に入りこまない」ので固定資本に入るのではないでしょうか？
A26：「補助材料」の代表的なものは、「照明」や「潤滑油」です。照明は労働者の作業が狂わないために作業場や手元をあかるくするだけ、潤滑油は機械や道具の円滑なはたらきを支えるだけであって、それらは製品のなかに生産物素材として入り込むわけではありません。この点では、たしかに固定

資本の振る舞いと一定似通ったところがあります。とはいえ、その完成品ごとに照明や油は消耗されて、そのコストは全部そのつど製品のなかに計上されます。このような価値の流通の仕方を理由として、補助材料は流動資本のなかに括られるのです。

Q27：固定資本・流動資本の区別はいつ仕上がる？

固定資本、流動資本の区別は、生産活動前又は、行為の中でなされる区別ではないか？

牛は肉牛として、牛肉として商品化したら、生産の結果だから流動資本という規定にはならないのではないだろうか？ 『資本論』の論述に問題ありと思うが。

この篇で第10章、11章がもっとも解りにくい。この部分の十分な説明が欲しい。次の篇でも、古典派経済学との関連を述べる箇所があるが、ここでも説明を加えて欲しいと思っている。

A27：固定資本、流動資本の区別は、生産過程における（生産資本内部の）生産諸要素のふるまいやその機能の仕方が物質的根拠となります。すなわち、労働手段（機械・道具用具）と労働対象（原材料・補助材料）および生産的労働のそれぞれのふるまいの相違を、区別の基礎・出発点にしています。この生産過程でのふるまいの相違は、そこで終わりになるというのではなくて、製品は工場から搬出されて流通過程をたどり、その結果、一循環して資本としてのジツ（価値増殖して出発点に復帰する）を示すのです。だから、牛肉商品の価格の中に固定・流動の区別は潜在し続けて、売上げとともに回収され、復帰する —— この循環をまってはじめて固定資本、流動資本の区別は仕上がる、と言うべきでしょう。資本の本質的な基本的運動"単位"として『資本論』第2巻の冒頭第1篇で、「資本の循環」$G-W\cdots P\cdots W'-G'$が強調されたゆえんです。あの資本循環論という（抽象的で難解な）一般的理解は、こういうところで本領を発揮するといえるでしょう（その理解がないと、ブレて踏みはずしてしまう）。

逆に、この資本循環の全体を見通すのではなくて、部分的局部的に取り上

げてしまうと、一面的な誤りや混乱に陥ってしまうのです。その好例が、古典派アダム・スミスらの流動資本のとらえ方です（第10章、第11章でマルクスによって検討されています）。商品にできあがったものは、商品は、交換され所有者を変えるのだからみな流動資本だ、などと誤解してしまう。要約すると、従来の（古典派）経済学は、資本がその循環運動のなかで取っては脱ぎ捨てする「生産資本」・「商品資本」・「貨幣資本」という資本の三つの段階を、生産場所に固定される「生産資本」は固定資本、他方市場で動きまわる「商品資本・貨幣資本」ならば流動資本、というふうに誤って区分してしまいました。

　【ここから、どんな不都合や矛盾が出てくるか、応用問題として自身で考えてみてみましょう。《 スミスの考えるように、商品化され交換され持ち手を変えるゆえに流動資本だとするなら、そうでない"交換され持ち手を変える"ことのない他の部分は固定資本だ、となってしまう。すると、では、生産現場の原材料や畑に撒かれた種は、交換されたり持ち手を変えることのないゆえに固定資本か（!?）、というあのよく知られた自家撞着に直面してしまいますね。》】

Q28：流通部分に価値法則を貫くには無理があるのでは？

　『資本論』で説かれるのは物質代謝を商品形式で行うということが基本だから、サービス業とか、郵便、教育という個別な業務を価値法則で解くのは、無理ではないでしょうか。剰余価値の一部が当てられるとか、不変資本の消費（労働者の）の一部とかにあたるものに、価値法則を全て貫徹させることは、無理なように思えます。

A28：『資本論』第1巻が考察対象とするのは物質的生産活動です。まずなによりも、近代社会の人間とその社会の生存・存立条件である物質的生産活動、すなわち、衣食住にかかわる必需品や便宜品奢侈品およびそれらをつくる生産手段の生産であり、その成果の分配や消費を含んだ経済活動です。
　資本主義経済にかかわって重要で不可欠な非物質的な経済活動として、第2・3巻では、流通・商業（第2巻第1篇、第3巻第4篇）、金融（第3巻第

5篇)、さらに法的権原の経済的実現である土地所有（第3巻第6篇)、が取り上げられ編別構成されています。これらの非物質的な振る舞いは、みずからは価値も剰余価値も作り出さず、社会の剰余価値から諸費用補填分や利潤を引き出すほかありません。さらに、商業や金融にもはいらない、個人的消費の領域で提供される非物質的なサービス業（旅行、保険、飲食、医療、教育など）は、もっと派生的な業種職種であり、みずからは価値・剰余価値をつくらず、社会の剰余価値のなかから補填財源を汲み出してその費用と利潤とを補填するほかないものです。

　物質的生産活動と同じ意味で、これらに価値法則が妥当するということはありません。とはいえ、これらの非物質的なサービス業が資本主義的営利企業としていとなまれると、正常な平均利潤率＝期待利潤率を社会の剰余価値から引き出すのであり、競争を通じて、物質的生産活動になぞらえて利潤法則が作用するのです。

Q29：奴隷は、流動資本かそれとも固定資本か

　過去のアフリカ人が、アメリカの奴隷市場に来た時は、流動資本ではないでしょうか？

A29：奴隷市場の奴隷は商品そのものであり、ほかの普通の商品が流動資本・固定資本の違いを持つように、奴隷商品についても、奴隷主、奴隷所有者によってその区別が与えられます。さて奴隷は、流動資本かそれとも固定資本か？（これ宿題にしておきましょう。ヒント：奴隷を売買する奴隷商人にとって、奴隷を買い取って自分で使う奴隷主とは、違ってきます。家畜商人と家畜を使役させる農家にとって、役割が違うように。）

Q30：固定資本の修理は、収益勘定？　資本勘定？

　第8章第2節「固定資本の構成諸部分、補填・修理・蓄積」の個所で、修理費を収益勘定でなく、資本勘定に移すことは、配当金を人為的につり上げる手段だ―。県営住宅（公営住宅）の退去者に壁やタタミなど"原状回復"を求めるのは自治体が本来負担すべきものを住人に転嫁している事態を論

破する理論的根拠にもなりますか？

A30：考え方の応用を探ろうとしたおもしろい着眼です。しかしいくつか配慮しなければなりません。マルクスの論点は、早い話、ただの飲み食いなのに自分の財布（収入）で支払うことをしないで「交際費」とかなんとか会社持ちにして経費化してしまう手口のことです。マルクスの事例は修理費を私的資本の一要素とみなすかどうかの問題ですが、県営住宅の場合は、公共消費サービスの問題です。マルクスの事例では、実現した剰余価値（利潤）にはできるだけ手をつけないで、修理費を製造費に繰り込んでしまうという問題ですが、県営住宅の場合は、剰余価値（利潤）が増える減るの問題ではなく、公共サービスの維持費をだれが負担するか、県（結局、納税者）か居住者かの問題です。

　そこで、壁やタタミなど消耗すること承知の上での消費サービスなのだから（タタミなしで和室を使えとでもいうのかという理由で）、もとより県が持つべきだという主張も成り立つでしょう。だが他方で、財政窮屈の折からいわゆる「受益者負担」の考え方（サービスを直接享受する者がある程度費用を支払う）によって使用住人に負担させようという、いま大はやりの主張も出てきます。公民館の利用料金を実際の利用者から徴取するというのと同じ考え方です。県負担、つまり県民税による支出、言い換えれば全県民の負担ということか、それとも、実際の受益者による負担かという問題になってきます。

　これは、『資本論』での「修理費を資本勘定に移す」かどうかの問題でなく、明らかにそれとは別種の、自治体財政のあり方、自治体経営の問題です。単なる経済的コスト計算にとどまることの許されない、為政者の政治姿勢がもっとも色濃く反映される問題でしょう。さて、あなたが県知事に当選したあかつきには、どうなさいますか？

Q31：資本「前貸」って？

　「15章　回転時間が資本前貸・・・」における「資本前貸」の意味が解らないので、この章の内容をとらえることができない。基本的な用語の意味

だけでも解説が欲しい。

A31：「資本前貸」とは、資本を事業に"投下する"こと、"投資する"こと、手元にため込んでおくのではなくて"運用する"ことです。資本を投じることですが、放りっぱなしではなくて、かならず儲け（利潤や利子などの収益）を伴って回収されます。この「儲けを伴う回収」を予定したうえでの"投下"ということが特徴であり、大事なことです。

　日本語の「前貸」には、約束期限前に金銭支払いの授受をする、"前払いする"といったような普通の用法があり、じつは、むしろこちらの意味のほうがずっとよく使われています。だから、まぎらわしい。少なくない読者がこの「前貸」用語で戸惑っています。もし違和感があったり気に入らないなら、資本"投下"、資本"投資"と受け止めておいて下さい。差し障りありませんから。

Q32：剰余価値の秘密の謎解きについて

　「手品（剰余価値）の謎解き＝社会主義が科学になった」、宮川講義本『「資本論」第1巻を学ぶ』で「第4章で"ここがロドス島だ、ここで跳べ！"として提起された問題はここでみごとに解決された」と述べられているように、正に感動ものです。マルクスが解決したのは、価値法則をゆがめないでどうして剰余価値が生まれるか？　という問題でした。エンゲルスは『反デューリング論』で「この問題を解決したことが、マルクスの著作の最も画期的な功績である。この解決は、以前には社会主義者もブルジョア経済学者も同じようにまったくの闇のなかで手さぐりしていた経済学の領域に、明るい日の光を注いだ。科学的社会主義は、この解決とともに始まり、この解決を中心にまとまっている」と述べています。

　要はこの人類的快挙を、如何に感動的にきちんと受け止めることが出来るか？　経済学でも感性が非常に大切だと思います。どうしても加齢とともに「感性」も衰えていきます。しかし、今年90歳を迎えた永井潔さん（画家）の次のような話は勇気を与えてくれます。すなわち、「最近、"老人力"の大切さに気づくようになりました。絵を描くとき、少し離れて目を細めて作品

を見たりするでしょう。そうすると全体像がわかってくる。細かいことを見えなくするというのは大事なのです。老人の良さは、細かいことが見えなくなることです。そうなることで見えてくる全体像というのは、老人が特権的にもっているものだと思います」(「しんぶん赤旗」2006/9/26)。少し、引用が長くなりましたが、私は、彼よりまだ25歳も若いわけですから、「老人力」も視野に入れて、まだまだ感性を磨く努力を続けたいと思っています。

A32：「手品(剰余価値)の謎解き＝社会主義が科学になった」では、マルクスの経済学の、真に革命的な要諦を熱く確認していただきまして、お礼申します。ここのところを通りいっぺんに「教科書的」になぞってしまうだけですと、マルクスの偉大さがちっともわからない。『資本論』も味気なくなるのですね。

90歳永井潔さん(画家)の話、ほんとにいいですね、共感します。年老いることの良さ、「老人の良さは、細かいことが見えなくなることです。そうなることで見えてくる全体像というのは、老人が特権的にもっている」と。科学的な学習ではとくに、こうした大局を俯瞰する観点を意識して取り組む必要があると思います。

Q33：最低賃金の攻防の大切さ

『資本論』を学習して確信したことは、「労働」「労働力」が社会を支えているし、社会を発展させるということだ。1000円の時給最低賃金の攻防は、具体的だ。資本家たち現代の経営者は、この「価値」自体より「目先の利益」に執着している。彼らにも「人間性を持った労働条件環境」の方が、社会的に発展するということをわかって欲しい。

A33：その願いは、同感です。現在の最低賃金時給では、千葉労連の青年部の若者がそれで実地体験してみたところ、参加者の8割がたが生活を数カ月以上続行できず脱落してしまったそうです。「最低賃金」ではなく、賃金"破壊"、賃金の名に値しない水準であり、労働者生活費という賃金概念を自己否定してしまう"偽装呼称"だということです。

Q34：福祉を充実した方が、経済効果がある？

たしか大型公共事業でなくて福祉を充実した方が、経済効果があることを示すときに産業連関表を使っていたと思いますが、最近はその議論は、下火になっているように思われます。そうした産業連関表の使い方は、有効なのでしょうか？

A34：例えば福祉分野を充実すると（または大型公共事業を進めると）、ほかのどの分野に、どのようにまたどの程度、直接の需要拡大効果または間接的な派生需要の波及拡大効果があるか、つまり、商品生産物価格の出入りを通して経済効果があるかを分析したり予測したりする目的で、産業連関表が利用されます。経済の活動はなにごとにつけ、商品のインプット（物的人的資源の投入）とアウトプット（新生産物やサービスの産出）の営みで行われます。ある意味で商品による商品の生産・消費とみてよいでしょう。そうした局面の過程の流れを、「投入-産出表」（産業連関表の別名）として光を当てたのが産業連関表のアイデアです。

ちなみに、福祉充実は最終的消費需要にとって直接の経済効果は高まると思いますが、直接間接の波及のすそ野を幅広くもつ公共事業と比較して、より大きな経済効果がほんとにあるのでしょうか。間接的な派生需要の波及の広がりのことです。私には、福祉のほうが大きいという結論には、にわかには賛成できませんが。

しかし、そもそも何のために税金を使うかという政治理念の原点に戻って考えてみると、住民の福利厚生の向上であって、自己目的化した事業拡大や波及効果そのことではありません。ゼネコン行政は仕事をつくってやるという利権を拠り所にしています。つねに原点にたちもどって税金の使い途に目を光らせる必要があります。

Q35：労働元本とは？

「労働元本」説について、もう少し詳しく解説してくださるとありがたいです。

A35：「労働元本（労働財源）」とは、広く言えば、社会的生産物(c+m+v)

のなかの労働者勤労者に振り向けられる物的価値的財源(v)、狭く言えば、個別的資本の内訳の人件費部分、いわゆる賃金原資(v)のことを言います。

「労働元本」説は、「賃金基金説」とも呼ばれて、その労働財源があらかじめ所与とされ固定的に決まっているという偏狭な見方を土台として、種々の資本弁護・労働者攻撃に利用される見地を言います。例えば、賃金原資はかぎりあるから賃上げは無理だとか、一定の労働財源もしくは縮小させた財源規模で賃金格差を設けて労働者のあいだで成果を競い合わせる成果主義賃金制度とか、なかには悪名高い議論として、労働者が貧困なのは労働財源がかぎりあるもとで人口が増えているからだとか、同じ理由から労働組合の賃上げ闘争はしょせんムダだといった主張（ラサールの「賃金基金説」）までさまざまあります。

事実は、それとはまったく違います。同じ「自動車」でも、営業車に用いられたり自家用車に使われたり、同じ商品「パン」でもさらに加工用に生産手段として回されたり直接消費用におちていったりというように、生産手段として使うか消費手段として使うか、非常に弾力的であり、したがってまた、社会の生産物のうちの「労働元本」の大きさも、物的にせよ価値的にせよ、非常に弾力的なものです。マルクスは、「労働元本」説の固定的機械的な一面的誤解、それによって労働運動を抑え込もうとするイデオロギーを、つよく批判しました。

Q36：「労働」とは、いったい何でしょう？　混乱している

「労働」と「労働力」とは違うという議論がよくされるのですが、定義もあいまいななかでするので、混乱してしまいます。「労働力」は、賃金に向けた投下資本（流動資本）なので良くわかるのですが、「労働」とは、何でしょう？

A36：あまり先走って流動資本などと考えないで、まずじっくりと基本からただすことです。「労働力」とは生身の生きた労働者にふつうに備わっている頭や手足を使ってふるまう、労働する能力のこと、「労働」とはその労働力つまり労働能力が発揮されている状態のことです。マルクスが例示に引

き合いに出しているのは、胃袋です。胃袋は消化能力を備えている、その能力が発揮された状態にあるのが消化そのもの、消化過程です。胃袋の消化能力と、それが発揮された際の消化過程とは、両者はあきらかに違いますね。労働力と労働とは、ちょうど、その両者の違いに対応しています。

Q37：ものの値段はどう決まる？

　最近、観念論的経済学として「ブランド論」「広告論」というものが、流行です。「効用価値説」では、「人々は、ブランド意識を持って物を買う。例えば衣服、不動産、食品は、原価はほとんど変わらないものでも、高く売れる物と、安く売れる物があるのは、そのためだ」と言う人がいます。私としては、商品価格は、人件費（労賃）と店舗代等を含めて決定されるものであり、人件費等をブランドと言い換えただけのような気もするのですが・・・。よくわかりません。

A37：　商品の価格、ものの値段はどのように決まるか。基本は、一言でいえば、それをつくるのに（獲得するのに）必要な労働時間（かけた手間ひま、汗水の結晶）です。「ブランド」や「広告」であおられて上乗せされた価格部分もあるでしょうが、全体の商品価格（価値）のなかの一部分に過ぎず、たいてい誤差の範囲に納まるものです。価格の70-80パーセントをしめる本体部分がどう決まるか ―― 労働コストで決まるということ ―― を、直視するべきでしょう。

Q38：流通時間の今日的意味は

　「第14章　流通時間」の今日的意味はきわめて大きいと思います。もう少し説明を。

A38：「流通時間」の今日的意義は、もし「流通時間」の「時間」部分に限るとすれば、生産過程における「生産時間」の場合と同様に、第一義課題は、効率化＝限りなくゼロに近付ける短縮化、という点に収斂するでしょう。「生産時間」とちがう点は、「生産時間」は価値創造的ですからゼロにする要請は必ずしもないが、これに対して「流通時間」のほうは、生産の「空費」で

すから、徹底して「空費」の節約すなわちマイナスのマイナス（＝プラス）を追い求めて、心底ゼロに到達することを商業資本は目指すという点です。

こういう資本の本性に基づくその本質的性向を見抜くことが、『資本論』の第一の解明課題でしょう。より具体的な商業価格や商業利潤の問題は『資本論』第3巻第4篇に登場します。また、「流通時間」の「流通の仕方」のしくみに的を絞るとすれば、『資本論』第2巻第2編資本回転論、同第3篇再生産論で詳しく学ぶことになります。

どのような大きな今日的意味か、より具体的にご指摘くだされば、より具体的にお答えしましょう。

Q39：流通革命のもつ意味は？　問題？

流通革命がどこへ向かおうとしているのか問題点が何であるのか等よく分かりませんでした。ＰＯＳシステムや通販、ＩＣタグなどの個々の事象はよく分かりましたが、これが持つ意味が何であるかを知りたいと思います。

A39：問題点は、なによりまず、「流通革命」という現象の基本的な特徴づけ＝評価です。世間ではセンセーショナルに流通界での「革命」と称して、"驚き"や"称讃"・"慨嘆"や"非難"・"警戒"などポジティブ、ネガティブさまざまなニュアンスを込めた受け止め方です。問題は、そうした近年の流通動向が、社会の歴史発展の歩みにとってどんな意味を持つのか、という点です。

資本主義的生産様式の発展が《 生産の社会化 》を押し進めて、労働生産力の発展を著しく前進させつつ、既存の経済制度（資本主義的な生産関係）との矛盾をつよめて、そのようにして新しい将来社会への転換の条件を資本主義胎内で創出しつつあります。ちょうど、そのように生産の領域と同じように、流通の領域においてもものすごい勢いで《 流通の社会化 》が進んでいるといってよいでしょう。《 生産の社会化 》とは、従来の多数の分散型の小規模経営が、蓄積・拡大が進んで次第に少数に集中された大規模経営になり、個々の企業内の生産過程の合理的化が進むと同時に企業間どうしの内的連携が強まって生産力が増進することを指しています。しかし、この《 生

産の社会化》＝生産力増大がこんにちの狭い資本主義的所有関係とは適合しなくなり（この十数年来の平成大不況とその下での目をおおいたくなるほどの企業倫理荒廃を見よ）、「生産手段の社会化」に基づいて生産をその実態にふさわしい共同社会的関係のもとに置き換える必要が生じています。すなわち、儲け主義のやりたい放題に野放しにしておくのではなく、社会の英知を尽くした合理的な共同的管理運営に転換する必要が生じている。生産に関してここに述べたことは、生産を流通に置き換えれば、ほぼおなじことが言えます。

ＰＯＳやＩＣタグ、物流システムの発展など、プライバシーの侵害の恐れあるから敬遠してしまうとか、もっとのんびりしてよいという好みの立場からそれらの動向に背を向けて自然に還れとかという後ろ向きの態度ではなくて、それらの文明の利器の資本主義的な営利主義的利用の仕方をこそ問題にしていかなくてはなりません。

たとえば、パソコンＯＳをめぐるウインドウズvs. リナックスのケースが、現代の文明の利器のあるべき活用の課題と展望を私たちに与えてくれます。ＰＯＳやＩＣタグや物流システムのノウハウを十分に活用すれば、今度実現される社会主義は、かつて ── 旧ソ連や東欧諸国でのように ── 生産の過不足や分配の不足不均衡で悩んだ問題を、かならず克服することができるでしょう。

Q40：流通革命はだれのため？

資本主義経済のもとでの流通革命が急伸展して各企業の流通費の削減に貢献しているようだが、消費物の残存物（廃棄物）の大きさは問題である。ＤＭ公害といわれるように、毎日ゴミ郵送物が各家庭に投げ込まれている。

自動車には今年からリサイクル経費をユーザーが負担して環境対策を始めたが、流通費の節減を無制限にすすめることで環境ばかりでなく、人間の生活そのものも成り立たなくなっている。大型小売業の進出で地域の経済活動がかえって衰退し、高齢者の生活がおびやかされているなど、資本主義の無責任性を表している。

A40：ご指摘のとおりだと思います。「流通革命」や「生産革命」など喧伝されていますが、そこでいう「革命」または飛躍的「合理化」は、あくまでもせまい私的営利資本の範囲のなかでの節約合理化であって、しばしばそうした節約合理化のすすむのとは反比例して私的資本のそとの生活環境のなかで、残存物、産業廃棄物、家庭廃棄物などが排出されて、社会のなかでそのツケが累積されます。これは、"あとは野となれ、山となれ"式の、資本の自己本位、「資本主義の無責任性」の表れ、といってよいでしょう

感想4：加藤周一さんの記事について。世界を知るためには科学、世界を変えるためには信仰、というのはなんか違うな、と思う。

＊**講師コメント**：「なんか違う」という違和感を大事にして、これを手がかりに考えてみてください。ここには、《 科学と信仰 》という直接話題になっているテーマだけでなく、物質と精神（観念）とのあいだの関係はどうなっているかという哲学の根本問題から、外界と主体、主体（ひと）による外界の受け止め方（「認識論」といいます）、（法則的）必然と（主観的）偶然、歴史と個人（の役割）、歴史的宿命と個人的幸せなどなどにいたるまで、この大地いまの歴史社会に産み落とされて "ひといかに生きるべきか" という人生の根本問題に繋がっています。

あまりしゃちこばって構える必要はなく、加藤エッセーのなかの登場人物の考え方や振る舞いをめぐって、同調したり反発したり、こんなふうな老醜（？）だけは晒したくはない［アラブの老人］とか、なんのためにひとは世界を知るか学ぶのか［科学時代に生きる少年］、マルクスいわく「宗教は阿片である」は本当に真実か … といったあたりは、だれもが共有できる出発点の関心事ですね。

感想5：固定資本と流動資本

固定資本とはなにか、のところが印象的でした。労働手段は生産過程でくりかえし機能しながら、少しずつ使用価値を失い、同時にその価値を生産物に移転します。労働手段の価値はこうして生産資本の形から商品資本の形へ、

さらに貨幣資本の形へと流通、回転します。

訳本254ページでは、固定資本のこの価値回転の特性について、次のようにいっています。労働手段は「生産過程において価値の担い手であることをやめるのと同じ比率で流通過程から貨幣としてしたたり落ちる」、「労働手段の価値はいまや二重の実存をもつことになる」。「ついには労働手段がその生涯を終え、その総価値がその遺体から離れて貨幣に転化される」。つまり、価値の一滴を「したたり落ち」したとき、「二重の実存」はなくなる。一方は価値のぬけがらとなり、他方、総価値は貨幣の姿になっている。その上で「この点に生産資本のこの要素がもつ回転の独自性があらわれる」といっています。この部分は、固定資本が物理的、現象的にどれ程不動なものでも、資本価値としては、つねに、しかし少しずつ流通していること、またその価値流通と回転を基準とした生産資本内部の流動資本に対する区分であること、これらが的確な文学的表現も織りまぜてみごとに解明されているとおもいました。

第10章では、固定・流動資本の区別を、生産資本と流動資本の区別と混同したスミスの矛盾が結局どこにつながっていくか、この辺りの具体的な分析に注意をひかれました。講義で流動資本の中の労働力を見落として「資本の神秘化」を助長したことがいわれましたが、大事な点だと思いました。

もともと生産資本内部での固定資本に対する流動資本を「流通資本と混同す」れば、商品資本が流動資本になってしまいます。そうすると、流動資本を構成する肝心の労働力は、それが、市場ではけっして商品資本の形をとらないため「彼のいう流動資本の項目に入れることができな」くて、そこから外されます。その代わりに、「労働者たちの生活諸手段を……流動資本として規定」し、これが持ちこまれます。しかし、「生活諸手段はみずからの価値を増殖すること」は「できない」（訳335／原214）。

さらに労働力に投下された資本は、価値回転のしかたとしては、たしかに不変資本の一部である原料等と同じ流動資本でも、価値増殖の視点からは、これとは明確に区別される可変資本です。ところが、スミスには前記独自の矛盾した固定・流動資本の区別しかなく、それに「まったくまちがった」利

第2篇 資本の回転　173

潤観もからんで、流動資本の規定の中に可変資本の方は消えてしまいます。つまり、スミスの「混同」によって、資本の本質にせまる「可変資本と不変資本の区別の把握」が「不可能」（訳337/原215）になり剰余価値の源泉が完全におおいかくされます。この辺の緻密な理論展開の筋道は随所に理解困難な個所がありますが、これでも私なりにすばらしいと思いました。

　関連して、第11章では、この「混同」に「なぜブルジョワ経済学が本能的に固執し」たのか、というくだりがあります。ここ第10章の内容とあわせて、ブルジョワ的立場にたつ経済学がいかに避けがたく客観的真理から離れざるをえないか、を再確認するおもいでした。第1巻第6篇でも「労働の価値」「労賃」論の「秘密」を論破して、事の本質をくまなく解明したあと「古典派経済学はそのブルジョワ的な外皮をまとっているかぎり、それはやれない」という文章があるのをおもいだし、そのページももう一度繰ってみました。要するに、そこに真実があってもそれが見えないか、見たくないか、いずれにせよかれらの階級的限界が科学的認識を困難にしているのだ、と思いました。対照的に、変革の立場と結びついたマルクスの徹底した科学的立場、科学の目はすばらしく、ここではそのことをあらためて感じました。

＊講師コメント　マルクスによる固定資本と流動資本の分析の到達の高みを、少しも薄めることなくきっちり汲み上げ咀嚼してしたためられています。とくに、古典派が「労働力商品」を ── それは市場ではまだなんら「資本」ではないのだから ── どのように固定・流動の「資本」に分類するかで持てあましてしまい、苦し紛れに代替えの生活資料商品（これは立派な商品資本）でもって、置き換え切り抜けようとするあたりのごまかし ── この点をマルクスがとことん追求するあたり、捕物帳を読み解くおもしろさがあります。第3〜5段落でしっかり捉えつくしておられるのは、第2篇回転論読解の出色のお手本です、マルクスも大満足だと思います。

　じつは、この論点を押さえないと、古典派がなぜ「労働力商品」をもっぱら流動資本としてだけ捉えて、可変資本としては切り込めなかったかを、深くは説明できないのですね。そこを押さえないと、古典派がたんに思いつきに、たまたま偶然につまり勘違いなどして、流動資本にひっくるめてしまっ

たという次元の浅い評価に、とどまってしまいます。たんに出来・不出来の問題、もっといえばたんに主観のこころの問題の程度にとどまってしまいます。これでは乗り越えることはできません。なぜかというと、これには、せいぜいもうちょっと良く出来た、別の思いつきの選択肢をあてがってみるか、という腰だめ（当てずっぽ）の議論が対応するだけだからです。例の、気の持ちようで、見方を変えるならば、世界は平和で仕合わせになれる、というたぐいの、観念論から抜けだせないわけです。

　これに対して、マルクスの批判の仕方は、あくまで唯物論的＝科学的です。なぜどのような条件のもとでそういう（一面的な）理解にいたらざるをえなかったか、という認識の営みそのものに分け入って、とことん暴露します。だから、一面的理解をよぎなくさせたところの条件、契機、要因、動機背景まで明らかになるのですから、〈 かくかくの理解に陥らざるをえなかった 〉と分かるのですから、もう二度と失敗はしなくてすむわけです。ほんとの意味での教訓を、歴史上の考えや行為から学びとることができます。すなわち、〈 しかじかの理解であらざるをえなかった 〉ということになりますし、また、ちがった新しい条件や要因のもとでは、〈 こうあらざるをえないはずだ 〉となります。"こうかもしれない、ああもありうる"とか、"一面では …、多面では …"と果てしなく続く「プチブル的」小田原評定（宮川『資本論講座　第2・3巻講義要綱』30頁のマルクスの言葉「小市民は、矛盾の化身」下掲参照）とはわけが違います。マルクスの論述が読む者に訴えるあの迫力の、おおきな要素ですね。

　小市民というものは、歴史家ラウマーがそうであるように、「一方では」と「他方では」とで成り立っています。その経済上の利益がそうであり、したがってその政治のうえでもそうであり、その宗教上、学問上、芸術上の見解でもそうであります。道徳のうえでもそうだし、何事によらずそうなのであります。小市民は、矛盾の化身であります。
　　　　　　　　　　　　　　　（1865年1月24日　シュヴァイツァー宛）

（4） 第3篇　社会的総資本の再生産と流通

Q41：賃金は収入か、資本か（1）
　経済学史上の最大問題として「賃金は収入か、資本か」という問題について、お話がありました。私はこのことの持つ意味がわかりません。(この点、学者方の 90％と同じです)（マルクスの再生産表式の分割式は、よくわかります）

A41：《賃金は収入か、資本か》という問題、もっと端的に《収入か、資本か》の区別は、《生産的労働とはなにか》という問題と並んで、経済学史上の大問題としてく継承されて来ました。というのは、それらは、あらゆる経済学派/経済学説にとって、まずもって解決しておかなければならない前提となる評価・判断だからです。円滑で順調な（持続可能な）経済発展を遂げるためにはどのような生産部門や職種を"生産的労働"とみなすべきか？　したがって資源を重点的に注ぐべき分野部門はどこか？　は、理論的政策的に経済運営にとっていつも最重要課題でありました。不生産的労働や不生産部門に資源投下することは浪費になり、国を滅ぼすことになるからです。

　これと同様に、社会の経済的富・資源のどの部分が"資本元本"（つまり、けっして蚕食、蕩尽してはならない元手）であり、どの部分が"収入元本"（つまり、個人的消費に回して蕩尽してよい富）、別の見方で言えば、どの部分が社会存続のための前提的基礎（原価）でどの部分が"自由処分可能な純粋な富"か？　この問題は、経済運営のもう一つの鉄則を形づくります。その識別がなければ、社会は原資を食いつぶして滅びてしまうでしょう。生物学で言えばオスかメスかの区別、地学で言えば北極か南極かの、本質的区別です。なんとなくオスらしいとか、日本はわりと北方に在るとか、あやふやではだめです。

Q42：賃金は収入か、資本か（2）
　「賃金は収入か、資本か」の命題について → なかなか見えてこないです

ね。今日初めて聞いた命題で、なかなか頭の中で整理がつきません。

A42：資本主義的商品の価値の内訳は、ご存知の通り、c+v+m です。そして、一方の、資本元本は［c+v］、これは不変資本+可変資本、つまり、資本です。一円たりとも欠損を出すことは許されない原資です。他方の、収入として個人的消費に消えて行く部分は、［v+m］相当部分つまり、賃金+剰余価値です。労働者が新たにつくり出した付加価値部分 v+m をもとに、労働者（賃金）と資本家（利潤）とが分け合って個人的消費に消尽されていくものです。

ここに、v 部分が双方に重なります。対立しあう「資本」と「収入」との双方をまたにかけて属する v 部分というのはいったい何者なのか？ その出所は、資本に由来するのかそれとも収入から生じるのか、という難題が持ち上がるはずです。これが、ほんとうの経済学説史上の基本問題です。難問なのです。マルクス学派以外の経済学派は、この難問に直面しことごとく討ち死にしました。この難問をクリアするには、労働価値説を基礎とした『資本論』第2巻第1篇の資本循環論がどうしても必要です。

以下は、マルクスによる解明の要点です。第1および第2命題は、古典派たちの決まり文句で、誤ったとらえ方です。正しい認識は末尾に示されている通りです。

資本と収入。可変資本と労賃

・決まり文句：《 一方にとって資本であるものが、他方にとっては収入である 》という見解は部分的には正しいが、一般的に提起されると完全な誤りになる。

(訳702/原437)

≪上の決まり文句の批判的分析≫
　第1命題《 可変資本は資本家の手の中では資本として機能し、労働者の手の中では収入として機能する。 》
　　→ 二つの機能をはたすのは、可変資本ではなく貨幣である (訳703/原437)

可変貨幣資本と賃金との絡み合い

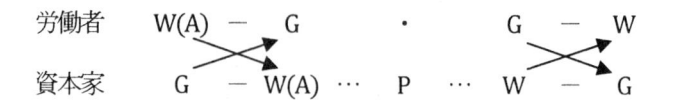

```
労働者    W(A) ― G        ・        G ― W
資本家    G ― W(A) … P … W ― G
```

第2命題《部門間取引では、一方にとって不変資本であるもの（2000Ⅱc）が、他方にとっては収入（Ⅰv+m）になり、また一方にとって収入であるものが他方にとっては不変資本になる。》　　　　　　　　　　（訳705/原438）
可変資本Ⅰは三つの転化を成しとげる。G―A…P…W'―G'。資本家Ⅰはvを常に自分の手中にもっているゆえに、vが誰かの収入に転形するとはいえない。
　　　　　　　　　　　　　　　　　　　　　　　　　　　（訳716/原445）
労働者の手中での貨幣の転換は労働力価値の転換である。W(A)―G―W。これも誰か他人の資本になるとはいえない。（訳717/原446）

Q43：ケネーの経済表（1）

　ケネーの経済表について、お話を聞いたのは2回目ですが、これを収支計算表としてしか見ることができないせいか、依然として雲の中で、読み取れません。

A43：ケネーの経済表を、収支計算表として見てよろしいかと思います。表の線をつまり流通経路をたどりながら辻褄の合う収支計算の結果として、出発点であり前提だった物的人的生産条件が遺漏なく万端にわたって確保される、次期の再生産が準備されることになる、というのがマルクスによるケネー評価なのです。

Q44：ケネーの経済表（2）

　ケネーの経済表の各金額を結んでいる実線がどういう意味を表しているのか。また、「前貸」の意味がよくわからない ―― 勉強不足ですね。

A44：ケネーの経済表は、1758年に最初に公表された経済表の「原表」と、

それに改良が加えられ、社会の総流通の総括図として作り直された、1768年のよく知られた「経済表範式」とがあります。

当時はこれら経済諸表の幾何学模様は、相当難解で"判じ物"だったようです。マルクスによる本格的な経済表の解明の試みは、第1に、『剰余価値学説史』として知られている1861-1863年の草稿の研究（大月版「マル・エン全集」第26巻第1分冊、第6章）、第2のものは、1878年エンゲルス『反デューリング論』にマルクス自身が執筆寄稿した第二篇「経済学」の「十、『批判的歴史』から」（新日本出版社〈科学的社会主義の古典選書〉、下巻）における簡潔な解説があります。後者は、マルクス自身が再生産論を確立した認識段階の記述で、もっとも充実した決定版解説となっています。後者の参照をお勧めします。

「前貸」とは、収益を伴って回収されることを条件とした資本の投下、投資のこと、前払い、ともいいます。

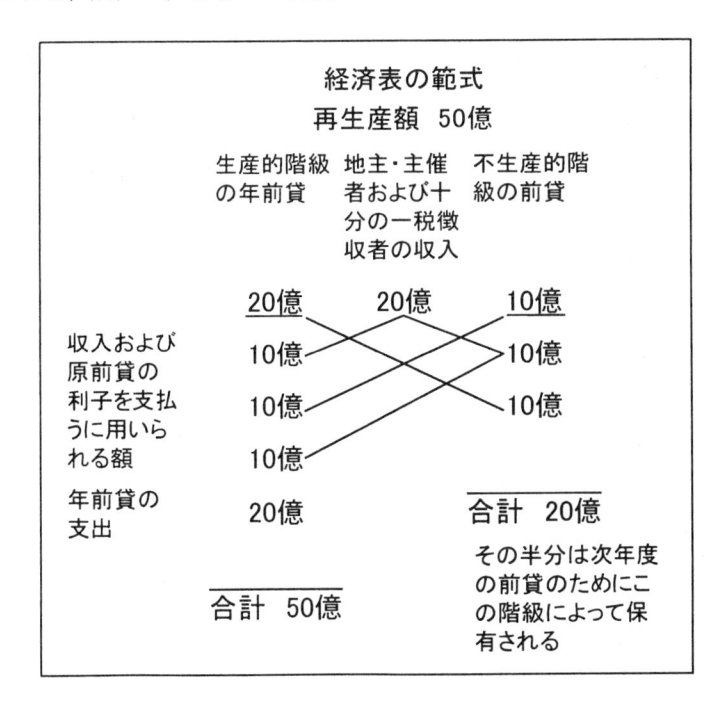

```
              経済表の範式
              再生産額 50億

         生産的階級   地主・主催   不生産的階
         の年前貸    者および十   級の前貸
                    分の一税徴
                    収者の収入

          20億    20億      10億
収入および  ─────         ─────
原前貸の    10億         10億
利子を支払
うに用いら   10億         10億
れる額
           10億
年前貸の    ─────        ─────
支出       20億         合計 20億
                        その半分は次年度
                        の前貸のためにこ
          ─────        の階級によって保
          合計 50億      有される
```

第3篇　社会的総資本の再生産と流通　　179

「範式」の運動を若干記しておきます。表に描かれた5本の右肩や左肩から下がる斜線はすべて、商品取引の際の貨幣の移動を表わします。ということは、表示はないが同時にこの斜線の背後に、貨幣の動きと反対方向で商品生産物が取り引きされていることを意味します。左側の「生産的階級」＝農業資本家階級は毎年30億の「前貸」（20億の「年前貸」＝流動資本＋10億の「原前貸」＝固定資本の補填分）で50億の農産物、つまり20億の剰余生産物をつくり、20億の予備貨幣を持って待機します。農産物のうち20億分は自分の「年前貸」を自己補填し、30億の売り上げのなかからこの階級は毎年地代を20億だけ支配階級に収めます。のこり10億は、「原前貸」の補填を行う。右側の「不生産的階級」＝製造業者階級は毎年20億の「年前貸」で20億の工業品をつくり、つまり剰余生産物はなく、10億の予備貨幣を持っています。中央の支配階級は、上納される地代20億で両階級から10億ずつ商品を購入して消費します。以上の営みを5本の斜線が結び付けていて、流通の結果、過不足なく出発点の生産の前提条件が再び確保され、単純再生産の継続を示すものとなっています。

Q45：マルクスの表式

Ⅰ　1,000v＋1,000m

Ⅱ　500v＋500m　　で、Ⅰ部門の資本家、労働者はⅡ部門のそれよりは、多く（2倍）労賃、収入、剰余価値が多いことになりますか？

A45：おおむね、そうです。しかし、どの程度そうなのか、2倍多いかどうかは、仮定した数値例に拠ることなので、さほど意味はありません。

Q46：スミスのドグマが信条にまで持ち上げられたのは？

資本家はマルクス経済学は正しいと知っているから、アダム・スミス後の正統派信条の学者を持ち上げて、利用していると考えて良いのでしょうか。

A46：いえ、資本家はもともと学理的なことに関心はありません（そんなことに心くだいていたらライバルとの競争に負けてしまいます）。「アダム・スミス後の正統派信条 … を持ち上げて、利用している」のです。彼らは、

まず第一に、分析に必要な経済学理論（商品を生産する"労働の二重性"の把握）に到達できず、分析の武器（問題点をえぐりだす十分に鋭利なメス）を持ち合わせなかったからです。分析の武器がなく、「スミスのドグマ」の考え方を否応なく受け入れざるをえなかった、ということです。第二は、マルクスの労働価値説の立場に立っても自分の利益にはなんの役にも立たず、かえって自分の出身のまたは支持する階級の利益を脅かすだけの"危険学説"であることを本能的に嗅ぎ分けていて遠ざけようとする、隠蔽しようとするからです。その場合、アダム・スミス古典派およびそれ以降の考え方は受け入れ可能だったし許容できた、ということです。

以上は、多少なりとも学問的な世界でのはなしであって、実践家として「資本家」は、そんな悠長なことに考えを巡らしている余裕も必要もありません。もっとずっと大雑把な説明で、よいのです。

Q47：労働者の賃上げの理論は？

リストラとか労賃の切り下げという現実問題と、可変資本の基本的性格（労働力の再生産）をからめてみると、出来るだけ押さえ最低限に止めおくのが資本の運動ではないか。労働者の賃上げは、この論理とは別のものに根拠を置かねばならない。

A47：労賃の切り下げとか賃上げとかという現実実際上の動きは、景気の浮き沈みや労働運動の低迷高揚とか様々な要因に左右されつつ、それはそれとして春闘課題はどうするか組合の要求額をどうするかという実践運動上のきょうあす来年の問題です。これらのあれこれの動きを社会的平均的に総括すると、賃金水準、相場というものが浮上して来て、これが理論的考察の対象になります。歴史的実践の総括された賃金水準、相場というものを、あらためてみますと、それが"労働力の再生産費用"に収斂することが分かって来ます（その言及は、経済学説史上、重農学派から古典派の文献に満ち満ちています）。また、次の段階の政策＝実践を一歩踏み出そうとする時、これまでの到達を振り返らざるをえない、つまり、総括せざるをえません。

このように、現実実際上の動きと理論的「賃金」概念とは、同一でもなけ

れば、逆にまた、両者が切り離されているわけでもありません。まさに、"理論は実践の総括であり、導きの糸である"（宮川實）、です。

Q48：労働価値論の発展に果たしたリカード学説の意義
　アダム・スミスの古典派経済学から、マルクスに至る場合、価値論が導き出されるのにリカードは抽象化において何らかの役割があったのではないでしょうか。

A48：労働価値論の発展に果たしたリカード学説の意義は、商品価値はまずそれをつくるのに投下された労働量によって決まるのであって、普通に意識される賃金、利潤、地代などといった収入成分の集成で決まる、またはそれらによって構成される、のではないという認識を、前進させた点にあります（すなわち、外見上の現象を振り払って、抽象化をいっそう徹底させた）。けっきょく、それも中途半端に終わりましたが。アダム・スミスの労働価値論のバトンを継承し、価値論、賃金論、利潤論、地代論、外国貿易論などで深化・前進をはたし、後続のマルクスにしっかり受け渡しした、ということでしょう。

Q49：マルクスの拡大再生産の比例条件、スミスの誤りと似ている？
　マルクスの拡大再生産の比例条件の公式
　Ⅰv+m（消）+m（v）＝Ⅱc′+m（c）
　のことでうかがいます。
　私は、先の公式はアダム・スミスの犯した誤りのなかの交換価値のv+mへの分解と似ているのではと思います。そこで、マルクス以後の拡大再生産は何故生じたのか、よくわかりません。私自身、疑問が曖昧なまま質問しています。

A49：部分的に当たり、大局的にはハズレています。拡大再生産の公式Ⅰv+m（消）+m（v）＝Ⅱc′+m（c）は、「アダム・スミスの誤り、交換価値のv+mへの分解と似ているのでは」との直感、まさにそのとおりです。第

Ⅱ部門消費手段の不変資本部分が、第Ⅰ部門生産手段部門の賃金と剰余価値によって買い取られるからです。拡大再生産のでなく、その基礎にあたるもっと簡単な事例として、単純再生産の公式（比例条件）Ⅰv+m＝Ⅱcがそのスミスの"交換価値のv+mへの分解"、Ⅱc＝Ⅰv+mの関係をぴったり表現していますね。

このように現実経済のなかに、そうした事実があるということが「スミスのドグマ」といわれるゆえんです。ドグマというのは、単なる誤り、独断ではなく、(宗教上)教説という意味もあることから窺えるように、現実世界を一面的局部的ではあるが映し取っているからこそ、根強い影響力（受け入れられる素地）があるのです。上の"交換価値のv+mへの分解"、Ⅱc＝Ⅰv+mの関係は、以前講義で話題にした、国民所得論でのパンの価格の、小麦粉と小麦とのv+mへの分解に対応させて、図示できます。

しかし、上の関係は社会的再生産の一部でしかありません。ほかに、第一部門内部の、また、第二部門内部のそれぞれの補填と結びついてこそ、上記の関係は意味のある全体の中の部分関係であるという点を押さえることが、スミスを越えるマルクスの正しい見地として大事でしょう。

Q50：やはりむつかしい再生産表式

1890年代のイギリスの綿工業をもとにして、資本主義の原理を説くのであるから、現代の資本主義にずれが出てくるのは仕方がないか？　その法則性を明らかにする説明がなされたと思います。ただ面倒な数式計算の部分が、ここの説明の根幹だと思いますが、十分触れるのは無理でしょうか？

A50：再生産表式は資本主義経済の再生産の"原理"を説くのですから、当時のイギリスにも現代の日本、アメリカその他の資本主義にもあてはまります(比例条件やそのもとでの部門取引の三つの大きな流れは貫徹します)。他面で、実際の経済の日々月々年々の動きと照らすと現実の資本主義とずれが生じるといえます。(商業・貿易や金融その他の要因のつよい作用によって、不均衡不比例に基づく矛盾の爆発が引き伸ばされたり縮められたりする)。19世紀綿工業と20世紀重化学工業と21世紀IT産業の主要産業の間

の相違は、再生産表式がしめす原理には影響しません（そこでの基本区分は生産手段部門と消費手段部門、その基本区別がなくなったわけではないのだから）。影響があるとしたら、IT産業の設備投資の巨大化や金融肥大化による不均衡の爆発が引き伸ばされたり縮められたりするかたちでしょう。

『資本論』テキストでもマルクスが示した緻密な数式計算は、資本主義の価格（価値）計算が1円たりとも揺るがせに出来ないという厳格な現実を言外に語りしめすものであり、この意味で数値例は大いに有意義です。他面で、数値例はあくまで仮定の数値事例という抽象的なものであって、それを支える経済的な意義を汲み取ることが眼目といえるでしょう。マルクス経済学の世界では、1920-30年代、1960-70年代に経済恐慌論・産業循環論の議論の中で、再生産表式のさまざまな数値事例をもとに盛んに論争が繰り広げられた歴史がありました。こうした「経済恐慌論、再生産表式論論争」という論題を取り上げるならば、数式計算の重みはずっと高くなると思います。

Q51：贅沢品にあてるのも労賃？

　Ⅱbv［第Ⅱ部門のなかの奢侈品部門bの可変資本v］=100といっても、その部門の労賃部分の支払いであって賃金の内容に奢侈品を得ることを言うのではない。労賃・・可変資本は労働力再生産の必要費に限定されるはずだから・・・この理解でいいですか。

　第五節貨幣流通は部門間の交換を論述する上で大切なところのような気がしますが、うかがえなくて残念でした。

　説明されなかったが、貨幣材料はⅡb奢侈品に置いた方がいいようにも思いますが。

A51：その解釈で結構です。Ⅱbv=100、すなわち、奢侈品部門の労働者は自分の労賃部分で自分の生産した奢侈品を買わず、他のⅡa部門の必需品を購入しなければならないということを意味しています。

　貨幣材料は金。銀や銅や鉄などと同じく第Ⅰ部門、生産手段生産部門に属します。

Q52：商品価値の三分解論について

なぜ、スミスの商品価値の三分解論が誤りで、どう理解するのが「本源的」本質的な理解となるのか解説してください。

A52：「商品価値が収入三成分に分解する」という言い方は、「水は水素と酸素とに分解する」という言い方に似ていて、当初の姿とはまったく違った、より本源的な別の要素に成り変わる、解きほぐされて変質する、という意味があります。事実、古典派は、認識の未熟のせいで、つまり、資本と収入との変態の絡みあいについての理解に不十分だったために、そのような変質の意味を込めて、商品価値は、賃金、利潤、地代という収入三成分に「分解する」と理解していたのです。

これに対してマルクスは、商品価値こそが労働によって直接うみだされる本源的なものであって、この価値がそれ以外のなにか別のもっと本源的な要素へと「分解」されるようなことはありえない、と明瞭に批判したわけです。賃金や利潤という収入は、商品価値から"派生する"ものであって、逆に価値から「分解」されて生じるものではけっしてありません。

ケーキをふたりで食べる場合、ナイフで切り「分ける」、「分割」するとは云いますが、二つに「分解」するとは言いません。ケーキが「分解」するのは、テーブルの上ではなくて、おいしく食べおわったあと、胃袋の中で酵素によって消化され、デンプンや脂肪になるときです。逆に、このとき胃腸のなかでは、ケーキが「分割」されているとは言いません。ゲームをするために、集団を小グループに「分ける」、「分割」するとは言いますが、集団を「分解」するとか、「分裂」させるとは言いませんね。集団の「分解」、「分裂」というと、これはまったく別の意味になり、集団のあり方そのものの変質を意味する使い方になってしまいます。仲良くゲームするどころではありませんね。

このように、ものごとの認識の深まりとともに、用語の選び方、言葉の言い回しも、より的確、厳密になってくるものです。私たちは、生涯死ぬまでこうした修行のみちを歩み続けていくことになると思います。あのマルクスが、私たちと同じように、かつて無頓着に使っていた（不適切な）用語や言

第3篇　社会的総資本の再生産と流通

い回しを、晩年になってやっと気付いて訂正批判したりするのを目の当たりにしますと、親しみが湧きほほえましくなるのですが、突き止めた科学的真相を少しでも厳密に表現しようとしてたっとい地道な努力を重ねる姿には、粛然(しゅくぜん)と襟をたださされる思いに駆られます。

Q53：スミスのドグマについて

　再生産論に関する「従来の」学説にふれたところで「スミスのドグマ」にたいする批判がおこなわれていますが、スミスのこの考えのもとになにがあるのか、少々疑問におもうことがあります。

A53：スミスのドグマへの疑問は、私も大学院時代に考えていたことでした。マルクスの考察を手がかりにまとめてみると、結論はこうです。

　「スミスのドグマ」は、素朴な（つまり労働二重性を把握できない）労働価値説への確信と、社会的再生産の経験についての現実観察との合成によってもたらされた命題だということです。一方で、価値の源泉、実体は唯一労働であるほかない、他方、社会的再生産の関連に目をやれば、小麦→小麦粉→パンというように、生産手段（この部分は小麦や小麦粉やオーブン）は最終的に消費手段（この場合は完成品パン）の生産に役立ちそれらの価値は完成品消費手段に移され累積されるものであり、そしてその消費手段価値（$c+v+m$）は消費手段であるがゆえに全額、賃金、利潤、地代の諸収入によって買い取られ消費されるはずだ、というゆるぎない経験的な観察事実があります。そして、この「賃金、利潤、地代の諸収入」とは社会の年々の価値生産物$v+m$にほかならない、ということも確かです。

　これらの異論の余地ない命題と観察事実とを繋ぎ合わせようとすると、スミス・ドグマの命題にならざるをえないのです。とくに、マルクスも指摘するように、ドグマ命題は、スミスの労働価値説への科学的確信に支えられたものです。このことは古典派の強みであり、それゆえにこそ、ドグマはマルクスによって批判されるまで、「正統的信条をなす」（マルクス）ことにもなったわけです。

　しかし、うえの経験的な観察事実を結び付けるのに、労働二重性の把握を

欠如したために、決定的困難に遭遇しました。消費手段を生産する労働者は、自ら労働してつくりだす価値はv+mだけなのに、そこで用いた生産手段の価値cがどうしてそこにあるのか、だれが、いつ、どのようにしてこのcをつくりだしたのか、という問題です。この問題にこそ、マルクスの労働二重性の把握は出番なのです。賃金労働者は、一方で、抽象的人間労働の側面で新たに価値v+mをつくり出しつつ、そのとき同時に、他方で、具体的有用労働の側面で生産手段を目的にかなったかたちで変形加工(生産的消費)し、そうすることで新生産物のなかに生産手段価値cを移転・保存することになります。労働者の天賦のすばらしい働きです。ところが、この労働二重性の把握を欠くと、この生産手段価値cがそこに在るという事実を説明できません。そこで、生産手段もまた、労働の投下・累積された中間製品だという、他の観察事実に依拠した回り道の説明が必要になったということでした。

スミスの誤りは、「年々の生産物価値を年々の価値生産物と同一視する点にある」、そしてこの「混同」は、「彼の基本的見解の中にあるもう一つの誤り」である「労働そのものの二分裂的性格を区別」できないことにある、とマルクスは指摘しています。この指摘は、上記のような内容で理解することができるでしょう。マルクスは『資本論』第1巻冒頭の商品の考察のなかで、労働二重性の把握は決定的に重要だ、と読者に注意を促していましたが、再生産論では、スミス・ドグマ批判のために「決定的に重要」な役割をはたしていることが、みごとに立証されているといってよいでしょう。

Q54：表式からわかる賃上げ消費充実の重要性について

"単純再生産の条件がⅠv+m＝Ⅱcである"という意味の大要をお話いただき、大変有益でありました。これが現在の日本経済の不況に結び付けられて語られたところに『資本論』を読むことの現代的意義があると思いました。さらに次回以後余裕がありましたら、この不況を脱するためにⅠvの部分の賃金を上げて消費に回る部分を多くするという施策・運動を実らせる運動以外に、Ⅱcの部分を充実させることの必要性を説かれたと思いましたが、その部分についてのお説をお聞きしたいと思います。よろしくお願いします。

A54：Ⅰv部分の増大は、第Ⅰ部門の生産の拡大、賃金の引き上げ（労働者雇用の増大）を意味します。そしてこれは、その増えた賃金収入によって消費手段Ⅱc部分の需要を生み出し、消費を拡大します。このはずみが実るためには、それに見合った第Ⅱ部門での生産の拡大が生じ、ふえた第Ⅰ部門の生産物＝生産手段を第Ⅱ部門で新たな蓄積要素として買い入れてくれることです。つまり、第Ⅱ部門でも生産拡大と消費増大が生じなければならないということです。

　このように、再生産表式は、資本主義的生産の独自な内面的な（表面には見えない）、有機的な相互依存関係を明らかにしています。どこかで生産拡大のきっかけが生じはずみがつくと、再生産の条件が確保されるもとで、生産の拡大が消費需要を喚起し、それがまた生産拡大の誘因となりうるという関係です。逆に、この再生産の条件が整っていない場合、不均衡に陥っている場合には、いくら外から資金を注入しても、空回りして、順調な拡大再生産の運行は生じません。今日の日本経済の状況をみると、空回りの元凶は、リストラと賃金収入（＝最大の消費要因）の抑制・削減にあります。多くの大企業は、労働者のリストラ＝人件費抑制によって、当面目につく企業収益の回復を図っている、実現していますが、自分の足を食べてしのいでいるタコみたいなもので、足腰を弱らせ、社会全体の消費需要の回復を遅らせ、購買力の低下を押し進めることになっています。社会全体で再生産の条件が確保されるなかでの、Ⅰv・Ⅱvという労働者階級の賃金収入部分の意義の重要さが分かると思います。

　いまの消費不況打開のために、リストラと人件費抑制とによる企業収益最優先をやめて、働くものの家計をあたため、生活安定の見通しを保障するような政策を打ち出すことが、再生産の均衡条件のなかでのⅠv・Ⅱv要因確保にとって、いかに重要かも理解できるでしょう。

Q55：社会的資本の運動について–

　資本の再生産について、（社会全体の）どのような立場で見るのかという点について非常にわかりやすく、弁証法的な立場で見るという事が重要と指摘

されたが、この観点で先生の話を聞いて、深めることが出来ますね。

　資本の再生産のしくみ、そこから恐慌のくりかえし、過少消費説のあやまり、いまの日本の政治をみるうえで、資本主義的生産様式の根本的矛盾がみえはじめ、次回からの講義も楽しみです。

A55：立ち入った具体的な議論になった時、再生産論を武器に「過少消費説のあやまり」を指摘することは大事ですが、賃金収入の抑制・削減による、再生産の均衡条件の破壊という、こんにちもっとも緊急な問題点を、ないがしろにすることがないよう留意しましょう。

Q56："不変資本"見落としの批判の意義

　第19章第2節5総括における商品価値の構成説と分解説の誤りについて、先生の説明も「なる程」と思いますが、「5 総括」を素直に読むと不変資本価値をスミスが認識しえないゆえ誤りとしているようにも思います。ここでは、そういうふうに単純に理解してはいけないのでしょうか。

A56：いけません。『資本論』で成し遂げた到達点を、スミスの不変資本の見落としを正したという点だけにとどめて解釈されてしまうとしたら、マルクスはその不本意を嘆くでしょう。

　『資本論』第2巻第19章第2節「5 総括」のところでマルクスは次のように述べています。ばかげた価値構成説は、スミスにおいては、「商品価値がこの三つの成分に"分解される"という、さらにもっともらしい定式から生まれてくる。この定式もまた誤りであり、商品価値は消費された労働力の等価物〔v〕と労働力によって創造された剰余価値〔m〕とによってのみ分割されうると前提するとしてさえ、誤りである。」（原384/訳611-2）　この下線部分は、商品価値がたとえv+mだけからなっていると前提したとしても、ということだ、つまり、不変資本価値cをスミスが認識しえなかった誤りをいまは問わないとしてさえも、という留保のことです。だから、この文章でマルクスが言いたい趣旨は、不変資本cをスミスがうまく捉えられなかったという有名な、よく知られた誤りとは別の、さらにもう一つの奥深くからんだ誤りに、光当てようとしているのです。

第3篇　社会的総資本の再生産と流通　　189

従来の『資本論』解釈は、不変資本 c の看過という「スミスのドグマ」の、素人目にもよくみえる誤りだけしか見てこなかったと思います。そうした不変資本欠落のスミス批判の課題は、1863 年ころ 44-5 歳当時のマルクスにとって、山の頂上のように聳え立って見えていたものでした。そしてそれを征服できたかと当時は思っていました。実際、それを論破できたとき、マルクスは喜んで、勝ち誇ったように親友エンゲルスに手紙を書き、詳しくエンゲルスに解説しているのです。これらの資料は早くから公表され知られていましたから、後世の解釈家も、マルクスは「スミスのドグマ」批判を 1863 年 45 歳のときに成し遂げたと解釈してしまったのです。しかし、山の頂上と見えたものは、よくあることですが、途中 8 合目辺りの突起でしかありませんでした。この 8 合目までの登攀も前人未到の立派なものでしたが、そのあとほんとの頂上を極める仕事、「さらにもう一つの誤り」を批判しつくす作業は、マルクスの本領が発揮されたすばらしい分析成果を残すものでした。1880 年ころマルクス最晩年 62、3 歳の執筆でした（65 歳没）。
　8 合目を頂上と思い込んでぬか喜びしていた 45 歳当時の仕事を讃えられて、その後の真の登頂、仕上げの大仕事のことはとんと認めてもらえないとなると、マルクスも浮かばれないでしょうね。マルクスの遺言ともいうべきこの到達成果をしっかり学んで、マルクスを成仏させてやってください。

Q57：サービス労働の再生産表式上の取り扱いについて

　サービス労働・サービス生産の再生産表式上の扱いについて、単純再生産表式上、現代のサービス労働（「力」）・サービス生産（「物」）がなにゆえ、どのように捨象されているのか、されるべきなのか、についてのコメントをいただきたいのですが。

A57：理由は簡単です。サービスは物的な商品生産物のかたちをとりません。社会的物的商品生産物の流通を分析して再生産の条件や運動、法則を探るという表式の議論には、本来俎上にのぼらないのです。最新の手近で分かりやすいすぐれた参考文献として、『経済』2003 年 1 月号、2 月号に掲載された川上則道さんの論文「サービス労働をどう理解するか」（上）（下）があ

ります。1月号（上）では、サービス労働の原理的捉え方を論じ、また2月号（下）では、サービス労働部門の再生産表式上の取り扱いを試みています。このテーマではまっとうな信頼できる見解だと思います。一読をお勧めします。

Q58：再生産表式と抽象性（「度外視」、「捨象」）

　第2部第3篇の再生産表式は、剰余価値率がⅠ・Ⅱ部門とも同一であることを前提にして説明されています。しかし剰余価値率が利潤率に転化し、その上に平均化が成立することは第3部第2編で説明されます。「度外視」「前提」「捨象」して説明するにしても、しかし叙述の順序としては「マクロ」の出発点にあっては第3部の3篇以後という印象があります。流通過程と総過程とのかかわりとは思いますが、再生産表式それ自体の理解困難と合わさって「度外視」「前提」「捨象」部分の重なりによって今日的実際とともにこの編の理解がなかなか困難である一つの理由に思えますがいかがでしょうか。

　A58：実際に身近な「利潤率」「生産（平均）価格」が用いられず捨象され、抽象度の高い「剰余価値率」や「価値」で議論されているから理解しにくいとしたら、同じように「価値」や「剰余価値率」で議論されている第1巻の搾取論や蓄積論も、現実離れしていて理解しにくいということでしょうか？　解明すべき課題がなんであるかをハッキリさせるということが大事だと思います。課題とともに、それにふさわしい方法や必要な想定が設定されます。例えば、「商品とはなにか」の出発点の課題では、商品の本質的な二要因（使用価値と価値、価値の量の規定）をまっさきに突き止めたいわけですが、この場合に、実際の商品はみな利潤をふくんだ市場価格で取り引きされているからといって、利潤（利潤率）を組み込み、市場の需要供給関係を考慮して、論述の中にたえず断わりを入れてそれらに言及するというように取り扱うとすれば、それは、不要であり、邪道な方法なのです。素直な子どもなら、じゃあ、利潤とはなにか、市場とはなにか、需要供給とはなにか説明してください、と質問してくるでしょう。

これと同様に、第2部第3篇は、他の箇所では取り扱えない、ここでしか議論できない、固有の課題をもっています。社会的総資本の再生産過程をめぐる、再生産の諸条件と再生産過程の進展の解明です。社会全体で、個人的消費と生産的消費とはどのように関連するのか、個別資本（個別部門）と社会的資本総体とはどのように関連するのか、という課題です。この場合に、剰余価値が利潤や利子や地代に別れる問題を持ち出したり、利潤が相互の競争で平均利潤になるとかいう問題を持ち出したりすることは、不要であり、邪道だというべきでしょう。それによって、上記の主課題の解明に役立つどころか、逆に、当面の課題とは無関係な攪乱要因で問題を複雑にし、本来の解明を遠ざけてしまうからです。平均利潤を再生産表式に持ち込んで上記の課題のなにが前進するのでしょうか。逆に一言添えなければならないのは、平均利潤を持ち出すなら、剰余価値のもう一つの派生形態である地代をどう取り入れるのか、が付きまとうはずです。これを配慮しないのは片手落ちだ、云々 … このように、課題視点がぐらついてくると限りなく泥縄式に、瑣末なごみ要因が紛れ込んできて収拾がつかなくなります。

　〈 「度外視」「前提」「捨象」部分の重なりによって今日的実際とともにこの編の理解がなかなか困難である一つの理由に思えます 〉── はたして、そんなに複雑でしょうか。一度になにもかもごたまぜにして取り上げようとするからではないでしょうか。例えば、「人間とはなにか」と問うとき、日本人、中国人、ドイツ人などという民族の違いは度外視し、黄色人、白人、黒人といった人種の違いも度外視します。それらみんなに共通であり、それらみんなと違う脊椎ほ乳動物たとえば猿との対比を想定しながら、人間という考察対象をすえるでしょう。だれでも、この程度の、度外視や抽象・捨象手続きは無意識のうちに行っていると思います。その場合、携帯電話族あり、イスラム教徒あり、それらの雑多な属性をいちいち考慮することをするでしょうか。考慮するのは不要であり、間違ったやり方ですね。第2巻第3篇再生産論で平均利潤を考慮しようというのは、人間とはなにかの課題のときに、民族の違いや新人類の生態を持ち出して議論を紛糾させるようなものです。

Q59：トヨタだけは買わないようにしている

　トヨタ自動車が１兆４千億円もボロ儲けしておきながらベアゼロ回答をしたことについて「リスクがあるから」と言っているが、それがまちがいであることを強く思いしらされました。１９日（名古屋資本論ボランティア企画のトヨタ自動車工場見学）は仕事でいけませんが（残念です）、トヨタだけは買わないように思っています。それと今までなんとなく思っていたことが解明されとても充実した講義でした。

A59：労働者いじめのトヨタへのささやかな抵抗としてトヨタ車不買を秘めておられる由。私は、"20世紀ナポレオン"ゴーン来襲によるわが国自動車業界第２位の一角が陥落したことで恥をさらし —— といっても旧日産経営陣が不甲斐なかっただけのことで労働者に罪はないはずですが ——、また日産労働者の過酷なリストラでＶ字型業績回復をはたしたともてはやされている、ゴーン日産の製品だけは買うまいと思っていました。そうなると、国内系の資本/経営陣のトヨタかホンダを選ぶことになりそうですが。どっちに転んでも五十歩百歩ですね。いずれにせよ、「プロレタリアートは祖国をもたない」。賃金労働者は、どの国・社会でも、またどの企業のもとでも、いつでもどこでも資本による「搾取材料」でしかないという本性を忘れてはならない、ということでしょうか。

Q60：資本家階級と労働者階級

　二大部門に分けて考察することによって、社会全体の営み、剰余価値の運動や剰余価値を生み出す階級や生産手段の所有者の生存維持、再生産のしくみが見渡せることを初めて学習した時感動したが、それを発見したマルクスの方法にやはり感嘆する。拡大再生産のための条件が具体的に目に見える図で明らかになり、素晴らしい。ゆっくりていねいに理解していかないと、やはり、サッサッと思考がついていない。そのためにも「三つの循環」の理解がやはり大切と思いました。ありがとうございました。

A60：経済社会の全体像の見渡しという点では、ケネーの経済表もそうでしたが、"社会解剖図"と呼ぶにふさわしいものです。『資本論』第１巻第７

篇「資本の蓄積過程」においても、社会の資本全体による資本・賃労働関係の再生産が明らかになりました。労働者の個人的消費も生殖も、幸せな家庭であれ不幸せな人生であれ、個別にいかに楽しもうと嘆こうとも、社会的に見ればすべて、家畜の飼育・繁殖と同じように、資本の再生産機構の掌中にあるという冷厳な事実が、いささか腹立たしいがしかし真実の内面的関係が、暴露されたことがありました（第1巻第7篇第21章）。第2巻再生産論では、より具体的に社会の部門や階級間で相互に依存しあう関係として、資本家階級、労働者階級の維持再生産の仕組みも明らかになっているのです。

Q61：拡大のための出発表式の見方？

『要綱』P.76「拡大のための出発表式」Bの内、蓄積部分400m(c)は部門Ⅰの蓄積、一方的売り（A）と一方的買い（B）との均衡によって実現されるものと理解します。すると、すでに、一方的買い（B）が存在するわけで、これは労働力の相対的過剰人口に相当するもので、やはり、一定の前提条件があるように思いますがいかがでしょうか。

A61：蓄積部分の買い手（需要）がじっさいどこから生じるかという、マルクスの記述の展開に沿って同じ問題意識でただしたよい質問だと思います。拡大の出発表式における部門Ⅰの蓄積部分400m(c)は、部門Ⅰ内部で、「一方的売り（A群資本家）と一方的買い（B群資本家）との均衡によって実現されるものと理解し」ていただいて、けっこうです。では、この「一方的買い（B群資本家）」はどのような根拠で登場するか。

この部分の「一方的買い」は「労働力の相対的過剰人口に相当するもの」による需要ではありません。（「相対的過剰人口」は本来あぶれ組で、はじめからこの表式に組み込まれてはいません。）部門Ⅰの蓄積部分100m(v)と部門Ⅱの蓄積部分50m(v)とが投下されて運動し始めるときです。この部門Ⅰの100m(v)と部門Ⅱの蓄積部分50m(v)との現実の要素は、追加的労働力であり、失業者群から吸引されるかまたは現役労働者からの労働の追加支出かで調達されます。

拡大のための出発表式

1. 第一例
   ■拡大のための出発
   A. 単純再生産の表式
      I. 4000c ＋ 1000v ＋ 1000m ＝ 6000   合計 9000
      II. 2000c ＋ 500v ＋ 500m ＝ 3000
   B. 拡大再生産のための出発表式   (訳827-/原505-)
      I. 4000c ＋ 1000v ＋ 1000m ＝ 6000   合計 9000
      II. 1500c ＋ 750v ＋ 750m ＝ 3000
   *蓄積率は 1/2・m つまり 50％ 、部門IIは部門Iの蓄積に従う。
      I. 4000c ＋ 1000v ＋ 500m ＋ 400m(c) ＋ 100m(v)
      II. 1500c ＋ 750v ＋ 600m ＋ 100m(c) ＋ 50m(v)
   ・蓄積のために変更された組み合わせ   (訳829/原506)
      I. 4400c ＋ 1100v ＋ 500m 消費財原 ＝ 6000
      II. 1600c ＋ 800v ＋ 600m 消費財原 ＝ 3000
   ・拡大再生産の第1年度末
      I. 4400c ＋ 1100v ＋ 1100m ＝ 6600   合計 9800
      II. 1600c ＋ 800v ＋ 800m ＝ 3200

   Cf. 分析の流通図式 $W' \begin{cases} W \\ w \end{cases} - G' \begin{cases} G \\ g \end{cases} - W < \begin{matrix} A \\ Pm \end{matrix} \cdots P \cdots W'$

   [1再生産年度]   変更された組合せによる取引 （第1年度末）

   ・拡大第2年度のための組み合わせの変更
      I. 4400c ＋ 1100v ＋ 550m ＋ 440m(c) ＋ 110m(v)
      II. 1600c ＋ 800v ＋ 560m ＋ 50m(c) ＋ 25m(v) ＋ 110m(c) ＋ 55m(v)

      I. 4840c ＋ 1210v
      II. 1760c ＋ 880v

2. 第二例
   ・資本主義生産が発展して高い資本構成 c:v (5:1) をもつ場合。   (訳835/原509)
      I. 5000c ＋ 1000v ＋ 500m ＋ 417m(c) ＋ 83m(v)
      II. 1430c ＋ 285v ＋ 101m ＋ 70m(c) ＋ 14m(v) ＋ 83m(c) ＋ 17m(v)
   *第一例の拡大第2年度で生じるのと同様、Iの単純再生産確保のための補填によってすでに、
   IImの蓄積が行われなければならない（図解の 70m(c) 部分）。   (訳836/原510)
   つまり、Iにとっての単なる収入の消費支出が、IIの直接的蓄積をひきおこす。(訳841/原512)

第3篇 社会的総資本の再生産と流通   195

問題は、いったいだれが部門Ⅰの400m(c)部分の買い手となるか。部門Ⅰの資本家です。単純再生産の場合には、資本家の個人的消費に支出していた部門Ⅰと部門Ⅱの剰余価値部分mは、自己消費用にあらかじめ持っていた貨幣でⅠmとⅡmとを購入し合っていました。いま蓄積の場合には、その個人的消費用だったたんなる貨幣支出が、蓄積のための貨幣資本に機能転化し、流通に投げ入れられて、生産的消費用に前貸されるのです。おなじ貨幣の一定額（ⅠmとⅡmのうち蓄積に振り向けられる部分）ですが、個人的消費支出から資本に振り向けられ、生産的消費用に前貸されることになる、これが「一方的買い（B群資本家）」の根拠です。

　個人的消費用から生産的消費用に貨幣が機能転化するわけですから、蓄積の場合には、m全体として買い手の問題はありません。しかし、実際にはこの「機能転化」が真にむずかしい。計画や統制経済でなく自由放任の無政府的市場経済ですから、資本の自己保身ばかりのてんでばらばらな投資行為あるのみだからです。なお、ケネーの経済表でも生産物の流通運動のために20億ルーブルの貨幣が待機していたように、再生産表式でも「流通に必要な貨幣」は用意されていると想定されています。

Q62：拡大再生産表式の前提の変更の仕方について

　単純再生産表式
　Ⅰ．4000c ＋ 1000v ＋ 1000m ＝ 6000
　Ⅱ．2000c ＋ 500v ＋ 500m ＝ 3000　　　から
　拡大再生産表式
　Ⅰ．4000c ＋ 1000c ＋ 1000m ＝ 6000
　Ⅱ．1500c ＋ 750c ＋ 750m ＝ 3000

に移るさい、この拡大再生産表式の数字には、何か違和感が残ります。それは、第Ⅱ部門で資本の有機的構成が4：1から2：1に低下しており、単純再生産から拡大再生産に移行するさい、第Ⅱ部門で資本の有機的構成の低下が前提されるかの印象を受けるからです。こうした違和感や印象は間違いでしょうか？

私の違和感を前提に拡大生産表式の数字を変えてみました。
　Ⅰ．4000c ＋ 1000v ＋ 1100m ＝ 6100
　Ⅱ．2000c ＋ 500v ＋ 500m ＝ 3000
　　第Ⅱ部門で資本の有機的構成を変えず、第Ⅰ部門で剰余価値率が上昇して拡大再生産のための蓄積が可能になったと前提したものです。剰余価値率が1000m／1000vから1100m／1000vへ上昇し、上昇部分100mが蓄積にまわったと仮定したものです。　以下、
　Ⅰ．4000c ＋ 1000v ＋ 1000m ＋　80m(c) ＋　20m(v)
　Ⅱ．2000c ＋ 500v ＋ 480m ＋　16m(c) ＋　4m(v)
　蓄積のために変更された組み合わせ
　Ⅰ．4080c ＋ 1020v＋ 1000(消費手段) ＝ 6100
　Ⅱ．2016c ＋ 504v＋ 480(消費手段) ＝ 3000
　拡大再生産表式の第1年度末
　Ⅰ．4080c ＋ 1020v ＋ 1122m ＝ 6222

　Ⅱ．2016c ＋ 504v ＋ 504m ＝ 3024
　となります。
　剰余価値率を固定的して表式をつくることはないと思いますが、どうでしょうか？

A62：本格的な（＝専門的な）論点着眼ですね。ご指摘のとおり、マルクスの表式では第Ⅱ部門の有機的構成が4：1から2：1に低下しています。この点はだれもが違和感をいだくのですが、書いているマルクス自身もっとも痛感していることでしょう。純粋に理論的に説くためには、単純再生産から拡大再生産へ移るためには避けては通れないあつれきなのだ、ということを十分承知しています（だから、無政府的な資本主義ではなく計画経済が必要だ）。資本主義のもとでは、力次第で弱者が大きな犠牲を強いられながら、現実ではこの軋轢を耐えしのんでそれなりに克服しているわけです。
　違和感の解消のための試算のご提起ですが、だめです。せっかく苦心されて一瞬これは！と思わせられるような凝ったアイデアでしたが…。大前提

である、単純再生産から拡大再生産へ移行という条件、つまり、出発点は従前と同じ額、びた一文も増えない単純再生産だという条件を、崩してしまっています。というのは、第Ⅰ部門で剰余価値率が上昇して剰余価値が1000mから1100mに増えたということは、すでにそのことが、今までの諸前提とは別の、訳の分からぬかたちで生産拡大が生じさせられてしまっている、(剰余価値率上昇という恣意的な仮定変更で) 拡大再生産が行われている、ということを想定していることになります。拡大再生産をこれから説明しなければいけないのに、拡大再生産をつまり生産増大をあらかじめ想定してしまっているという、「論点先取りの誤謬」をおかすことになります。拡大への一歩のために、どんなかたちであれ、およそ生産増大をこっそり取り込むことは、理論的解明の手続きでは御法度です。

Q63：貨幣はどこで、だれが生産する？

再生産論において、「貨幣はどこで、だれが生産する？」の問いかけで、生産過程で貨幣素材がつくられ、社会的に商品所有者の共同の行為としてそれが貨幣の形態となる。先生があらためて1巻に立ち帰って説明されたことに大変な刺激を受けた。

A63：確認です。貨幣（一般的等価物という本質を持ち、価値尺度や交換手段や蓄蔵手段の機能などを発揮）が、この経済的概念が、生みだされ成就する舞台は、商品交換つまり流通過程です。しかしその素材、つまり貨幣材料・金をつくりだすのは、金鉱山での生産です。再生産表式では、第20章第13節で「貨幣材料の再生産」として、つまり"貨幣の再生産"としてでなくその"材料の再生産"として設定し、摩滅分を補てんするしくみを明らかにしています。

Q64：いまいち学習していることが身近なことだと感じられない

今学習していることは、私たちの日常生活に深く関わっていることなのだろうけど、いまいち学習していることが身近なことだと感じられない。

A64：健康な時は、なにごともスムーズにつっかえずに進行するので健康

のありがたさをつい見過ごしがちです。お金のこと仕事のことに悩みがないなんて、しあわせなことです。多くの人は、お金と仕事に追われ疲れて、したくても学習したり教養を身につけることさえままならない状態です。恵まれた境遇をぜひ活かしてください。

　私はかつて、『資本論』第2巻講座の修了の記事に次のような一文を書いたことがありました。参考にしてください。

『資本論』第2巻、
… その理論的ポイントは、思いきってつづめていうと

　(1)《循環・回転図式》、(2)《単純再生産表式》、以上の二つに要約されます。これは要約ちゅうの要約、『資本論』第2巻の精髄です。この簡単きわまる二つのイラストが経済学説史上いかに偉大で、かがやかしく貴重な経済学批判の成果であったかは、講義のなかで屢々説明しました。

　受講生の方は、もう一度、この《循環・回転図式》と《再生産表式》とを、頭に叩き込んでください。講座途中で出席できなかったひとも、講義に消化不良をきたしたひとも、ジャングルのようなテキストの叙述のなかで迷子になったひとも、この図式、表式でしめされる第2巻の核心を点検し確認しましょう。これを修得すれば、第2巻も8割かた攻略したも同然です。

　この重要点の理解をすすめる有効な手だては、その資本の運動のポジションにわが身を仮想して置いてみることです。たとえば、1億円の資金の運用を任され、資本として運転しようという立場にたって、元本の回収までの運動のシミュレーションを描いてみると、たやすく、図式 G−W…P…W'−G' として展望できます。また、営業部門に従事しているひとは資本運動の図式中 W'−G'・G−W という売買の過程に位置することがわかります。あるいは、生産財のメーカーで働いている労働者ならば、表式の I 1000v を担っていて、そこでの賃金引き下げや解雇が社会的再生産のすべての部分の均衡にどのように撹乱波及して影響をおよぼすかを見通すことができます。図式、表式の文字・数値・印ものを手がかりにしながら、そしてご自分の長い短いまたは直接間接の経済体験に照らしあわせつつ、とにかくも自分じしんの言葉でもって資本の運動をたどり再現して、理解をすることが肝心です。『資本論』学習では教科書風の丸暗記は無用であり、むしろ願い下げたいところです。

経済法則の威力を受けとめて

　こうした点検確認は、ひるがえって、一見抽象的でどこか縁遠いようにみえる法則や理論的規定というものが本来具えている威力、凄さというものを実感することでもあります。さまざまな原理や規定は、もしそれが正しいも

のであるならば、けっして干からびた無味乾燥なものではなく、私たちの経済の営みの一つひとつに浸透しそれらを性格付けているのです。それらを貫いているといってもよいでしょう。

　先例でいえば、生産財メーカーの労働者のたとえば飲み食いする消費支出、その一つ残らずが、社会の再生産過程の部門間取り引き I 1000v ⇄ II 1000c を担っているのであり、個々の支出は、その社会的な取引の大括りの流れにおける"大河の一滴"に相当するものとなっています。布地を製造している労働者は、織布部門の資本の運動に組み込まれながら（循環・回転図式の「A」）、その商品生産物の社会的な流通・再生産の動きとしては、再生産の比例条件に従わざるをえない（再生産表式の「Iv」）。もしこの原理の指し示すところから逸脱すれば、経済の異常な進行、すなわちものが売れずに企業が倒産したり解雇が行われるような混乱が生じるということになります。当人が意識するしないにかかわらず、好むと好まざるとにかかわらず、図式や表式のしめす再生産の法則に、ひと皆がんじがらめに縛られているのです。ちょうど例えば、──『資本論』第1巻の蓄積法則がしめすように──労働者の消費は、どんなに有頂天に個人的に楽しもうと、どんなに主観的に無自覚無頓着でいようと、客観的つまり社会的階級的な意義においては、役畜が飼育されるのと同様に、資本にとって搾取材料たる賃金奴隷が飼育されること以外のなにものでもなく、またちょうど、重力の法則が地上の森羅万象に働いていて、たとえ意識するしない好む好まないにかかわらず、それを踏み外せば、おおけがをするか命を落とす帰結が否応なく待っているのと、同様です。

　社会法則であれ自然法則であれ、法則やルールに具わる、このような有無をいわさぬ厳しい客観的な必然性、また当該のシステムにどこまでもつきまとって逃れられない普遍性。こうした宇宙の摂理を身近に感じると、その冷厳非情、ぎゃくにいえばこれほど公平無私な、揺るぎない道理はほかに比べるものなく、縄文杉の巨木かなにかを仰ぎ見るように、私は粛然として襟をただしたい気持ちに襲われます。と同時に、その運命（摂理）を、たんに宿命として受け入れ盲目的に身を委ねるのではなしに、人間の誇りをかけて、

英知をしぼり工夫を凝らして、運命の正体を突き止め、出来得ればそれを制御して、社会進歩と人類の福利向上、自由拡大に役立てたいと願わずにいられません（「自由とは、必然性の洞察である。」（エンゲルス））。

『資本論』学徒ならば、思いを同じくするひとも少なくないでしょう。『資本論』第2巻とくに第3篇の再生産の法則をめぐる考察は、分析対象の性質上、社会を丸ごとわしづかみにする議論ですから、『資本論』第1巻第7編の資本主義の死滅の運命を予言した考察とならんで、読者を気宇広大な人類の歴史法則への関心に誘ってくれるのではないでしょうか。

Ⅲ

第三部
資本主義的生産の総過程

- 第1篇　剰余価値の利潤への転化、および剰余価値率の利潤率への転化
- 第2篇　利潤の平均利潤への転化
- 第3篇　利潤率の傾向的下落の法則
- 第4篇　商品資本および貨幣資本の商品取引資本および貨幣取引資本への（商人資本への）転化
- 第5篇　利子と企業者利得とへの利潤の分裂。利子生み資本
- 第6篇　超過利潤の地代への転化
- 第7篇　諸収入とその源泉

(1) ガイダンス、序言

Q1：人類の未来に光をともすのはなに？
　回転寿司が低級種(ねた)をブランドへ押し上げるにしても、味覚の変化を来す、あるいは特定の魚種の乱獲など、自然（人間を含め）を破壊していく面を見ないわけにはいきません。文化のいびつな発展（？）という点も人類の未来に光をともすとは思えないのです。
A1：物事の裏側の事情に思いいたすことは大事です。とはいえ、ずいぶん「悲観論」的な見方ですね。物事はかならず光明の面あれば陰の面ありですから、なにかを取り出すことは別の何かを否定することになります。「規定は、否定である」（スピノーザ）。この規定・否定を過度に一般化して捉えると、例えば、野生の動植物を飼いならし栽培するところの牧畜農耕も、またそこから出発した人類の文明の発展も、すべて自然に対する人為的介入・変更となり、自然生態系の攪乱となり、つまりは文明史は環境破壊の歴史だった、という捉え方になってしまいます。人間の生存のための生産の活動は、自然の中で自然資源を摂取して成り立っているわけですから、同様な論法では、人間がこの世に生きていること自体、地球上に棲息していること自体、自然破壊を冒していることだ、などという見当はずれな罪悪意識になりかねません。
　事実、科学史家常磐政治氏（環境問題の古典レイチェル・カーソン著『沈黙の春』新潮文庫、の解説執筆者）は、おおっぴらに、人間文明の発祥こそ生態環境破壊の始まり、という説を繰り広げています。環境破壊は、利益優先主義にはしる資本の産業活動の横暴によるというのではなくて、人間の横暴、人間の"業"に起因することになってしまう。そうすると、自然破壊を食い止めるには、人類が滅亡するほかないことになる………。
　この議論は、乱暴でおかしいですね。付き合うのもバカバカしくなります。では、どこで議論がくるって来たのか。「乱獲」、「自然（人間を含め）を破壊」、「文化のいびつな発展」などなど、獲り過ぎとか均衡や正常水準からの逸脱破壊とかをみきわめる正邪のものさしがあやふやなのです。正常異常を

識別する"基準"をはっきりさせる、言い換えると、困難の真の原因を科学的に明らかにすることが必要でしょう。病因の"正しい診断"に基づく"適切な処方"。それがないと、際限のない罪作り犯人さがしゲームになってしまいますし、思い付き・手当りしだいの、為にする対策や、わけなき悲観論・楽観論にひきずられたりしてしまいます。

　第3巻のこれからの講義で、利益優先主義と環境問題を取り上げるので、この問題に触れることになります。乞う、ご期待。

Q2：階級性からの正当化論は客観的たりうるのか？

　最初の導入部で社会科学理論の正当性、真理はその理論の階級性にあるという話は考えさせられた。正当性の根拠は、鉄鎖以外何ものも得ない、何ものも失わないという立場による。逆に、資本家側の理論は資本家の利益に基づくので、その利益となる部分を覆い隠そうとする。

　しかし、階級性とか党派性とかいうものが、そもそも相対的概念である以上、客観的真理をそれによって保証させることは矛盾するのではないか。サムエルソンの「経済学」が資本家側の経済学であるように、マルクスの『資本論』がプロレタリアートの立場に立った経済学であるといわれかねないからである。『資本論』の絶対的優位を確信するにしても、それを階級性や党派性から正当化するのではなく、両方をのり超える立場、つまり相対論ではなく、客観的正当性を確信したいのである。階級性からの正当化論は客観的たりうるのか？

A2：社会科学の理論の「正当性、真理性はその理論の階級性にある」という言い方は、正確ではありません。自然科学も社会科学もその理論の正しさや妥当性は、ひとえに実験や観察、歴史的経験や実践によって、当初仮説だったものが検証され証明されるかどうかに係っています。裁判なら、自白や周辺証言だけではなく、事件の物証があるかどうかが決め手になるように。マルクスは、『資本論』第1巻第2版への「あと書き」で経済学の党派性を前面に押し出した、よく知られた言明を残しています。ひとつ文字通りに、すなおに読み取って下さい。

従来の経済学に対する「批判がある階級を代表する以上は、それが代表できるのはただ、資本主義的生産様式の変革と諸階級の最終的廃止とをその歴史的使命とする階級、すなわちプロレタリアートだけである」(訳21/原22)。
　労働者階級の立場にたつ旗幟鮮明にした批判だけが、従来の経済学のブルジョア的視野の限界を打ち破ることができる、というのです。
　ごらんのように、労働者階級の立場にたつということは、経済学が科学的であるための、いわば必要条件であって、それだけでけっして十分条件ではありません。論理的首尾一貫性はもとより、弁証法的分析の全体性・リアリティ、条件や要因・契機についての過去の経験との照合と将来的な見通し・展望など、試され済みの科学的手続きを最大限に発揮して、現象の本質や内面的関連、法則性を明らかするという本業がまず問われるわけです。階級の立場は、その本来の科学の営みを徹底遂行する条件となる。労働者階級の立場は、その遂行の味方、サポーターを持つことになり（ありのままの真相のデータや証言の提供）、他方、資本家階級の立場は、その遂行の不徹底または妨害要因（真相データの隠蔽や証言の偽証）を抱えることになります。
　この関係は、裁判では、自分の証言がなんら利益にならない証人の証言がいちばん信ぴょう性が高いのに似ています。労働者階級は、この資本主義体制では失うべきなにものもない虐げられ抑圧され差別されたもっとも不利益を被っている被支配階級であるために、なにも隠す必要はないし、真相の徹底暴露を望みます。これに対して、この体制のおかげで巨富を潤っている支配階級である資本家階級は、真実の露出をけっして望みません。科学の味方、サポーターになれるはずがありません。
　ちなみに、ご質問ちゅうの、「階級性や党派性から正当化するのではなく、両方をのり超える立場」、労働者階級の立場でもなく、また資本家階級の立場でもないような"中立な立場"というのは、虚妄です。マルクスは、労働者階級の主張と資本家階級の主張とを"足して二で割る"ようなジョン・スチュアート・ミルのような立場を「折衷主義」として厳しく批判しました。科学の本業を正視することが抜け落ちると、バランス・オブ・パワー、"足して二で割る"式の"中立"志向が、極端はどうせ過激で一面的だろうから

"中庸"で、"中道"で行こうという安易な無定見主義が、生じてくるのです。科学の世界ではこれは、通用しません。
　私はかつてこの問題を手短な記事にまとめたことがありました。以前の名古屋講座で取り上げ、話題にしたことがありました。もしもっと興味が涌くなら、その記事をご一読ください【宮川彰稿「『資本論』は何をあきらかにしたのか」、『経済』2003年5月号でまとめて公表したことがありました】。

Q3：「俗流経済学」とはだれのことですか？

　「通俗（俗流）経済学」とは？　日本でいう「御用経済学」とは異なりますか（あらためて）。

A3：「御用経済学」でけっこうです。「vulgaer、ヴルゲール」は、げびた、野卑な、下品なという意味であり、ヴルゲールな経済学といえば、「非科学的」「俗流の」経済学という意味です。
　マルクスは、科学的真理の究明に努力した古典派経済学（スミスやリカードたち）に対比して、資本の立場を優先して基準にし資本の利益を擁護弁護しようとする、だから科学的真理や科学的方法・手順をかなぐり捨てて議論を組み立てる非科学的な経済学を、俗流経済学と呼んだのです。御用学者の御用経済学、と同じことです。
　いまでこそ資本の利益を優先し資本を擁護する立場は、非科学的俗流経済学、御用経済学とよばれることになっていますが、1820年代までは、逆で、まさに資本を擁護する立場こそが、科学推進の旗手となり担い手となっていたのです、それがスミス、リカードら古典派経済学です。この過渡期、資本主義の夜明けの時期には、主要な階級対立の軸は、封建勢力vs.新興ブルジョアジーであり、ブルジョアジーの主敵は、旧封建勢力（王侯貴族、寺院、騎士階層）でした。新興ブルジョアジーたちは、自分たちを抑圧する守旧派を打ち破り、自分たちの覇権をかちとるために、社会経済についてのもっとも徹底した科学的合理的な認識を、科学的経済学の総動員を、必要とした。そのイデオローグ（利益代弁者）となったのが、古典派経済学者たちでした。彼らは、彼らの時代にかぎって、資本の利益を擁護することがとりもなおさ

ず科学を守り育てることと一致できたのです。ところが、1830年代以降、産業革命が達成されて名実共に資本主義が確立すると、資本を擁護する立場は、御用経済学、俗流経済学に一変します。

Q4：生産価格の論証に挑んだコンラート・シュミット

コンラート・シュミットの生産価格論証についての、「序言」でのエンゲルスによる評価がよく理解できません。「蓄積された労働が生きた労働とならんで価値形成的であるとする。その場合には、価値法則は妥当しない。他方、蓄積された労働が価値形成的でないとする。その場合には、シュミットの論証は価値法則と両立しない」（訳25/原19）。下線部分の意味を説明してください。

A4：質問「　」内の前半の一文において、蓄積された労働が価値形成的というのは、価値法則から見て正しくない。なぜなら、「蓄積された労働」とは資本のとくに物的生産手段のことを指し（この生産手段は、それの生産者の労働がそこに蓄積された成果だ）、この生産手段が価値を生む、価値をつくり出すとすることは労働価値説の根本に反するからです。念のためいうと、生産手段は労働によって加工されると、自分自身もっていた価値を新しい生産物に移しはするが、価値をあらたに形成するわけではありません。

また、後半の下線部分の意味はこうです。シュミットは、一方で、蓄積された労働（不変資本c）が平均利潤の成立に関与し、資本家はそうした平均利潤の獲得を期待することを認めるのと同時に、他方で、この関与し期待するという係わり方を理由にして、この平均利潤を含むところの価格は価値法則（労働価値説）と一致するということが論証された、とシュミットは思い込んでいる。ところが、もし「蓄積された労働が価値形成的でない」と価値法則に基づいて正しく押さえるならば、「その場合には」、（平均利潤を含む価格が価値法則と一致するとみなした）「シュミットの論証」は、その一致するとみなした「価値法則と両立しない」。なぜなら、価値法則によれば、（資本の構成の低い高いに応じた）唯一価値を形成する生きた労働の発揮の多い少ないに応じて、利潤の大きさに大きい小さいのばらつきが生じて平均

208　第三部　資本主義的生産の総過程

利潤を含む価格など成立しないことになるからだ。

とてもわかりにくい文でした。いずれにせよエンゲルスの指摘の趣旨としては、シュミットは善意でマルクス擁護を意図して、平均利潤を含む平均価格は労働価値説と一致するということを論証しようとあれこれ述べているが、所詮、一致できないものをどう関連づけようととどのつまりは、価格が価値法則を突き崩すか、それとも価値法則が価格成立を許容しないか、そのどちらかに帰着するほかない、と述べたものです。

『資本論』第3巻テキスト第2篇第9章において、その両者（平均利潤を含む価格と価値法則）の相容れない関係がみごとに定式化されます（訳265-266/原162）。

Q5：価格は経済世界の動きを凝縮して投影する小宇宙だって？

講義で「商品価格は階級闘争の繰り広げられる小宇宙」といわれましたが、その内容を具体的に教えてください。

A5：いつの時代どの社会でも経済のいとなみは、生産・分配・消費の基本パターンで行われています。市場経済（商品経済とも商品貨幣経済ともいいます）においては、それが、商品の、生産・分配（＝商品の場合とくに「交換」という形をとる）・消費として行われます。一つひとつの商品（またはそれら全体を取り上げてみた社会の総商品）は、これら一連の経済活動のまさに"結節点"といってよいでしょう。この"結節点"という意味は、たんに比喩的な意味合いでではなく、文字通り、ひとの生産活動の物質的成果であると同時に分配・消費の対象であり、言い換えれば、人間の生存と成長および社会発展の物的手段として結び目をなしているという点で、そうなのです。

そうした生産や消費と直結した対象物ですから、商品生産物には、人々が生産活動でとりむすぶ関係＝「生産関係」や分配・消費で関与する関係＝「分配関係」（そのうち生産関係のほうが決定的に重要）が、くっきりと投影されています。

例えば、コーヒー価格は、原材料費 10％＋店舗運営コスト・家賃地代・

人件費80％＋利益10％、回転すし価格は、材料費40％＋店舗運営コスト・人件費50％＋利益10％。これらの項目をよく見ると、次年度の再生産のために補填して確保するべき物的資本コスト（原材料費、店舗運営費）のほかに、人件費、利益、家賃地代の費目が並んでいます。もう少ししっかりした科学的用語で言い替えて整理すると、「資本」（これは物的生産手段＋「人件費」となる）＋「利潤」＋「地代」、となります。人件費は労働者の賃金に相当する部分ですから、ここに、労働者階級の生存基盤である「賃金」収入、資本家階級の生存基盤である「利潤」収入、地主階級の生存基盤である「地代」収入という、近現代社会の三大階級の基本的な収入が、価格のなかに勢揃いしていることがわかります。

　要するに、私たちがあれやこれやと一番気に掛けている経済的富、所得（収入）水準、懐具合というもののみなもとをなしているものは、すべてここ商品価格に、価格内訳の取り分に、由来している。そしてまた、収入でもって取得できる物質的経済的富は、商品生産物の各収入相当部分の財をおいて他ない、ということも自明でしょう（さもなくば、経済的物質的富を魔法のランプか何か念力で生み出せるとでもいうのでしょうか）。

　そこからイメージを膨らますと、もっと興味深いことが見えて来ます。商品生産物とその売上額は、生産と流通とのふるまいの客観的な総成果ですから、その上限は年々与えられたものとなる。そうだとするとそこで、その成果（お菓子のパイによくなぞらえます）の分け前をめぐって厳しく激しい争奪戦が繰り広げられることになる。このパイの分配関係の性格は、一つに、労働者も資本家も地主もみんな自分の生存基盤に係わるものですから、命懸けの厳しさがあり、また二つには、内訳比率という事柄の性質上、"喰うか喰われるか"のせめぎ合い（つまり、一方の賃上げで人件費が上がると他方の利潤・地代が減る、逆に人件費を下げてはじめて利潤・地代が増える）の分捕り合戦ですから、ほんらい融和できない敵対的関係だ、ということも明らかです。

　ちなみに、労使協調路線の考え方は、この敵対的関係を知りながら、それをおおいかくして、パイを大きくしさえすれば、見た目は量的に大きな分配

となる。すなわち、内訳比率はどうであれ（労働者の取り分比率がたとえ下がっても）、分け前分量が大きくなって労使共々ハッピー、ハッピーだと宣伝する、これは搾取隠蔽/労働者懐柔の（確信犯）手口というものです。

　だから、だまって座って見詰めれば世界の運命が浮かび出てくる魔法の玉のように、あらゆる経済世界の動きが、価格に凝縮されて投影されるのです。例えばこうです。イラク戦争原油高騰も（→ 材料費高騰）、新鋭ロボット導入の生産性効果も（→ 労働手段費下げ、製造費低廉化）、人減らしリストラの"手柄"や成果主義による人件費削減"実績"も（→ 人件費削減）、労働組合に団結して勝ち取った賃上げも（→ 人件費上昇）、外国為替投機による円高の影響も（→ 輸入原材料費下げ・輸出価格上げ）、そして消費不足で売れ行き不振も（→ 価格下落）、みんな商品価格動向に反映されてくる。まさに経済的利害関係の渦巻く、経済的利害をめぐる『階級闘争の繰り広げられる小宇宙』、といってよいでしょう。

　以上のことは、『資本論』第1巻第2巻において、基礎的なことは学んだことですが、第3巻でこそ競争戦の解明の仕上げが行われるのです。第3巻に、乞う、ご期待。

Q6：「モスバーガー戦略」もシビアに労働価値説に立脚？

　20年近く前ですが、あるセミナーで、ハンバーガーの「マクドナルド」と「モスバーガー」の販売戦略についてきいたことがあります。講師は受講者に「モスバーガー戦略」でいかなければこれからはやっていけないということでした（いかに付加価値が高く見える売り方をするか）。当時私は「資本主義的な販売戦略」と軽くかたづけていました。しかしいまよく注意してみれば、コーヒーの例と同じように、これらのなかに「労働価値説」が貫かれていると考えていいでしょうか。

A6：「マクドナルド」、「モスバーガー」はじめさまざまなファーストフード店は、たんなる飲食店ではなく、食材の栽培飼育から加工仕上げにいたるまで大規模に生産と流通とを股にかけた産直方式を採用しています。これは生産と流通にわたる幾つもの行程を資本傘下に納めれば納めるほど、**資本運**

動の効率アップを図る余地が広がること、を示すものです。「製造費原理」という労働価値説を実施で示すものといってよいでしょう。

Q7：為替市場の動きのしくみは？

　1日に、日本の為替市場は22兆円、英国は確か日本の倍以上、米国は1.5～1.6倍が動いているという「朝日新聞」の記事がありました。日本のGDP年500兆以上としても、なぜこれほどの動きをするのか。英国が一番多いが、その国の経済規模と無関係と思える。どういう仕組みなのでしょう。

A7：外国為替市場は、元来、外国貿易のいわゆる実物取引の仲介に必要になってくる、異国の異なった通貨のあいだの支払い・決済、送金の動きに根ざしていて、それを反映するものとみるべきですが、次第に投機筋の恰好の餌食場所になりました。原則的に、正常な取引と利ざや儲けのために跳ね回る投機とは区別は困難です。また、原則的に、投機は市場に現れるすべての財貨が対象になりうるのですが、貨幣は ── トウモロコシやコーヒー豆やチューリップや土地よりも、さらに株さえ凌駕して ── 特別に軽快な足まわりで持ち腐れのない、まさに価値の固まり、純粋な価値の独立した姿です。

　もしこの投機対象に条件が熟すならば、鵜の目鷹の目で獲物を世界中ところ狭しと捜しまわっている投機資金は殺到します。その条件とは、一つは、あの1971年の国際通貨体制の大転換、すなわち、第二次世界大戦後の資本主義陣営の国際通貨制度を整えて戦後復興と発展とを支えたブレトンウッズ通貨体制と呼ばれた、固定為替制度の崩壊＝変動相場制への移行、諸国通貨の交換比率の自由化です。もう一つは、金融の「ビッグバン」といわれた国際化、自由化です。こうなると、地球をリアルタイムで覆うインターネット網の発達に比例して為替レートのますますわずかな瞬時の変動が、投機筋の活躍の機会となります。こうして1990年代は、国際為替市場を舞台にした史上まれにみる投機資金の荒稼ぎが展開され、日本韓国、東南アジア諸国、ロシア、南米の国々が食いものにされました。そのもっとも深い背景には、世界の遊休資本金が儲け（適正利潤率）のでる資本主義的産業活動の有効な

投資先を見いだせないでいるという利潤率の低下低迷の事態が横たわっているということを、忘れてはなりません。

Q8：消費税が庶民いじめである価値法則的根拠は？

消費税の増税ではなく、法人税のアップ、大企業の負担を増やすべきだというのは大歓迎ですが、その理論的根拠を価値法則で説明してください。

A8：税制の公平原則と賃金の原理的規定とのふた通りの仕方で、答えることができるでしょう。

第1に、租税の原則の観点からいえば、もっとも有名なアダム・スミスの四原則によれば (1) 公平性、(2) 明確性、(3) 便宜性、(4) 経費節約です。

その第一番目に公平の原則が謳われているように、資本主義のもとで避けられない経済的格差の現存をどう調整するかをめぐって、租税制度を通じたもっとも重要な基本政策があります。一つには、税負担能力の大小有無を配慮し（貧困層からは薄く、富裕層からは厚く徴税する）、いま一つには、社会保障などの再分配によって（社会保障サービスは貧困層には厚く、富裕層には薄く提供する）、社会の所得格差や経済的不平等の緩和・縮小をはかろうとする、資本主義国家の基本的な体制維持機能が、追求されて来ました。【目立つ形でそれが発揮されたのは、北欧や1970年代までの日本を含む先進資本主義諸国の福祉国家づくりの時代でした。その後1980年代以降新自由主義政策に転換し、「自助努力」や「受益者負担」などといって、貧富格差を個々人の能力格差に起因させる能力主義が強まっており、国家の不平等是正機能を後退させています。】

この観点からは、国家財政の歳入は、富裕層や負担能力ある企業から直接にあつく徴税し、貧困層からは薄くとどめる「累進課税」が原則です。これに反して消費税は、貧富へだてなく買い物すれば一律に課税されてしまう間接税物品税であり、うえの原則から真っ向対立して、貧富の格差を放置ないしは助長する、庶民泣かせの悪税「逆累進課税」です。

第2に、労働者・勤労者の賃金収入は、原則的に労働力商品の再生産費用、つまり、生活費に基本的に規定されています。賃金というものは、かろうじ

てひとし並みに生活を維持できるだけで、税負担に応じられる資産・ゆとりはありません。労働者階級が年々生産する経済的富の総体は、年々の付加価値額であり、v+m 部分、国民所得、国内総生産 GDP とさまざまな呼び方で捉えられている部分です。そのうち、賃金・給料として支払われるのは v 部分です。国家社会の大局にたってみると、国民経済を成り立たせている諸要素は、物的資本要素（生産手段）＋人件費（賃金・給料）＋利潤・地代です。これをマルクスの厳密な専門用語で定式化すると、商品価値 ＝ 不変資本c ＋ 可変資本v ＋ 剰余価値m となる。このうち、生産手段＋人件費は、製造原価つまりもともとの元本（投下資本部分）をかたちづくっている"原価"であって、そこに課税することは元本を侵食することを意味し、生産縮小に追い込むことであって、これは資本主義経営では御法度ものです。要するに、税負担能力のある課税対象部分は、原理的には、元手を侵さず自由に処分可能な純資産であるところの m 部分だけ、つまり、法人所得と呼ばれている（利潤・地代の由来する）部分ということです。

　以上、価値法則に直接依拠して説明できるのは第2の観点ですが、これに対して第1の観点は、価値法則の作用の結果（経済的な結果不平等）を、放置するのではなくむしろ是正する政策といえます。

感想1：回転すしの話し、何度か聞いているけれど改めて考えさせられました。たくさん売れてほしいからたくさん作るけれど、廃棄も増えてしまうため計画的に注文をとるような形を取り入れて作ることが大事になってくる。それでも利益を増やしていくためにコンベアーのスピードを上げるなどの工夫をする。資本主義の中では計画経済を取り入れつつ、それでもお金のことを考えると、つまり利潤を上げること、競争に勝つことを考えると、人件費をさらに削ったり原価を削ったりすることが必要になる。社会全体から見れば人件費を削られた労働者が多くなることで物が売れなくなる。つくづく資本主義の法則の中では本当に人間一人一人が豊かになれるとは思えない。もっともっと資本主義の仕組みについて学んでいきたいし、希望を見出していきたいなと思う。

(2) 第1篇　利潤論

Q9：等価交換される労働力の価値はどのように表されるのか

すべての生産物（商品）はc+v+mという式で表される。cは不変資本だから、剰余価値を生み出すのはvの可変資本部分、つまり人間労働しかない。ところで、

人間の労働力も一つの商品なのだから、労働力も商品として等価交換（労働力の再生産費として）されると思われるが、等価交換される労働力の価値はどのように表されるのか？

A9：価値の表わされ方ですか？「等価交換される労働力の価値」は、たとえば上着の価値は貨幣で表わされて「上着の価格」2万円となるように、「労働力の価値」は貨幣で表わされて労働力の価格つまり貨幣賃金30万円/月、というふうに表されます。その月給30万円として表わされるところの実体、「労働力の価値」自体、をかたちづくる要因項目は、労働者自身の維持・再生産費用、家族の扶養費、技術修練費用などです。ひとことでいえば、労働者の生活費で決まります。

Q10：機械化と人件費の削減はどういう意味を持つか

前回の講義で、松下電器が、中国製品に対抗するために、国内の人件費(v)を極力切りつめ機械化(c)する話を聞いたが、人件費を下げれば、当然利潤率も下がる。松下電器のような巨大企業なら薄利多売で総利潤は大きいので理解できる。しかし、中小企業やまちの商店にとって人件費を下げ、利潤率を下げる事は自分で自分の首を絞めることにならないのか？

A10：人件費の削減はどういう意味を持つか。「人件費を下げれば、当然利潤率も下がる。」この繋がりが、そうストレートに単純にはいかないのです。幾つかのライバル企業が競争している市場の場合、この市場の標準を超える最新鋭のノウハウないし機械化が進められて、生産性を高め人件費を下げたりすると、当該企業の製品の個別的単価は標準価格水準よりも安くなり、

標準価格マイナス個別的単価＝「特別剰余価値」という、ふつうの正常利潤を超える特別の大きな儲けがあがる仕組みがあるのです。その儲けを支えた特別の生産性が普及すれば、この儲けも消えてなくなってしまい、より安価な新たな価格相場に収斂します。この「特別剰余価値」の獲得を目指して、機械化つまり人件費削減をすすめるか、それとも、「特別剰余価値」獲得競争からはずれてマイペースで企業活動をすすめるか。この後者の場合、市場での標準的装備の生産条件から取り残されて、個別的製造原価が標準よりも高くなってしまい、赤字を出して、早晩淘汰されざるをえないでしょう。このように、企業は、滅亡の脅威のもとに、機械化/人件費削減をすすめる競争にしたがわざるをえません。そして、こうした市場でのふるまいの結果として、利潤率の低下傾向にみずからも関与することになるのです。

Q11：社会保障の費用は、可変資本？

資本が労働者に支払う、所謂社会保障の費用は、可変資本に属するものか、利潤の一部を割愛するのか、どちらとすべきか、時々混乱します。

A11：社会保障の費用は、市場の仕組みに取り込まれない社会諸層（高齢、傷病・障害、失業）の生活保障を労働者・勤労者が生み出している付加価値 v+m、つまり国内総生産GDP、を財源として支えるという制度です。社会保障費用は、労働者に支払われる賃金が労働力の再生産にぎりぎりの水準 v であれば、剰余価値部分 m から補填するほかないし、実際には、日本を含めた多くの国々の制度がそうであるように、飢餓賃金以上の水準にあれば賃金からも一部負担するという形をとって賃金と利潤双方から拠出し合っています。

Q12：利潤率の測り方

いよいよ剰余価値の階級的分配の具体化と法則性の解明に入る入口が与えられた感がします。殊に利子との係わりについての興味はつきません。

利潤率を考える場合 c（不変資本）部分の固定資本について前貸資本の全てを計算に置いていいでしょうか。生産に於ける摩損分（直接商品に移る部

分)のみと考えていましたが、間違いないでしょうか。初歩的な質問ですが。

A12：利益率の測り方には、ご指摘の二つの指標が実践で大きな意義を持っています。

　日産自動車とソニーのそれぞれの資本収益の捉え方の違いが示されています。日産自動車は「投下資本利益率」（＝事業に投じた資金・資産でどれだけ利益を稼いでいるかを示す指標）を、他方ソニーは「営業利益率」（＝売上高に対する営業利益の比率）というもうけのものさしを用いて、それぞれ20パーセント以上とか、10パーセントの目標を掲げています。

　「投下資本利益率」では、分子に営業利益を、分母には自動車生産事業で用いる固定資産と運転資金と現預金の合計、だから、＝m/(c+v)で、計算されます。前貸固定資本の全てを分母に算入した、これが本来の「利潤率」概念です。

　これに対して「営業利益率」は、（売上高－営業費用）／売上高、＝m/(c+v+m)で、すなわち個々の商品の販売価格の合計実績に基づいて計算されます。すぐに分かるように、後者は、分母算入に過不足があり、一方で摩滅しないでまだ生産現場で機能している固定資本価値部分を算入せず、他方で売上げの際の剰余価値を分母に算入しています。これまでの売上実績を着目する観点であり、現場主義のように見えますが、より現象的な捉え方です。というのは、個々の商品の市場価格の費用、つまり固定資本摩滅部分をふくめた製造原価はどのように算定されるかといえば、（導入されている固定資本投下総額）÷（寿命期間中の生産個数）となってはじめて具体的に明らかになるからです。はじめにこの割算があって価格水準が決まり、あとで何個売れたかの掛け算が可能になります。したがって「売上高」データを用いる「営業利益率」指標の方が、より市場に近い現象的な捉え方ということができます。

　なお、「営業利益率」のうちの上記過不足分を引いたり足したりすれば、本来の利潤率である「投下資本利益率」に転換出来ます。どちらが大きく出るかということは一概にはいえません。「営業利益率」が"間違いだ"というわけでもありません。資本の成果を表わすもう一つの表示法ということで

第1篇　利潤論　217

す。

Q13：利潤率の上昇・下降についてもう少し説明を
　第3章の利潤率の上昇・下降の検討は利潤率の平均化や低下との関連上大切だと考えました。もう少し触れてほしかったと思いました。
　　デンソーの課長の言「無駄、ムラを省いて、無理をさせる」
A13：利潤率の理解のカギは、剰余価値率 $m'=m/v$ を出発点にしてそこからの転化、すなわち、分母に+cが加わって、$P'=m/(c+v)$このように組み立てて利潤率として捉えることです。資本の"命"ともいうべきキー公式であり、存在根拠です。投下前貸総資本に対する剰余（儲け）の割合として、この公式は本質的な要因（c、v、m）を明示しているので、利潤率の変動の分析にはものすごい威力を発揮します。もちろん第2篇平均利潤の法則にも、第3篇利潤率低下の法則にも、この定式$P'=m/(c+v)$が土台になります。

Q14：利潤率の法則について（1）
　利潤率の法則を直接に剰余価値率の法則として叙述しようとするのは「転倒した試み」だというのは、その前の「利潤率を通じての移行によって――主体と客体との転倒のいっそうの発展にすぎない」(訳75/原55)からだと理解してよいでしょうか？
A14：二つの段落ではおなじように「転倒」が話題になっていますが、中身は違うものです。前者は古典派リカード学派の経済学の叙述の仕方の転倒、後者は、客観的な主客の転倒です。

Q15：費用価格と労賃形態の隠蔽性について
　第1章では、本来商品価値にすでにふくまれている剰余価値が、「現実の商品生産者」である資本家の頭の中では、商品の「費用価値」(c+v)を超える「価値超過分」としてあらわれ、それが「総資本」との対比において、その価値増大分として「利潤」に転化することが明らかにされています。これは一面で、これまでの科学的立場とは矛盾するわけですが、他面それだけに

資本家的な打算、考え方の特徴といったものはっきり示されているのではないか、と思います。

訳本７２ページでは、資本家が唯一「関心をもつ」のは「利潤率」であり、「価値超過分」つまり剰余価値とｖとの比率等には関心がない、ないばかりか、それが「総資本」のすべての部分から「一様に」含まれてくる「外見にまどわされていることが彼の利益なのである」、といっています。ここでは剰余価値の源泉が完全におおいかくされてしまっているわけですが、資本家にとっては、たしかにこの見方、関心の向け方の方が、階級的にも道徳的にも好都合であることは明らかです。

ところで、こういう資本家の観念の強力な支柱ともなっているのが労賃形態ではないかとおもいます。いうまでもなく、労働力の価値の労賃形態への転化によって「費用価格」c+v の、そのｖから支払われる労賃は、生産において支出される労働者の提供された全労働への支払という形であらわれます。そうすると、当然商品価値の中に不払労働の影も形もみることはできません。すべての労働が支払労働となってしまっています。この２点にこそ、資本家の観念において、一方でｍをｖから切り離して、.c+vをひとくくりにして商品の原価、「本来的な内在的価値」とし、他方でｍをその商品の「価値超過分」と計算する、深い根拠があるのではないでしょうか。

第１部６篇をみると、「ブルジョワ社会の表面」にあらわれている労賃形態は、「現実関係を見えなくさせ」る。それはまた「資本主義的生産様式のあらゆる神秘化‥‥‥の基礎である」といっています。「費用価格」と「利潤」の概念の基礎もここにあるとすれば、この点に関するここでの解明がもう少しあってもよいような気がします。第３巻では、その労賃形態によって労働時間のすべてが支払労働になることがのべられ、そのあとも労賃形態と剰余価値の利潤への転化との関連についてふれられてはいますが、もっと比重をおいたものにならないのはなぜか、という感じがしています。勝手な思い込みかもしれませんが、この点質問したいとおもいます。

A15:「労賃形態」による不払労働の隠蔽（剰余労働も支払労働であるようにみえる隠蔽）が、前貸資本のすべての要素から利潤が生み出されるという

第１篇　利潤論

観念を支えている、——ご指摘のとおり、その関係を強調することは正しいと思います。

マルクスはこの点について次のように述べています。利潤の源泉については、（一）流通過程の諸現象（流動資本・固定資本）による新たな隠蔽。そして、「（二）費用の項目—原料の価格、機械設備の摩滅分などと同じく労賃もこのなかにはいる—のもとでは、不払労働の搾取は、費用にはいり込む諸項目の一つにたいする支払いとしてのみ、… 現われる。… 剰余労働の搾取は、その独特な性格を失う［見失われる］。… このことは、第1部第6篇で明らかにしたように、労働力の価値が労賃の形態で表わされることによって、おおいに助長され、容易にされる。資本のすべての部分が一様に超過価値（利潤）の源泉として現われることによって、資本関係は神秘化される」（訳74-75/原54-55）。（これと同様の論旨の叙述が、52/55/41-43頁にもあります。）

この引用文の趣旨にうかがえるように、可変資本vをめぐっては、第1部生産過程、第2部流通過程でそれぞれに漸次さまざまな神秘化の高進があり、第3部総過程で仕上げをみる、という取り上げ方です。第1部では、労働力の価値の労賃形態への転化によって、すべての提供された労働が支払労働となってしまって不払労働の痕跡が消え、第2部流通過程では、可変資本Vが流動的不変的成分とともに流動資本に包括されて、搾取が神秘化され、第3部では、上記引用文のとおり、一様な諸費用の項目化による隠蔽です。すでに第1部「労賃形態」、第2部「流動資本」それぞれをめぐる搾取隠蔽化は考察済みですので、ここで繰り返す必要はありません。

第3部でマルクスは、第3部固有の神秘化の問題解明に集中しています。「労賃形態」、「流動資本」概念とともに、それを踏まえて、すべての生産諸要素（諸項目）おしなべてcもvもひとしく「費用」化される、そこでまだ未考察であるc（「不変資本の節約」）を重点的に分析する、という文脈になっています。もし、第1部第6篇の全篇4つの章を充てて克明に分析した「労賃形態」を過度に強調したり、ここ第3部でまた反復することをするならば、バランスを欠くことになるでしょう。

Q16：総資本が自己増殖した比率を示す利潤率

　訳本78ページの「総資本が自己増殖した比率を示す数字」と、「または総資本の価値増殖度」（訳78/原57）は、おなじことを言っているのですね。
　また、「一部はこの生産において全部消費されたが、一部は生産に使用されたにすぎない総資本」という表現は、一見、「第一」を示しているように見えますが、つぎに、そのことを「全前貸資本の価値増殖度」といって「第二」の表現になっています。僕はちょっと混乱してるようですね。

A16：「総資本が自己増殖した比率を示す数字」と「または総資本の価値増殖度」とは、まったく同じ内容のたんなる言い換えです。訳本79ページの解釈の仕方に関しては、この「総資本の価値増殖度」について、固定資本の運動を考慮にいれると、その摩滅分だけを参入する「第一」の場合と、その全額を参入する「第二」の場合との、二つの違った率の解釈が可能になる、という論旨です。

　「一部はこの生産において全部消費されたが、一部は生産に使用されたにすぎない総資本」という表現は、前者の「全部消費される」のが流動資本、後者の「生産に使用されたにすぎない」のが固定資本であり、その両者合わせたものが「総資本」だという意味です。これは、訳本７９ページの「第一」にあてはまるかそれとも「第二」にあてはまるか、の対応の話しではありません。そのうえで「総資本」の計算の仕方として、一歩立ち入ってみると、固定資本の運動を考慮にいれて「第一」、「第二」の二つの違った解釈が可能になる、という話です。

Q17：剰余価値の利潤への転化は率を仲立ちに説明されるとは？

　利潤率が、実際に資本の経営の中で、どのように扱われているのか、具体的に示されて、とても勉強になりました。「剰余価値の利潤への転化は・・・その逆ではない」という一節は私も意味が分からず、以前呼んだときに△マークしていましたが、論争点になっているということを知り、救われた気がしました。（訳72/原53）
　回転寿司の話の中に、生産力増大と価格破壊の話が入っていたのが、興味

第1篇　利潤論　　221

深かった。生産力というと、製造業ばかりに目が向きがちですが、水産業にもこんな形で現れるのですね。

A17：第2章「利潤率」「剰余価値の利潤への転化は、剰余価値率の利潤率への転化から導出されるべきであって、その逆ではない。」(訳72/原53)　この記述の私の解釈はこうです。

　「その逆ではない」ということは、〈剰余価値率の利潤率への転化〉を基礎にして、〈剰余価値の利潤への転化〉を導出するべきだ、というのです。通常、後者の利潤の"質"が明らかになったのちに率という"量的関係"は説明されるのがふつうですから、おやっと思うのです。また他方で、利潤・利潤率はその基礎である剰余価値・剰余価値率から説明されなければならない、という抽象 → 具体という（当然の）展開順序をたんに確認しただけの記述でないことも明らかです。むしろ"抽象的なもの（剰余価値・剰余価値率）" → "具体的なもの（利潤・利潤率）"という基本的な順序は前提にして、そのうえで、率の概念（剰余価値率・利潤率）を仲立ちにして、利潤概念が説明できるし説明されるべきだという趣旨だと考えられます。

　利潤概念は、その定義からして、その実体と出自とは剰余価値でありそれ以外ありえません。m/ (c+v) として、同じ分量の実体mがたんに関係付けの仕方の点で違った形で現象した、現われ出た、表わされただけものですから、概念規定の決定的契機は、「関係付け」の転換、すなわち"比率"の変更です。言い換えると、利潤の定義は、剰余価値率の利潤率への転化をはずしては、その仲立ち抜きには説明できないし、また、利潤率への転化を説明することと同義だと言えます。

Q18：観念の産物とは？

　テキスト61ページ「観念の産物」について・・・理解しにくい箇所と思っていました。宮川先生の説明分かりやすい。メモをちゃんととれなかったので、再度先生の訳語でお願いします。

A18：わかりにくい日本語訳になっているのは、次の利潤定義部分であり、ここをクリアーするとあとはだれでも読みこなせるでしょう。「前貸総資本

のこのような観念の産物として、剰余価値は利潤という転化形態を受け取る。」(訳61／原46)「このように前貸総資本から由来するものとして現われ出て（または、表されて）、剰余価値は利潤という転化形態を受け取る。」
　「観念の産物」という訳語を使うと、頭の中でもっぱら思考作用によって利潤という概念が観念的に作りあげられてくるかのような誤った印象を読者に与えかねません。

Q19：投下資本を除した数値の有効性？
　一労働日、一労働者の生産する価値6シリングにより、投下資本を除した数値の有効性が理解できません。この章にかなり使われているので、重要な数値だと思うのですが。(訳49/原54)

A19：投下資本額を付加価値6シリングで割るという操作は、無意味ではありません。投下資本400c+100v=500ポンドを、労働者の生産する1日の価値6シリングで割る計算操作の意味は、費用価格400c+100vの二つの項目c・vが、いまは生産手段と人件費（または労働力）という姿で登場しているが、投下資本価値としてはいずれもかつてどこかで投下された労働の結晶として一様のものであり、費用価格として両者分け隔てなく取り扱われる（なぜなら、"c+v"がいまでは、ただの"付加価値何日分"として表されるだけだから）。つまり、儲けは両者から生じるというように、利潤源泉の隠蔽が進む、というのが、訳49頁～54頁の論旨です。この大きな文脈というものを見失わないように。

感想2：商品の価値は費用価格プラス利潤　W＝K＋P
　たくさん儲けようとしたら（利潤率を上げようとしたら）費用(c+v)を抑えることです。労働日の延長によって不変資本cを相対的に小さくしたり、大量生産や、機械を改良したり、cの節約に工夫します。そして、vを抑えることに必死です。
　今日の講義で、一次的には「資本家は一人勝ち」できても「直ぐに平均的利潤率が形成され」「一人勝ちできない」こと、各資本家は自分が生産した

第1篇　利潤論　223

剰余価値ではなく、総剰余価値から総資本にしめる自分の前貸額の比率に応じて分け前〔平均利潤〕を受けとること。これこそ"資本家の階級的団結"の実質的根拠だということを学びました。

そして、資本家階級として、安い輸入食品は、低賃金でもなんとか生活できる労働者を作り、社会全体のvの水準を抑えることに成功していること。安い輸入食品や生活用品が社会全体のvを抑えるという深い意味もあることを学びました。

(3) 第2篇　平均利潤率／生産価格論

Q20：特別剰余価値をめぐる法則

　ユニクロ問題をめぐって「特別剰余価値をめぐる法則」として解題されました。つまりより価値量の少ない商品生産＝低価値商品生産としての説明でした。理解できますが、ただ第1巻では「特別剰余価値」の説明にあたっては、「資本の生産部内」という範囲にあって、生産技術の向上・発展により、より価値生産を行うことによって、より多くの剰余価値を獲得することを定義していたと思います。広く価値量の少ない生産一般を「特別剰余価値」生産として流通過程においても理解するには、そこに、一定の飛躍があるように思えるのですが…？

　A20：「生産力増大は、相対的剰余価値生産を正比例して増産させ、商品単価を反比例して低廉化させる」、という鉄の法則を確認してください。ご質問の違和感は、単価だけに一面的に固執した立場（上の法則の後半）にたつことに起因するものです。

　ユニクロの大成功を支えた主因は、①円と中国元との為替レート（通貨の交換比率）の現局面のギャップ（高めの円、低めの中国元という評価に基づく）と、②そのギャップを活かした生産諸要素の有利な調達つまり圧倒的に安価な労働力と生産諸手段、③「国民服」にもなぞらえうるほどの空前の単品大量生産による製造原価の低廉化、でしょう。貿易に係わる①をおくとすると、②と③の要因は、あきらかに、製造費＝商品単価の引下げに結実した生産性上昇であり、「特別剰余価値」＝特別利潤の生産とみるべきです。たしか講義でも指摘しましたように、ユニクロ・マジックといっても特別利潤の生産の原理から外れるものではなくて、良質商品の大量生産という資本主義生産様式の常道を桁違いの規模で追求しただけだということが分かります。

　①について敷衍すると、ＩＴ技術と輸送手段の発達によっていまや、従来の日本国内生産地にひけをとらない迅速さと低コストとで中国産地から消

費者にまで商品を搬送できるような条件が整ってきており、── ここが重要ですが ── これを背景としてはじめて"為替レート・トリック"(輸入品の激安価格)が駆使できるということです。つまり、商品の生産・流通の技術については国内事情とさほど変わらなくなっているのに、通貨だけは厳然と国境を隔てた従来通りの外国通貨為替レートを前提に通用し、円と中国元とのレートギャップがげんに生じているし、この事情に依拠した商売だということです。

Q21：平均利潤の成立について

「序言」の医学博士ジョージ・C・スティーベリング氏の回答とエンゲルスの"講評"について(訳38-41/原28-30)、いまいち理解できません。解説をお願いします。

A21：スティーベリングの説明では、肝心要の平均利潤"成立"の説明が、すなわち、根拠や要因を明らかにし条件や契機を示しつつどのように当該現象が生じるか、その作用のしくみを明らかにする論述が、まったく抜け落ちています。

スティーベリングは、はじめから、「総資本 y … が所与の時間中に自己を増殖する総剰余価値(m)を利潤(p)と呼ぼう」(訳39/原28)として、以後 m を事実上平均利潤とみなして様々な文字式を繰り出していますが、一番肝心な、個々の資本(群)の資本構成の違いによって生じる様々に異なった(個別)利潤率からどのようにして一つの平均利潤が成り立つかという仕組みについての説明が、すっぽり抜けています。だからエンゲルスは、「ス氏の説明は、いまから証明すべきことを前もって前提しているのである」(勝手に m=p と決めつけてしまっているだけのこと)と切っているのです。

また、「一方の工場が他方の工場よりも多額の剰余価値を生産する場合── 彼の全計算は崩れさる」とも指摘しています(問題は、同額の工場の資本には同額の利潤が得られるのはなぜどのようにしてかを明らかにしなければならないはずなのに、m=p と前提してしまっていて説明することを放棄している)。

いずれも、これから説明されなければならないことをこっそり仮定してしまうという、典型的な誤りの推論方法である"論点先取りの誤謬"を犯しています。

Q22：機械化によって起きること
　まったく資本家というものは、労働者のありがたみを忘れて、機械化に走っているんですね。資本家階級の結託は、「美しき友情」のようです。
　ところが、機械化によって「そして誰もいなくなった。そして資本家は孤独に、労働者よ、もっと働け」というのでしょうか。何も反応はないでしょうけれども。
　A22：機械化の進行は止まるところ知らず、際限のない競争にさらされます。平均利潤率、一般的利潤率が成立して、── 労働者がいるといないとにかかわらず ── 投下資本に対する平均的な正常利潤は期待できるわけですから、最大限に機械化を進め生産性を高めて製造原価を引き下げ、既存の市場価値/生産価格の相場との差額（＝特別剰余価値または超過利潤）を獲得しようとするからです。市場では機械化の進んだ企業（資本）と機械化の遅れた企業とのあいだの競争になり、その進んだ遅れたの格差が国内市場・世界市場に存在する限り、── 膨大な広範囲の発展途上の地域や国々が内外に控えているのですから ── 機械化の競争は尽きることはないでしょう。

Q23：平均利潤率と一般的利潤率
　平均利潤率と一般的利潤率とを概念的には使い分ける必要があるでしょうか。現在は、はっきりした根拠無しに適当に使っていますが。
　A23：経済実体は同じものですから、使い分けなくてもよいと思います。ただしあえて使い分けるとすれば、その同じ実体をどのような観点からとらえるかで区別しています。『資本論』テキストの生産価格表（⑨訳269-272）のなかのⅠ部門〜Ⅴ部門の有機的構成のちがいに対応したそれぞれにちがった特殊な利潤率から、競争を通じて凸凹が均されて平均的な水準の利潤率

が形成されるという発生史（成立史）の観点に立つと、"平均利潤""平均利潤率"と呼び、これに対して、いったんそれが出来上がって市場のあらゆる部門に浸透し影響力を及ぼして、ふつうのどこでも期待される正常な利潤率という"市場の相場"を形づくっているという観点に立つ場合には、"一般的利潤率"を使う場合があります。

Q24：有機的構成と超過利潤

資本が有機的構成を高めようとするのは、商品価値以上の生産価格が得られ超過利潤を得られるからと考えれば良いのでしょうか。

A24：生産価格（＝費用価格＋平均利潤）の仕組みを前提したうえでの、なかなか"穿った"問題意識に基づく質問ですね。『資本論』第3巻第2篇で明らかにされた通り、有機的構成（c:vの比率、機械化の程度）の高い資本の生産価格は、—— より少ない割合の労働者vしか働かしていないから —— 自分が直接つくりだした剰余価値よりもより大きな平均利潤を社会の総剰余価値から引き出して、だから自分の価値よりも上回る生産価格で、実現するということでしたね。

しかし、この差額（＝平均利潤＞剰余価値）のことを、「超過利潤」とは呼びません。競争が十分に行われると前提すると、平均利潤は当たり前の、資本として当然の儲けであって、けっして特別の果実ではないからです。超過利潤というのは自由に競争が行われる場合に、さまざまな生産部門のあいだや同じ部門のなかの生産性の違い、生産条件（耕作地の肥沃度）の違いなどに応じて、通常の平均的な利潤を越える大きな利潤・儲けのことを指します。答えはこうです。資本が有機的構成を高めようとするのは、この後者のおいしい果実、超過利潤を狙ってのことです。そのため競争を繰り広げるわけですが、競争の結果として、平均利潤にならされ、価値から生産価格の離反が生じるのです。

Q25：平均利潤の計算の仕方

テープ受講生で、車の中や犬との散歩中、野良仕事中に聞いています。だ

からテキストは用いずに、耳だけの学習ですが、大切な所をかみくだいて話されるので、よく分り大満足しています。ボランティアの方も有難うございます。

「今回、労働者の剰余価値を全部まとめて、資本家はそれを資本(c+v)の比重に応じて、平等に分けて利潤とする」これがマルクスの学説の要だということで、すごいと思いましたが、例えばこんな例ではどうなるのですか。

工場や機械の固定資本　　1000万円（10年耐用）
燃料や材料の流動資本　　500万円（1年間で）
労賃　　　　　　　　　　500万円（1年間で）

①1年目は資本(c+v)は　1000＋500＋500＝2000万円ですが、

2年目からは　1000万円の固定資本は資本家はもう出さないので、資本は500＋500＝1000万円と計算して、これにより利潤の分け前を得るのですか。
②又は、2年目もやはり　1000＋500＋500＝2000万円として、資本家は利潤の分け前を得るのですか。
③又は、10年間毎年1000×（10分の1）＋500＋500＝1100万円の資本として利潤の分け前を得るのですか。

A25：答は、平均利潤率の算出方法としては②、「2年目もやはり　1000＋500＋500＝2000万円として、資本家は利潤の分け前を得る」です。平均利潤の計算の仕方は、8月講座に配付する資料NO.1のなかにある日産の「投下資本利益率」20％という経済用語に現われているように、その前貸投下額全体に対して計算されるものです。とにかく慈善事業ではないのだから、出費したものについての見返りをいささかもおろそかにしない資本の立場に立ってみれば、よく実感できるでしょう。

ただし、平均利潤（率）の大きさの計算のためには固定資本は丸ごと1000万円入り込みますが、個々の商品単価の生産価格計算には、自明のことですが、固定資本は摩滅して移された分だけ、計上されます。例えばうえの例では、毎年の生産物には10分の1の100万円ずつ、毎年10箇の機械が生産されているとすると各個につき10万円の費用が、計上されます。「生産価格表」(訳271-272/原166)のなかの「消費されたc」が「不変資本c」より小さく表示

されていることがその事情を反映したものです。

【生産価格表】

	資本	m'=100%	商品価値	費用価格	商品価格	利潤率	価値から価格の離反
I	80c+20v	20	90(50)	70	92	22%	+2
II	70c+30v	30	111(51)	81	103	22%	-8
III	60c+40v	40	131(51)	91	113	22%	-18
IV	85c+15v	15	70(40)	55	77	22%	+7
V	95c+ 5v	5	20(10)	15	37	22%	+17
	500	110	422	312	422	110/500	±0

その商品に含まれている労働量＝価値量
（かっこ内は、固定資本の一部しか入り込んでいない）

(訳271-2/原166)

Q26：平均利潤率の法則について

　平均利潤率の成立と生産価格の実現によって、搾取関係が一層おおいかくされてしまう点にあらためて注目しました。

　同時に、ここでおもうことは、平均利潤率の成立は、搾取されている労働者の側からも、その「隠蔽された」秘密を暴いて、資本家にたいしてたたかう立場にたつ限り、資本側にまさるともおとらぬ強固な階級的団結をきづくための重要な客観的物質的土台である筈だ、ということです。

A26：ご指摘は、重要です。平均利潤率が「資本家の階級的団結の物質的根拠」とするなら、裏返してみれば、剰余価値の被搾取の立場として「労働者の階級的団結の物質的根拠」となるでしょう。受講生のみなさんにしっかり受け止めていただけたら、第3巻学習の大きなみのりになると思います。

　マルクスの『資本論』（副題：経済学批判）の考察は、経済現象のどれをとってみても、この第2篇生産価格論の場合のように、その関係や動きがも

230　第三部　資本主義的生産の総過程

つ社会的階級的意義を根底から暴き出すことを、最重要な課題としています。ふつうの経済学（公務員試験用の、入社試験用の経済学）では、無味乾燥なモデルづくりと価格計算いじりに終始していて、階級的意義の解明はまったくおざなりになっています。というより、おそろしい真相を白日のもとにさらすのは危険なので、意図的イデオロギー的につまり資本家＝支配階級的観点から、触れずに覆い隠すのですね。

Q27：利潤の平均利潤Ｐへの転化について

商品価格＝費用価格＋利潤($w=k+p$)が、$w=k+k・p$となる過程がよくわかりませんでした。なぜpが$k・p$になるのかその意味をもう少し説明してください。

A27：自分の企業で生み出した利潤pがそのまま実現されて獲得されるのではなく、競争を通じて平均利潤率でならされる、すなわち、原価×平均利潤率＝平均利潤となり、それが原価費用（「費用価格」k）に付け加えられる。式で表わすと、$k+k・p'$、これが市場の洗礼をくぐり抜けた正確な生産価格の定式です。これは、ちょうど株出資額に対する配当額が、株式額×配当率できまるのと同様です。社会の総資本のなかの投下額の割合に応じた平均利潤という斉一で平等な分配関係が成立します。

感想３：最近タイガースが強いようですが、人件費がかさむのでフロントは困惑しているようです。そういうフロントがあるから弱いわけであるけれど、剰余価値が減るという点で資本の利巧さがうかがえます（が、巨人と同じようにＦＡで選手を獲得するのもどうかと思うけれど）。

講師コメント：あのケチ阪神が投資をはずんで勝ちに出たというのは、けっこうなこと。セリーグの優勝ローテーションからしてここらで長年の鬱積をガス抜きしないと、暴発してくるってしまわないかと心配です。それにしてもあの騒ぎ、東京地方ではしらけ蔓延ですが、あのマグマのような喧騒エネルギーを世直しにつなげられませんかね。「剰余価値が減るという点で資本の利巧さがうかがえる」──意味不明です。資本の論理は、多少出費し

てもより大きく儲けるために前貸投資をする、より大きく回収できるのを見越して、です。その点、タイガース・フロントは、困惑ではなく、ほくほくでしょう。

感想４：不変資本の使用における節約

第５章での資本主義生産は「労働者の生命および健康の浪費者」であるということについて、第５章では、工場監督官の公的資料による悲惨な死亡事故等も示して、資本主義ほど人命を軽んじ、「人間材料」について「浪費」的な体制はないことを鋭く告発していますが、この点つよく印象にのこりました。

資本の論理は、利潤率向上のため保安設備を欠いた「労働諸条件の節約」を当然のこととして強行します。保安にかけるカネは「資本主義的な見地からは、まったく無目的で無意味な浪費」であるといっています。資本は商品生産において対象化される労働の節約では、実に１分１秒を惜しむほどけちであるのに、「人間、生きた労働」については、ゆるしがたい「浪費者」、「血と肉の浪費者である」ともいっています。ここでは、生産力が増大し、大規模生産が行われる中、「不変資本の使用における節約」が生身の労働者をギセイにしてすすめられる必然性が具体的に解明されています。

現在、『資本論』の時代から百年以上がたち、この「人命浪費」はいっそう深刻なものになっています。工場や経営内の労働災害はこれまでのあからさまなものとともに、長時間過密労働による過労死 → 過労自殺など新しい様相を加え、「人命浪費」は公害などの形で社会的殺人として工場外にひろがり、各種の環境破壊は地球規模に及んでいます。資本主義がいまや一面では、生産現場の労働者にとってだけでなく、ひろく市民生活、社会発展との関係からもこれ以上放置できないところまできてしまっているのではないかとおもいます。

以前第１部の学習の折、第３篇第８章の「労働日」では、イギリスの工場労働者たちが「あとは野となれ山となれ」式の「盲目的」「人狼的」資本支配のもと、「死と奴隷状態」に直面するなか、労働時間短縮のためのたたか

いに起ち上がり、「半世紀にわたる内乱」をへて、工場法制定をかちとったことが明らかにされました。かれらはこれを工場主たちに国の法律、社会的システムとして一律に「強制」することによって、みずからの命とくらしを守るとともに、ひろくイギリス社会の利益を守りぬくことになりました。この歴史的経験がマルクスの階級的共感をこめた感動的な文章もまじえて明らかにされていました。

　いま、長期不況の中、国民経済に決定的な比重をしめる大企業の各種反社会的行為、目に余る暴挙への「市民的規制」が大きな政治課題になろうとしていますが、『資本論』はこの問題でも先駆的なたたかいを解明してりっぱに現代に生きつづけているのではないか、とおもいました。

感想へのコメント：ご指摘のとおり、第1部第3篇8章の「労働日」では、イギリスの工場労働者たちが「あとは野となれ山となれ」式の「人狼的」支配によって、酷使・使い捨てされる実状が描写されていました。"アフリカ飼育"の黒人奴隷が ―― いつでもいくらでも補給できるので ―― 奴隷主によって死にいたる酷使のもとで使い捨てられたのと同じように、現代では、数百万（日本では380万人）の大量失業者のむれが、ちょうど賃金奴隷の飼育＝補給場になっていて、いつでもいくらでも現役労働者とすげ替えることができるので、まさにそれゆえ慢性過労・過労死が常態化しているのだ、という類似メカニズムを確認しましょう（類似といっても、けっして比喩などという生温いものではなく、実態です）。

感想5：講座が回を追う毎に、現代の資本主義社会のベールが一枚一枚剥がされ、その本質と構造が次第に明らかにされるようで、私の社会を見る目が奥深くなると同時に毎回、知的満足感を身をもって感じている。次回は、今回レジメだけで触れられなかった「利潤率の傾向的下落の法則」についての学習が予告されている。資本主義社会が、理論的にどうなるのか、マルクスの下す判決を心待ちにして聞く思いで、ワクワクしながら次回を楽しみにしている。

（4） 第3篇　利潤率低下傾向

Q28：日本企業の利潤率の推移はどうなっていますか？
A28： 財務省の「財政金融統計月報（法人企業統計年報特集）」においても、総資本営業利益率の低下傾向が明らかにされています。

　日本企業の利益率の推移をみると、次の三つの時期を明確に区別することができます。

　第1は、60年代からオイルショックまでの「高度成長期」、第2は、オイルショック以降、80年代末まで、そして、第3が90年代以降の「経済敗戦期」といえます。

Q29：国際的にみても日本資本主義は異常？
A29： そうです。それは、各国の国内総生産（GDP）に対する機械・設備投資の比率にはっきりみることができます。機械・設備投資は、生産手段の増強であり、生産資本への投資です。【図1】

　また、各国のGDPにたいする社会保障移転の比率を、機械・設備投資の比率と比べると、戦後の日本資本主義が、いかに生産の拡大をはかるだけで、国民生活の改善をないがしろにしたかがわかります。【図2】

　統計の国際比較から、日本資本主義の「生産諸力の絶対的発展への傾向」の特別な表れがはっきり検証されているといえます。

［以上、図1、2の出典は、工藤晃『混迷の日本経済を考える』新日本出版社、1996年、25-26ページによる］

【図1】機械・設備／GDPと社会保障移転／GDPとの国際比較

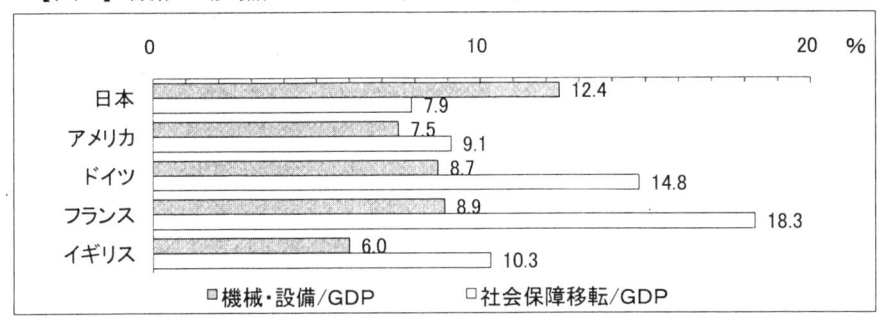

国	機械・設備/GDP	社会保障移転/GDP
日本	12.4	7.9
アメリカ	7.5	9.1
ドイツ	8.7	14.8
フランス	8.9	18.3
イギリス	6.0	10.3

【図2】機械・設備／GDPと非住宅建設／GDPとの国際比較

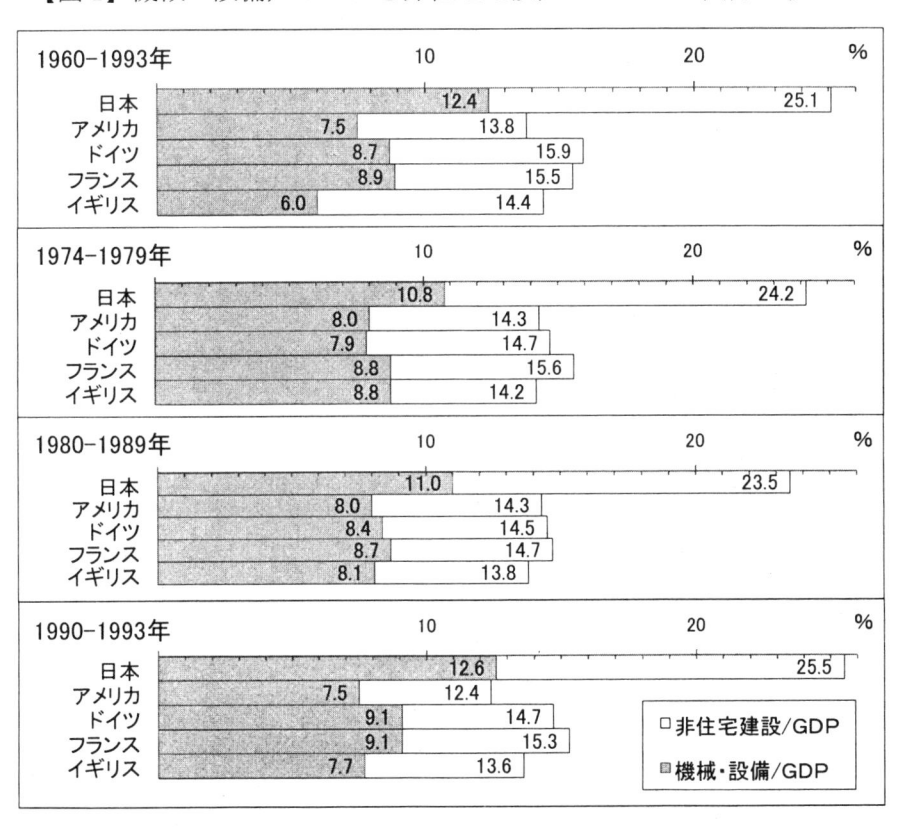

1960-1993年

国	機械・設備/GDP	非住宅建設/GDP
日本	12.4	25.1
アメリカ	7.5	13.8
ドイツ	8.7	15.9
フランス	8.9	15.5
イギリス	6.0	14.4

1974-1979年

国	機械・設備/GDP	非住宅建設/GDP
日本	10.8	24.2
アメリカ	8.0	14.3
ドイツ	7.9	14.7
フランス	8.8	15.6
イギリス	8.8	14.2

1980-1989年

国	機械・設備/GDP	非住宅建設/GDP
日本	11.0	23.5
アメリカ	8.0	14.3
ドイツ	8.4	14.5
フランス	8.7	14.7
イギリス	8.1	13.8

1990-1993年

国	機械・設備/GDP	非住宅建設/GDP
日本	12.6	25.5
アメリカ	7.5	12.4
ドイツ	9.1	14.7
フランス	9.1	15.3
イギリス	7.7	13.6

Q30：資本主義が高度に発達すればどうなる？

　剰余価値にせよ、利潤にせよ、可変資本としての労働力から生み出されるのであれば、すべてを機械化して、人的労働力を最小限にすれば、剰余価値も利潤も極小化することになる。その場合、資本主義が高度に発達すれば、生産力も飛躍的に発展し、剰余価値も増大するということと矛盾するのではないか？

A30：たいへん鋭い洞察です。《機械化が極端に進めば人手がなくなり剰余価値も利潤も極小化し、その場合、資本主義の発達、生産力の発展と矛盾するのではないか？》利潤率の公式 $P'=m/(c+v)$ の中に、矛盾しあう作用とその長期傾向があらわされています。資本は生き残りをかけて、利潤率の低下傾向のもとで蓄積の進展で利潤量を拡大します。現実には、雇用労働者が増え剰余価値量も増えるなかで失業者も増え、このことをもたらすおなじ要因と過程とがもっとひどく機械化（不変資本増大）を押し進めるので、結局、利潤は低下傾向をたどります。資本主義の抱えた宿命的矛盾であり、資本主義は人類の歴史社会の前進における生産力の持続的発展とあい入れず衝突することになるのです。

Q31：利潤率の傾向的低下は資本主義のしたたかさ？

　利潤率の傾向的低下についてですが、資本主義社会の限界性よりむしろ、剰余価値の量そのものは減少するわけではないので、有機的構成の高度化に起因する点からすると、相対的過剰人口の存在（労働確保）を安定化させていく資本主義のしたたかさを示しているとみることはできないでしょうか。

A31：ある意味でそうです。「したたかさ」は一面ですが、失業者と現役あわせて労働者階級が自分たちの窮状をいつまでもだまって見過ごすことはありません。失業は、資本主義にとって「恥部」であり、「危険要素」でもあるのです。両刃の剣です。

　資本にとって生産力を高めることが収益をあげる方法であり、この追求が有機的構成を高度化し、同時に利潤率の低下をすすめる、これが基本の関係です。この資本構成を高度化すること、すなわち機械化・省力化を推し進め、

相対的過剰人口（失業者）をつくり出して、資本にとって必要な時に必要なだけ労働力が確保されるような失業者＝「産業予備軍」をつくり出します。この関係は産業循環の局面でも長期的な傾向としても貫くものです。結局、両刃の剣の切れ味は、労働者階級の自覚とたたかいの前進の程度にかかってきますね。

Q32：アメリカの利潤率は上昇しているのではないか

　アメリカの利潤率は低下するどころか上昇しているようにみえるのは、いかなる原因によるものでしょうか。

　資料で日本の剰余価値率が他国企業とくらべて非常に高いことがびっくりです。利潤率をあらわすときに資本家が国に支払う税金はかかわるのでしょうか？

　A32：アメリカの利潤率の上昇傾向ですが、資料No. 2表5Aのとくに固定資本の項目を注目してみますと、直近2、30年間は、剰余価値の伸びと総資本の伸びとが並行していますが、それはとくに固定資本の顕著な伸びが見られない、それに対して剰余価値額と剰余価値率とが大きく伸長していることの結果でしょう。それだけ急速な固定資本の減価が —— 生産性の上昇によって —— もたらされたものと推察できますが、その具体的な実証された理由については私には回答できません、宿題にします。それにしても、利潤率低下に反対に作用する要因（不変資本・固定資本の減価と節約、剰余価値率の増大、グローバル化による多国籍企業の在外企業活動の収益、対外貿易による超過利潤など）の強力な発揚があったことは、窺えると思います。

　租税は、法人税にせよ個人の所得税にせよ、総収益や総収入にたいして課されます。租税による富の移転は再分配に属することであって、利潤率はこの再分配まえの実績を指します。

Q33：西ドイツと日本における剰余価値率と利潤率の指標について

　西ドイツと日本における剰余価値率と利潤率の指標に関わって、講義中の

第3篇　利潤率低下傾向　　237

宮川先生の指摘「成熟した資本主義のルールが歴史経過的に生成されているドイツであればこそ、先進他国と比較してみると戦後利潤率が低下傾向に推移していることが明瞭」について質問します。

A33：マルクスは『資本論』第3巻第3篇第14章でわざわざ「法則に反対に作用する諸要因」として、利潤率低下傾向に逆に作用する主要な要因を挙げています。その第一番目は、剰余価値率の増大、そして第二番目が、労賃の価値以下への引き下げです。この作用因がひじょうに重視されているのですが、これは価値法則を踏みにじる事情に基づくものですから、マルクスはこの説明を、法則を「阻止するもっとも重要な原因の一つである」が『資本論』では「取り扱われない競争の叙述に属することだ」（訳402/原245）と述べて、わずか4行で済ませています。この要因こそ、まさに労働力商品をめぐる価値法則の点で、低賃金構造の「ルールなき資本主義」日本でつよく作用してきたし今もあらたな形態で作用しているものと思われます。

　利潤率低下傾向の法則の本来の論立ては、有機構成の高度化を大前提にした利潤率低下にあるということは、正しくご指摘の通りです。ところが、「法則に反対に作用する諸要因」については、その作用因の次元（たとえば価値次元の要因か価格レベルの作用か）や性質・方法（価値法則逸脱や株式会社登場、海外進出など）を問われるものではありません。この死活問題に対して、資本はなりふり構わず、死に物狂いで抵抗しようとするからです。この「法則に反対に作用する諸要因」が野放しに働いたか、それとも、社会のルールで抑制されたか（したがって、法則が比較的はっきりと作用したか）ということは、「ルールなき資本主義」であるかどうかと密接に関連することです。

Q34：利潤率の傾向的低下法則の『資本論』の中での位置？

　利潤率の傾向的低下法則は『資本論』で提起された法則と云えるものでは唯一のものであると指摘されていましたが、その唯一という意味あいを再度、教示願います。例えば『資本論』第1部第7篇「資本の蓄積過程」第23章「資本主義的蓄積の一般的法則」として相対的過剰人口論を解明しています。

低下法則の『資本論』上の唯一性と他の「法則」としていることとの相違で解きほどいていただきたい、という質問です。

A34：私の説明の舌足らずだったでしょうか、マルクスが取り上げているあまたある経済法則という名のつくもののなかで"傾向的"という特別の規定ないし形容がわざわざ付されているのは、この「利潤率の傾向的低下法則」だけだ、という趣旨です。

　もともと経済法則、社会法則は、自然法則にくらべてストレートに現われにくく、傾向や趨勢の性格が濃いものですが、それを上回って、質的に格段につよい反対に作用する諸要因、抵抗要因が働くのですね。つまり、利潤率という資本の「命」、資本の存亡を左右する作用だから、存亡を賭けた死に物狂いの抵抗だということです。この点をいささかも曖昧にしては、甘く見てはなりません。ブッシュによる一か八かのイラク戦争の大賭け事（根拠もない「大量破壊兵器生産」の口実のもとに、イラク侵略と石油覇権の奪取、破壊しておいて「復興」ブームでまたひと儲け、内国の低迷支持率の一挙の上昇）つまり帝国主義的侵略も、リスクを抱える資本の海外グローバル化も、南北格差も地球環境破壊も、資本にとってのたれ死に、滅亡するよりはまし、「あとは野となれ山となれ」、背に腹は代えられぬ行動の結果でしょう。利潤率の低下阻止抜きにこの問題をさしおいて、なんの"営利主義""儲け優先主義"、"大企業本位の政治"などなどと語れるでしょうか。

Q35：利潤率低下傾向のなかでの、資本の「魂」

　利潤率の式からすべての資本主義社会における矛盾が説明されるということがとてもおもしろかったです。

A35：くりかえし確認・強調している通り、資本の動機・目的が利潤のできる限り大きな獲得なのですから、資本の考え方やふるまいといったら、もう利潤率の定式：$m/(c+v)$、これしかありません。こうした資本の本質（動機・目的）を自分の魂・信条にしているのが資本家ですから、いつの時期どの国の経営者も資本家階級も、かれらの頭の中は、寝ても覚めても、利潤率：$m/(c+v)$をいかに上げるかでいっぱいであり、これしかありません。まさに

資本の権化、化身です。もしそれを怠ると、もう資本の化身ではなくなり、株主総会ですぐすげ替えられてしまいます。このあたりからも、いま勉強しているテーマが近代資本主義社会の奥深いマグマのような部分にひかりを当てているということが分かるでしょう。

感想6：資本の「魂」をみたり

　8月の講義の資料で、あのマイクロソフト社が無配当だった、初配当でビル・ゲイツ会長の配当が約１１７億…、驚くことばかりでしたね。それが、利潤率の傾向的下落法則に反対に作用する要因としての「株式の配当」だったとは、また驚きです。

　講義テープを聞きながら「本」の価格について考えてみました。大手出版社の講談社や新潮社から刊行される本と、新日本出版や大月書店から刊行される本は、装丁やページ数が同じようでも、価格がいつも違います。そんな質問がでると「発行部数が違うからね」といっていましたが、まさにそれが商品の価格が「割り算からきている」からですね。といっても平均以下の利潤率しか確保できない零細出版社は、その発行部数や重版を重ね、儲け続けている大手出版社に負け続けています。

感想7：利潤率の傾向的下落の法則を学びました

　機械化がすすんだりして社会的生産力が発展すると、利潤率を求める分数の分母の c+v が大きくなり、利潤率が下落します、なるほど。利潤率の累進的な傾向的下落は、資本主義である限り免れない、資本主義に特有な法則なんですね。生産力の発展は、歴史の流れですね。「利潤率の傾向的下落の法則」はまさに、資本主義体制の存在条件に関わる法則といえることを学びました。

(5) 第4篇　商業と商業利潤

Q36：「小分け」労働の記述はどこで
　輸送費商業資本に関する「小分け」労働について、マルクスが記述していた個所はいずれのところでしたでしょうか？　多分第4篇のどこかでしょうが。

A36：「小分け」【＝マルクスの原語 Retailing/Dividing、エンゲルスの充てたドイツ語 Einteilen, Detaillieren】第3巻第4篇第17章の二つ目の段落の冒頭にあります（訳 478/原 293）。「品分け」【＝マルクスの原語 Detaillieren、エンゲルスの充てたドイツ語 Sortierung】『資本論』第2巻第1篇第6章第3節の冒頭文（訳233/原150）に出てきます。

　その「小分け」リテーニングは、あの「ユニクロ」（これはブランド名）の社名が「ファースト・リテーリング」であるように、ふつう「小売り」と訳されることが多い単語です。しかし「小売り」は「卸売り」と対になった業態を区別する言葉です。これに対して、本文でマルクスが託している意味はこの「小売り」とは違っていて、売買費用に対して生産的業務の性格をもった「小分け」作業のことです。こうした「小分け」や「品分け」の側面では、生産業務であり価値も剰余価値も生みます。この側面は生産を分析した第1巻で考察済みだから、ここ第2巻では捨象するとマルクスはことわっているのです。

Q37：「商人資本」と「商業資本」と
　「商人資本」と「商業資本」との違い、定義を教えてください。

A37：マルクスは「商人資本すなわち商業資本 Das kaufmaennische Kapital oder Handelskapital」というように、区別なしに同義語として使っています。字面の違いどおり、「商人…」と「商業…」とのニュアンスの違いは多少あるかもしれませんが、本質的な相違ではありません。

Q38：商人資本ってどんな役割が？

A38：分業による自立化・集中化の結果、産業資本家が自分で商業業務を担う場合に比べ、流通部面に拘束される（ムダを省く）資本が少なくてすみます。すなわち生産資本部分を大にします。商人資本の回転は、多くの産業資本の多くの回転を表し、産業資本の生産性と蓄積を促進するものです。

　商人資本は、流通部面の内部で機能している資本であって、おなじ価値総量の形態変化をもたらすだけであり、価値も剰余価値も生産しない。しかし、商人資本は間接的には剰余価値の増加を助けるものといえます。

Q39：流通の社会化／計画化について

　流通の社会化／計画化についてお聞きします。ここでいう「社会化」とはどういう意味ですか？　というのも、社会主義社会を規定する大きな概念として「生産手段の社会化」があります。ここでの「社会化」とは、生産手段を資本家だけの所有とせずに労働者階級や国民の共有にするという意味で使われていると思われます。ところで「流通の社会化」における「社会化」はどうでしょう？　「計画化」という言葉と併置されているということは、計画経済を可能とする大きな要素をなす概念だと思います。ただしここでは、ＰＯＳシステムにせよ、ＩＣタグにせよ、これを使って流通を合理化するのは資本家側です。その意味で、ここで使われている「社会化」は「生産手段の社会化」とは違うように思うのですが。

A39：「生産の社会化」を保障する措置は、「生産手段の社会化」＝公有化であるように、「流通の社会化」の実現には、商業物流資本が持っている「流通分配業務のための諸手段の社会化」＝公有化が必要になります。

　「流通の社会化」とは、資本主義が推し進める《生産の社会化》に対応したもので、とくに20世紀の終わりから21世紀初めのこの時期にはME（マイクロエレクトロニクス）ないしIT（情報技術）関連の顕著な進歩により、流通の領域においても推進された《流通の社会化》を指します。つまり、従来なら多数の分散型の小規模商業経営（卸し、小売り）だったものが、次第に少数の大規模経営になり、流通過程の集中・統合・合理化が進む。従来

の需要供給両要因にわたる不特定多数で特徴づけられていた市場が、個々の商業資本の規模が大きくなるという意味で、流通の社会化すなわち企業内計画化の規模が増すと同時に、企業間どうしの連携が強まって流通効率が高まるという意味を含んでいます。

　しかし資本主義の現実は、この社会化をゆるしません。とくに後者の企業間どうしの連携については、資本所有関係（私有財産制度）の高い壁があって、こんにちまでのところ、ＰＯＳ導入やＩＣタグの追求も、もともともっぱらライバルに競い勝って自分の企業業績をあげるために導入運用されているものでしかありません。ここに、真の流通の社会化という課題にとって、資本主義では越えがたい限界があることがわかります。真の流通の社会化の実現には、商業資本が持っている流通分配業務のための諸手段の社会化＝公有化が必要になるでしょう。

Q40：商業利潤の実現

　純粋な流通費を追加資本として算入した場合の商業利潤の実現について質問します。

　商業利潤が実現される基本的なしくみの解明のうえにたって、訳本495ページでは、店舗や労働者の賃金等純粋な流通費が追加資本として算入された場合、その商業利潤がどう実現されるかについて、つぎのように説明しています。「上記の例で、100の商人資本のほかになお、50の追加資本が当該の費用のために前貸しされるとすれば、いまや180の総剰余価値が生産資本プラス、商人資本150、合計1,050に分配される。したがって、平均利潤率は171、1/7％に低下する。産業資本家は商品を900＋154、2/7＝1,054、2/7で商人に売り、商人はこれを1,130（1,080＋50……この50は彼が再補填しなければならない諸費用）で売る」（訳495/原303）。

　これにたいして、同じページで訳者注が「マルクスは、ここで50の追加資本（流通費）を平均利潤率形成への参加の面からのみ研究し、それがまず剰余価値から控除される面を考察していないようである」……「産業資本家は商品を」……「1,011、3/7で商人に売り、商人はこれを」……「1,080

で売るのではないか、とおもわれる」、と補足、修正しています。こちらの方が適切ではないか、とおもうのですがどうでしょうか。

　つまり、一つには、本文の方では、流通費50が剰余価値180からさしひかれていません。総資本に配分される剰余価値は、180から50を引いた130のはずで、180ではないからです。もう一つには、したがって、平均利潤率は17　1/7％ではなく、剰余価値130を総資本1,050で割り算した12　8/21％ではないか、ということです。さらにもう一つ、本文は商業資本が商品を価値どおりの1,080ではなく、いきなり価値以上の「1,130で売る」、となっているからです。これらは、そこまでの叙述の流れからみても矛盾するのではないかとかんがえます。

　肝心なことは、くりかえしになりますが、訳者指摘のように「空費」である純粋な流通費が、まず剰余価値からさしひかれなければならない、ということではないでしょうか。加えて、その流通費をふくむ商業資本プラス産業資本の総計から算出される、さらにより一層低下した平均利潤率にもとづく生産価格で、商品が産業資本から商業資本に売られる、ということではないか、とおもいます。この前段の操作があるからこそ、商業資本がこの商品を売るとき、流通費を加算した投下総資本にたいする商業利潤の追加を行い、またその流通費を販売価格に「名目的」につけ加えることができるのだと思います。

A40：495ページ（訳495/原303）訳者注は誤りです。この50の追加資本（流通費）を、いったいだれがどのようにして、それが関与して生み出した（同期の）剰余価値からあらかじめ控除することができるでしょうか？現実にはありえないことです。そのような現実離れした想定や計算をマルクスは行なってはいません。

　最大の自己矛盾は、「生産の空費」であり価値をつくらないはずの流通費50が、価値どおり価格1,080の一成分に組み込まれているという想定です。労働価値説の鉄則である、「流通は価値をつくらない」というイロハの考え方が否定されているという由々しい見解なのです。

　訳注のような解釈は、旧ソ連の資本論学者ローゼンベルクがひろめ、わが

国にも多数説として受け入れられてきましたが、現実離れした理屈にすぎません。マルクス自身、一度たりともそのような考えや商業価格計算をしたことはありませんでした。マルクスの草稿研究が進んで、私は、この問題についてのマルクス本来の考え方をはっきりさせ、ローゼンベルク解釈が誤りだったことを明らかにしました。

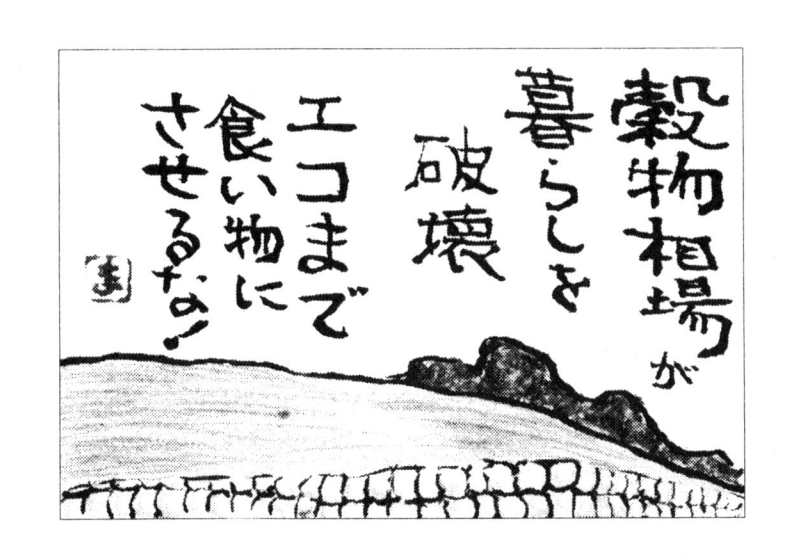

(6) 第5篇 利子生み資本

Q41：相場変動の要因は？

円、ドル相場の変動は『資本論』の立場で分析すれば、骨格（主な原因）はどのような要因によるものでしょうか？

ヘッジファンドがさかんに指摘されていますが、それは一因であって主要な原因ではないと思います。そこで私達は、どのような視点で、この問題にメスを入れればよいか教えてください。

（まだ習っているところではないと思いますが、今、是非知りたいと思います）

A41：円、ドル相場（為替レート、各国通貨の交換比率）はいったいなによって根本的に規定されるかという問題です。ヘッジファンドなどの国際的為替投機による一時的な振動ではない実質相場の決定要因のことですね。それは労働価値に基づく価値法則、（国と国とをまたぐ）国際的価値法則です。すこし現象を遡ってみればわかりやすいでしょう。

日本円とアメリカ・ドルという通貨どうしの交換、 → 円とドルそれぞれの「貨幣価値」の水準に基づくほかない。 → ではそもそも貨幣価値はどのようにして決まるか。普通の商品と同じように貨幣商品＝金の生産に必要な労働量で決まり、これを基にして各国の市場圏で一般的等価物すなわち貨幣の機能を果たします。貨幣の機能のうちの「世界貨幣」としての機能が、市場圏を溢れ出た商品交換つまり外国貿易の媒介を果たします。『資本論』貨幣論（第1巻第3章）の世界です。ここが基本です。

歴史的に1930年代に、資本主義各国は金を世界貨幣とする金本位制を一時的にやめたり制限を加えるようになりました。第2次大戦後は新しい世界覇権の勢力図のもとでアメリカ中心とする不換紙幣アメリカ・ドルを"基軸通貨"とする通貨管理制度（「ブレトンウッズ体制」）をしき、経済的覇権を担いました。1971年ドル・ショックを経て、こんにちアメリカ・ドルを含めて貨幣価値の実体＝金にリンクする通貨はなくなって、その意味で完全管

理通貨制になっている。聞こえはよいが、資本主義諸国の特にアメリカの支配者が都合のよいようにペーパー・マネーを自在に印刷し経済をコントロールする時代になっています。

　このことを考量して、今日では各国通貨の実質的価値の近似値を探るために、購買力平価という考え方が行き渡っています。これは金貨幣に近似的に代替しうる、各国のリアルな実体経済をある程度反映できる合理的な考え方だと思います。

Q42：マネーゲーム経済、法律で何とかできないの？

　マネーロンダリングで、世界中がマネーゲーム化し、国民の経済が喰い荒されている。各国の法律でこの様な「金余り」の弊害を防止できないのでしょうか？

A42：マネーロンダリングとは資金洗浄のことです、マネーゲームとはひとまず別ごとですのでカット。

　世界の通貨は、それぞれの貨幣制度が制定される時に、1円や1ドルをそれぞれに金○○重量と定めると法律で決められました。その兌換（金との交換）によって当初の通貨は、金価値に裏付けられていたものです。しかし、いま世界の通貨は、── 1971年「ドル・ショック」で唯一最後の兌換の窓口だった米ドルの兌換ルートも停止されるに至り ── その額面での金量との兌換を停止させられ、不換紙幣に変質してしまい、国家による管理通貨制に移行しました（もちろん、金の市場価格で買うことは出来ますが、それは兌換とはまったく異質であって、たんに普通の商品を買う行為です）。「地域通貨」の国家版、もっといえば"ままごと遊びのお札"のように、その通貨が通用する経済圏での「配給きっぷ」ないしは「経済的富に対する請求権きっぷ」、のような性質を帯びるようになっています。もし国家の政治的道徳的威信の失墜や経済混乱が起きたら、── 地域通貨がたどる運命のように ── 通貨管理は収拾がつかなくなり、暴落して（超インフレで政権交替か革命が起きて）終わりです。

　先進資本主義諸国が過剰な設備投資で中長期的な収益の見通しを失って、

より有利な投資先を求めるヘッジファンドなど国際投機資金の要求がある限り、「金余り」現象は、たやすくは堰き止められないでしょう。なぜなら、その投機資金には、先進諸国の主要な金融機関（銀行や証券・保険会社）が融資していてぼろ儲けしようと深く浸透しているからです。日本の「金余り」現象は、ほかの先進諸国とは違った独自の条件が加わっていて、バブル不況の浮揚のため、庶民の預貯金利子を犠牲にした、財界の借金返済利子を軽減するという階級利益がくっきりと反映された帰結です。やはり、大資本・大金融資本の要求に言いなりの政府ではなくて、働くものの利益を代弁する政治勢力が伸長したときに、国際投機資金の規制や「金余り」異常事態の是正は前進するでしょう。

Q43：ライブドアによるニッポン放送株買収問題をどう見る

「ライブドアによるニッポン放送株買収問題」についての基本的な見解は本日の講義の通りだと思いますが、対象となっている企業がメディアで、これはサービス部門だと思います。すると対象企業そのものが社会的総生産の剰余価値部分に寄与する一部門の分け前の争奪戦ということになると思いますが、そこのところを、もう少し平たく説明をお願いします。

A43：ニッポン放送、フジテレビジョンの放送業はライブドアの情報サービス業と同じく、「狭義のサービス産業」と呼ばれていて、本来の典型的なサービス業種の一つといってよいでしょう。サービス業は、価値も剰余価値もみずからはつくりださず、社会の剰余価値から必要な財源を補填されまたは供給されます。サービスの提供に対する対価つまりサービス価格（その内訳：「サービス価格」＝「サービス提供に必要な物的手段」＋「サービス労働者の人件費（賃金）」＋「平均利潤」）を通して、サービス享受者（消費者）がサービス価格に支払うことによって、サービスの提供に必要な物的・人的費用を補填したうえに、投下前貸資本額におうじた平均利潤を獲得します。

この場合、買収のあとさきを通じて、サービス提供のコストはコストで変わることはなく、このサービス資本が社会の剰余価値から引き出していたこの企業の平均利潤の取得も同じ仕組みです。もちろん、資本所有者＝株主の

変更とともに取得者は変わりますが、買収の対象となる企業がサービス部門であろうが製造業部門その他であろうが、基本的に買収の動機目的も儲けの手口も同じでしょう。

Q44：昨今の株の話を聞きたい

A44：「株・株式会社とはなにか？」『資本論』第3巻第5篇の本来の「利子生み資本」のテーマに株投資・投機がどのように関連づけられるか、という問題があります。この問題を取り上げると、なかなかややこしいのです。利子生み資本は、資金の貸し借り、融資（とそれに付随する利子）の問題であって、銀行業、貸金業（高利貸し）の振る舞いです。他方、株を買う、株に投資して、株主になるということは、単に資金を貸し借りするのとは違って、出資者、資本所有者＝資本家になるということです。ところが株式会社が発展してくると、資本所有（出資）と資本機能（事業経営）とが分離してきて、公開株式市場（東京証券取引所や名古屋証券取引所）が資本市場の、また一般金融市場の、重要な一構成部分になってきます。すると、株式投資が利子生み資本の担い手になる。かつては銀行や高利貸しがやっていた融資を事実上、大衆株主だれでもが小口ながら担えるようになって来ます。

つまり、こうして順序を踏んで、利子生み資本、銀行/株式会社、株式の利子生み資本化の理解を一歩一歩すすめていかなければなりません。『資本論』読破を年間スケジュールでこなす資本論講座の教室の場で株式時局講演会のようなトピックスにウエイトを割くわけにもいきません。ご了承ください。

Q45：先物取引とは

最近、原油の先物市場の動きが「WTCの先物 … 60ドルを越えた」というようなかたちで報道されています。原因としては、中国などの需用が伸びていることと共に、投機筋が仕掛けているなどともいわれています。

先物取引とは何か、投機筋がここで活動する理由について"『資本論』の眼"で解明してください。

A45：「先物取引」とは、3ヶ月とか6ヶ月というように将来の約束の日時に、商品の受け渡しと代金の決済をすることを現在時点で契約する取引のことです。時差に基づく価格変動が生じるわけで、将来の価格変動を予測予想して、その予想に基づいて生じる売買差額に賭ける投機的取引です。現時点で契約した価格よりも値上がりが見込めれば買い、そして実際値上がりすればその高値で売って利益が生じます。

どんな取引も、信用に基づいた取引も、一面では、市場価格のでこぼこを均す作用があると同時に、他面では市場価格の変動を促すという両側面があります。そしてこの変動・攪乱に乗じて投機筋が儲けを企むことになります。彼らにとっては、時差があり市場価格が変動するということにこそ、自分達の活躍の場、儲けの余地・機会を見いだすことができます。

Q46：利子生み資本の運動形態とは

「利子論」の今日的意味から、景気循環、恐慌、銀行に代表する利子生み資本の特質、株式会社から独占への発展には是非ふれて欲しいと思っています。

利子生み資本の運動形態 $G-[G-W\cdots P\cdots W'-G']-G'$ とありますが生産過程から出てきた $W'-G'$ と返済の G' とは同じではないので、ここは "G''" と区別した表記にした方がより明確になるのではないかと思いますが。

A46：産業資本が生産過程で生み出した剰余価値 $\triangle G$ とそこから別れてきた一分肢である利子とを区別して表記できないものかという提起だと思います。ご質問の趣旨は理解できますが、それは（技術的に）むずかしい。まず、利子である最後の G' は最初の貸付け G との関係では利子増殖しなければならず、G' の表記が必ず必要だ。ところが、その利子 G' は一方では、その生みの母体である「$W'-G'$」の G' の利潤部分よりも小さく ── ここが表記のむずかしいところですが ── じつはその一部分でしかない。だからといって小さくして G に戻すわけにも行かない。他方では、G'' と記すのはもっと問題を孕みます。冒頭の貸付け G との関係で「''」を付けるのは無意味かまたは「$W'-G'$」との流れでは拡大再生産（蓄積）という無用な誤解を生みか

ねません。

　利子生み資本の定式の主体は、それ自体としてはもともと貨幣がより大きな貨幣を生むG－G'ただこれだけであり、背後に隠れて支えている産業資本活動を[G－W…P…W'－G']というふうに[　]に入れて解説的に表出しただけのものなのです。他の表記をした場合に伴われる様々な歪みや誤解を考慮すると、やはりテキストの表記が、百パーセント満足できるわけではないけれど、いちばんましなものであり、これしかないと思います。

Q47：もっと実体経済を表す方法はないのでしょうか

　GDPには持ち家の人の家賃も払ったことにして、統計を取っているという話を先生から聴いて、いい加減なものだと思いました。われわれの立場から考えてもっと実体経済を表す方法はないのでしょうか。

　実体経済と金融経済の関係について。新聞に掲載されていた三菱UFJ証券の比較表によると、実物経済は世界のGDP（名目）で、48.1兆ドル(2006)。金融経済の方は151.9兆ドルで、この資料を分析した方によれば、50兆ドルぐらいはあまったお金で、これが投機をやっている、と報じています。

　となりますと金融経済の100兆ドルは投機資金ではなく、実体経済とかかわりのあるお金ということになります。銀行間の決済のための日銀の当座預金とか、企業に貸し付けている金、株や社債などの債権、貿易の決済のための通貨（ドルとかユーロ）などが考えられますが、他にどんなものがあるか教えてください。また余ったお金は50兆ドルと分析していますが、これはどのような方法で割り出すのでしょうか。

A47：ＧＤＰの重大な不備欠陥は、過不足両面にあって、まず一方では、過剰な算入では、第二次第三次などと人手を渡って派生してくる派生収入もみんな同質の要因として計上し、重複計算してしまうという欠陥があります。例えば、ある産業資本家は受け取った利潤収入（第一次。これは価値実体の裏付けがありうる）のなかから家政婦使用人に給金10万円を支払い（第二次。家政婦業務は家事手伝いというサービスであり価値実体がない）、家政婦はそのうち5万円を旅行費用（第三次。これは旅行サービスで価値実体が

ない）として旅行業者に支出し、旅行業者はその一部1万円でオペラを鑑賞し（第四次。これは芸術活動で価値実体がない）、オペラ歌手はこの出演料収入で美容院（第五次。これは美容サービスで価値実体がない）に1万円支払う。結果、ＧＤＰでは、単純累積して合計10＋10＋5＋1＋1 ＝ 27万円を計上。しかし、社会に存在する価値実体は第一次収入である利潤部分の 10万円だけで、残り17万円は、価値をつくり出さないサービスに対する貨幣支払いだ。このケースのひどい典型は、バブルの頃の「土地ころがし」。不動産を業者の間で名目的に繰り返し売買し値上がり益を稼ぎ出すケース（持ち家の人の仮想家賃もこの類いです）。

　実体経済をより適切に表す方法は、労働価値説に基づく国民経済計算（価値実体の裏付けある第一、二次産業の（c+v+m）＋第三次産業（商業・金融・サービス）集計との組み合せでしょう。第三次産業（商業・金融・サービス）は自らは価値を生まず、第一、二次産業の生み出した社会の剰余価値 m によって物質的生存条件や営業条件を補給補填してもらうほかありません。

　現代の金融経済の中で投機資金を構成する主要な資金に、ヘッジファンドと外国為替取引資金を取り上げる必要があるでしょう。実体経済とかかわりのあるお金を元にレバレッジ（てこ）をきかした信用創造によって何倍もの巨額な金融資金を動かすことができるので、実体経済に即した金融から投機的な金融資金の大きさを区別して推計することは難しい。実際の株式市場、外国為替取引市場で取引されている投機的金融額を押さえて割り出すほかないと思います。

Q48：「労働」？　「労働力」？

　『資本論』第4篇第16章商品取引資本の(訳461/原282)で、そのページの真ん中辺に「買い手の貨幣はリンネル生産者の手に移る。この同じ貨幣で彼は糸、石炭、労働などを買う。」という記述があります。

　「彼は（中略）労働などを買う。」のところで、「労働」とありますが、これはひょっとして「労働力」の間違いではないでしょうか？

A48：ここでは貨幣が転々と持ち手を代えるという説明ですから、その貨幣と交換される対象として取り上げられている。だから、現象的に現われる「労働」でも、同じことですが現象の背後にある「労働力」でも、どちらでもよいと思います。「労働」で間違いとは言えません。

Q49：銀行券と小切手の違いがわかりません

　基本的な質問で申し訳ございませんが、銀行券と小切手の違いがよくわかりません。というのは、小切手は信用取引ではなく、支払い手段として使用されると思うのですが、銀行券も信用取引ではなく、支払い手段として使用されていますよね。違うのは、銀行券は指図人（受取人等）なしですが、小切手は確かあったような気がするのです。

A49：銀行券も小切手も、"信用貨幣"（＝信用・支払関係の中で支払い手段として成立する貨幣の派生形態）と呼んでいます。この種の貨幣形態で基本は手形、約束手形（商業手形）、小切手です。小切手も、現金での取引あるいは持ち運びを相殺したり省略したりするりっぱな信用取引です。この手形のうち、銀行が発行する（振出人になる）手形が銀行券で、まるい額面で受取人も満期日も指定なく、それを持参した人に、その場の窓口で、額面の示す貨幣額（金貨など）が支払われる、という特徴です。小切手は個人的消費の用途に向けた手形です（特定額面、受取人、満期日の指定あり、ただしトラベラーズチェック（旅行者小切手）はもう少し使い勝手良く（セキュリティーを強化し引出し易さを工夫して変型してある）。

Q50：現代の資本主義の状況をマルクスは想像していた？

　「株式会社」の出現に資本主義止揚の展望をマルクスがつかみ、その分析に夢を記したのは、論理的にも実際的にも理解できます。しかし、その後の資本主義の展開をみると、株式（証券）を通して、独占が発展し、資本の輸出が植民地の収奪を増大させていった実情から、一概には言い得ないところがあると思います。イギリスの綿工業を典型にとらえて、その抽象を通して、資本主義の原理原則を明らかにしていった当時のマルクスには想像できない

世界だったとは思いますが …。

A50：『資本論』のなかでは、資本の蓄積・集積・集中 → 独占の展望は明確に指し示されています。また、宗主国大英帝国の植民地インド収奪の関係は、『資本論』のなかでもよく引用されています。これらを汲み上げてマルクス没後まもなく20世紀初め頃には、レーニン、ローザ・ルクセンブルク、ヒルファディングらすぐれたマルクス主義者たちが、独占資本主義、植民地収奪の帝国主義、金融資本の登場する新しい発展段階に相応しい特徴を解明していきました。「金融権力」の暴風雨の吹き荒れる今日のような資本主義、地球環境問題に直面する資本主義などは、当時のマルクスも想像できなかったでしょうね。

Q51：信用制度の二面的性格について

　銀行の普通に行われている日常業務の詐欺的側面に、あらためて驚かされました。訳本691ページでは、当時の銀行業にかんするある著作からの抜粋が、つぎのように示されています。「取引銀行で手形を割引して、この手形の全額にたいして利子を払った会社は、少なくともこの額の一部分を、それにたいして利子を受けとることなしに銀行の手に残さなければならない。このやり方で、銀行業者は、前貸しした貨幣にたいしてそのときの現行利子率よりも高い利子率をうけとり、また、自分の手にとどまっている残高によって銀行(業)資本を調達する」。

　これは、19世紀のイギリスだけに限られたことではけっしてないとおもいますが、それはともかく、いわれていることは、早い話し銀行による、みずから相手と確認した利子率を超える利子の騙し取りであり、加えて別途貸し出しにまわす資本の盗み取り以外のなにものでもないとおもいます。

　第27章の「資本主義的生産における信用制度の役割」をしめくくる形で、「信用制度に内在する二面的性格」は「一方で資本主義的生産の動力ばね、すなわち他人の労働の搾取による致富を、もっとも純粋かつ巨大な賭博とぺてんの制度にまで発展させ ……」、「他方では、新たな生産様式への過度形態をなす」とのべています。銀行がその力を背景に取引先の客に強いたこの

恥知らずな「ぺてん」行為も、この二つの側面のうち前者の方の末端ぐらいにあるいは入るのかもしれませんが、いずれにせよそこには、信用制度にひそむ寄生的で詐欺的なものが、リアルにさらけだされているのではないか、とおもいました。

　また、その「賭博とぺてんの制度」の梃子となるものについて、訳本761ページでは、信用は、ある少数の者に、公衆の預金をふくめ他人の資本をあたかもわが資本のように自由に運用することをゆだね、その「絶対的処分権を提供する」、といっています。そうするとどうなるか。「人が現実に占有しているか、または占有していると世間が考える資本そのものは、いまではもはや信用という上部構造の土台となるだけである」、といっています。信用にもとづく利子生み資本の市場におけるこのしくみこそ、資本主義生産を高度に発展させ、客観的に「新たな生産形態」を準備する反面、前記「搾取による致富を」「賭博とぺてんの制度にまで発展させ」るものであり、そこにつながる諸悪を生む温床、手段、そして推進力ともなるものだとおもいます。

　関連して、信用制度のもとで、他人の資本を非所有者たちが使用するとその使い方はどのようになるかについて、訳本765ページで、つぎのようにいっています。かれらは、「資本の所有者自身が機能するかぎり自分の私的資本の諸制限を小心翼々と考えながらやるのとはまったく違ったやり方で仕事に熱中する」。このくだりなどでは、つい、十数年前のバブル経済の頃の様相 ―― 銀行等からの巨額融資をてこに株や土地等各種投機に狂奔して、大もうけし、得意然としていた「バブル紳士」の跳梁等を想いおこさせ、印象に残りました。

A51：銀行の儲けの手口というものを、たいへん丁寧に、分かりやすくたどっていただきました。働く者、労働者のふつうの感覚、つまり、労働を提供してその対価を賃金として稼ぎ出すという観念に引き比べてみますと、銀行の儲けのふるまいがことごとく、まるで錬金術のような詐欺・ペテンの性格を帯びてくるという本質点の理解を、大きく浮き彫りにしていただきました。

　一点補足しますと、訳本691ページでの、手形割引をつうじた儲けの手口

の評価では、「銀行による、みずから相手と確認した利子率を超える利子の騙し取りであ」ると理解されているようですが、その儲けの源は、現行利子率すなわち（低い）預金金利に対して、（それより高い）貸出し利率またはそれに準じる手形割引率の利率差に基づくということです。これら高低の二つの利子率は、異なった種類の金融市場において貨幣の貸し借りの需給バランスで決まることになるので、市場における利子率の法則の自然な現われのようにみえ、その本質がひじょうにわかりにくくされているのですね。信用現象の装いをひっぺがしてみると、「銀行による利子の騙し取り」という実相に帰着するのです。

感想８：お金を動かすだけで膨大な利益を上げるなんて

　機能資本家（産業資本家と商業資本家）が生産力の発展の中で、傾向的利潤率低下の法則にも負けず（懸命に）、労働者を働かせ生み出す剰余価値。貸付資本（利子生み資本）は、その剰余価値のうわまえをはね、マネーゲームに没頭し、「お金を動かすだけ」で膨大な利益を上げています。

　即席めん大手の明星食品の永野社長さんの「お金を動かすだけで膨大な利益を上げる。そんなやり方が世の中でまかり通ったら、若い人が額に汗して働くのがバカらしくなるようなことにはならないのだろうか」という言葉が立場が違っているが真をついている。

　金融資本が、労働者の生み出した剰余価値を、その社会の富を、投機（賭博）に賭け、投機マネーが暴れ、まさに「アメリカの住宅ローンが、日本の私達の生活を脅かしている」状況をつくりだしている、その真相とからくりを学びました。

(7) 第6篇　地代論

Q52：土地価格はどうしてきまる？

　土地価格の決め方について、地代を利子と同じように考えて、地代を利子率で割り、資本還元をする収益還元法と、周辺の実勢地価との比較から割りだす時価比較法とがありますが、収益還元法の方が経済学的根拠もあり、合理的なように思いますが、いかがですか。

A52：　そのとおりです。日本の土地価格の決まり方は、時の流れにゆだねて暴騰するような、ときにはそれを野放しにする、そういうなりゆきまかせの業者の勘と実績による実勢評価中心に続いてきました。これに対して、ヨーロッパでは、土地というものを金もうけの手段、投資とは見ていないのです。あくまでも人間の物質的な生産活動の手段、ものを産み出して物質生活に資する手段というとらえかたですから、おのずから生産活動の基本的なルールに即して、こういう自然の象徴としての土地の価格も決めていくという傾向が強いと思います。バブル不況のもとで、不良債権の元凶になっている土地売買をめぐる問題について、経済法則の立場から不動産の評価法を洗い直すというインパクトが外国投資家たちから持ち込まれました、おそらくこれは今後ともかなりの程度受け入れざるをえないと思います。

　ところで、第3巻で扱われる地代の議論というのは、ひとり農業部面の土地という基本的な生産手段の価格がどう決まるか、それの根拠をなす土地所有者の収益となる地代がどう決まるかという問題にとどまるものではありません。マルクス自身も強調しているように、およそ労働を投じない自然のさまざまな事物が、資本主義経済のもとでは価格現象のなかにとりこまれ、労働生産物と同じように価格がついてまわるというような現象で現われます。地代論は、そういう問題の代表格として、地代と地代にもとづく土地資産評価、土地価格の決定を理論的に解明するという課題があるのです。

　日本の実際の土地価格の問題では従来から時価比較法が支配的だったために、『資本論』で解明されたような地代理論が当てはまるケースは稀です

が、『資本論』の本当の主旨をしっかりつかむことによって、まさにわれわれが直面している株価の奇妙な動き、土地価格という得体の知れない化け物のような運動というものが、次第に経済法則に即して、またはそれらに照らして、把握できるようになってくると思います。

Q53：重農主義学派の剰余

重農主義学派の対象は、借地農業経営者であるので、土地所有者との貸借関係から地代が問題となる。ここでは地代そのものは捨象されているが、その支払いに要する費用は考えねばならない。とすると、その分は、どちらの前貸しとなるのか。1年ごとの支払いだから、年前貸の一部とみるべきだろうか？

A53：重農主義学説によれば、彼らの独特な呼び方である「純生産物」は農業剰余のことであり、これが剰余のすべてです。それはじつは借地農の利潤をも超える超過利潤であり、資本主義的「地代」の実質を持つものです。では、借地農の利潤はどこに消えたのかと疑問が残るのですが、そこは過渡期。まだ借地農と農業労働者との見分けがつきにくく両者は未分化で、農業労働者の賃金に毛が生えたようなものとして描かれているのです。両者のあいだの階級対立はまだ未熟で、当時の過渡期の基本的な階級対立は、借地農階級（新興ブルジョアジー） vs. 国王寺院勢力など地権者＝地主階級（旧封建勢力）、です。前者の挙げた剰余価値がすべて地代として「純生産物」として、国王はじめ支配者たちにみつがれる、という社会構成の把握になっています。

Q54：土地と株の動きは同じ？

講義で、宮川先生が「土地と株の動きは同じ」と言われました。
第5篇で登場した利子生み資本が、「貨幣資本」と「機能資本」にそれぞれの果実として分裂し、そして「信用」と「架空資本」、「銀行資本」、「産業資本」と解明されていきましたが、その第5篇で分析された「株」と第6篇に登場する「土地」の動きを教えてください。

A54：図表にしました。参考にしてください。

株価・地価膨張（収縮）のしくみ

◎財テクブーム（地価、株価狂騰）の本質は、資産（主としてm）の再分配に帰着し、労働者大衆がこれに巻きこまれるかぎりでは、資本による賭博的家計収奪にほかならない。

(1) 地価高騰　仕掛けの主役は法人の遊休資本、保留利潤による先行投資・投機
　　　　　　　国民大衆への影響（居住用家屋
　　　　　　　　①持たざる者：基本的生活条件（"住"）の充足不能、
　　　　　　　　②持ち家：増税による生活条件の圧迫。近郊農耕地の資産化・農業荒廃　）
(2) 株価ブーム　投機のツケは大衆小口投資家にシワよせ。大衆預貯金の相対的目減り（低金利、虚飾の消費水準）
(3) 資産の<u>再分配</u>の中身は、"富める者はますます富む"という富と貧困の敵対的累積 ── 資本主義蓄積法則 ── の貫徹のこと。

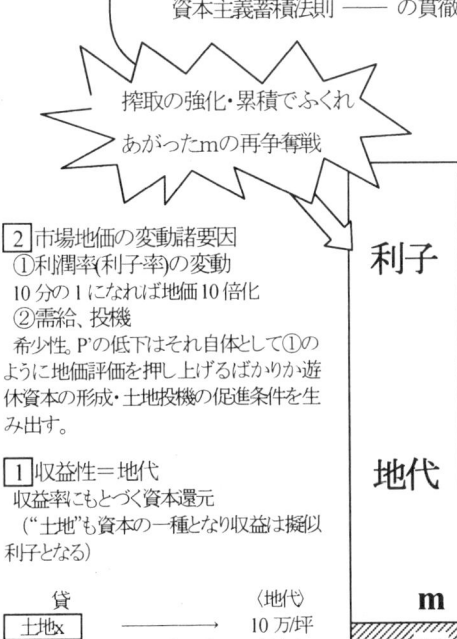

＊搾取の強化・累積でふくれあがったmの再争奪戦＊

地価をきめる二要因｛
2 市場地価の変動諸要因
　①利潤率（利子率）の変動
　　10分の1になれば地価10倍化
　②需給、投機
　希少性、P'の低下はそれ自体として①のように地価評価を押し上げるばかりか遊休資本の形成・土地投機の促進条件を生み出す。

1 収益性＝地代
　収益率にもとづく資本還元
　（"土地"も資本の一種となり収益は擬似利子となる）

貸　　　　　　　　　〈地代〉
土地x　　　　　　　　10万/坪
資本の場合　利子率1%　〈利子〉
1000万　　　　　　　　10万

土地の"ねだん"
x×利子率1%＝地代10万
x＝地代/利子率＝1000万円
土地に"ねだん"がついた！！

利子
地代
m
v

株価をきめる要因｛
2 市場株価の変動諸要因
　①利子率の変動
　　利子率1/2になると時価2倍
　②需給、投機

1 企業収益性
　個人利潤＝〈配当〉
　配当を一般利子率で資本還元

| 額面 50円 | 配当20% → | 〈配当〉 10円 |
| 時価 x円 | 利子5% | ↓ 10円 |

x＝配当/利子率＝200円
「株式公開」：事業運営が軌道に乗り配当にメドがつくと公衆に売り出す。（証券取引所に上場する）
「未公開株」を公開することによって、創業株主はプレミアム（時価200円－額面50円＝150円）を手にする《創業者利得》。リクルート錬金術だ！

Q55：土地私有と土地私有の廃止の可能性についてお尋ねします

A55： 土地私有とは、ある特定の人（祖父の、祖父の、祖父の、……）が全ての人々を排除して地球の一定部分を自分の私的意思の専属領域として自分に処分するという独占権を持つのです。土地所有の独占は、資本主義的生産様式の歴史的前提であり、その恒常的な基礎です。資本主義は前近代的所有形態を自分にふさわしい所有形態につくりかえたことになるのです。

　資本主義生産は、基本的生産手段［土地、工場、機械］に対する資本家階級の独占的所有に立脚しているから、土地所有の廃止は、資本主義の下では不可能といわざるをえません。

　土地から切り離された人は、無産者となり、都市に行き、労働者になるしかありません。土地の私有形態への攻撃は、他の私有にとって危険なものなのです。資本家階級は団結して私有形態を死守しなければなりません。ここにも資本家階級と労働者階級の利害関係が見えます。ちなみに中国は、土地が国有です。

Q56：差額地代の「虚偽の社会的価値」は空っぽか？

A56：（差額）地代の源泉とその特質について、「虚偽の社会的価値」といういへん魅力的で気懸かりな（？）用語を手がかりに、多面的な角度からひじょうに奥行き深く考察・点検されました。この問題は、私が若き大学時代にゼミでちょうどマルクス地代論を勉強した際に、いろいろと検討して議論を交わした思い出の論点であり、とても懐かしく読ませていただきました。あの時も、「虚偽の社会的価値」（600シリング－240シリング＝360シリング）ははたして"空っぽなのか"それとも"価値が詰まっているのか"詰まっているとしたら、だれがそれを生み出したのか、という素朴な疑問から出発しました。理解のポイントは次の点です。

　(1)　地代の素性は、超過利潤の転化したものです。超過利潤である以上、剰余価値の裏付けあるものです。したがって、この部分の出自（出所）・由来からみれば、ほかのあらゆる超過利潤と同様に規定されます。すなわち、この豊度（生産性）の高いB、C、Dの土地の耕作労働は、高い生産性の労働

として、市場価値の法則（＝一物一価の法則）のもとでは「強められた労働」（または「力能を高められた労働」、「倍加された労働」とも表現できます）として作用し、その成果が市場の相場となっている市場価値で売られるならば、市場価値（社会的価値）と自身の個別的価値との差額として、超過利潤ないし特別剰余価値が獲得されます。

　(2)　ふつうの製造業部門では、資本どうしの競争によってこの超過利潤は高い生産性要因の普及とともに、一過的にすぐ均されて消えてしまいます。これに対して、農業部門では、高い生産性要因である耕作地が限られていて、だれでも自由にそれを入手して利用できるわけではなく、特定の人（地主）に独占されることによって、その超過利潤は社会に均霑されないで固定され、その生産性要因である土地の所有者、地主に上納される、これが地代です。

　(3)　このような地代の特質をしっかり捉えるならば、経済学における「虚偽の社会的価値」をめぐる争点とマルクスの言明のねらいがよく掴めてきます。つまり、それ（「虚偽の社会的価値」）は地主階級と資本家階級とのあいだの階級的利害対立の一大争点だということ。マルクスの説明は三つのパターンに整理されます。

　①　土地私有のもとで資本主義的生産が行なわれる場合：市場価値の法則がはたらき、360シリングは地代として地主のものになる。国民（社会）は600シリングの市場価値を支払う。

　②　土地私有の廃絶＝国有化されたもとで資本主義的生産が行なわれる場合：市場価値の法則がはたらき、農業資本家の正常利潤は確保されつつ、360シリングは地代として（地主にではなく）国家に徴収され、けっきょく国民に還元される。

　③　土地私有も資本主義的生産も廃絶された場合：実質の平均的な投下労働費用＝生産価格240シリングで売買されることにより、高い生産性の成果ははじめから直接国民に還元されて、国民（社会）は余計に支払う必要はない。

　マルクスは、この第3の社会主義・共産主義の場合を第1、2の場合と対比して、超過利潤＝地代の特質を浮かび上がらせています。地代をめぐって対抗しあう階級利害は、

第6篇　地代論　　261

① 地主階級による地代360シリング獲得 VS. 資本家階級・労働者階級による600シリングの支払い。
② 資本家階級・労働者階級による600シリングの支払い VS. 360シリングの国民への還元。
③ 国民(社会)による、実質費用240シリングだけの支払い。

このように「虚偽の社会的価値」をめぐる階級の利害対立ははっきりしています。資本家階級は労働者階級を同盟者にして、国民＝社会という名のもとに、360シリングの地代部分を、"false(英語)、falsch(ドイツ語)" すなわち「虚偽の」または「不正、不当な」価値と特徴付けて、この地代部分が資本蓄積(産業活動)の阻害要因になるとして、地主階級批判を行なったわけです。

この問題のかなめは、ようするに、地代になる超過利潤と、ほかの超過利潤との共通性と違いをはっきりさせることに尽きるでしょう。その考察は、①〜③という、地主階級が廃絶されていく社会発展段階のそれぞれの生産関係における分配関係の特質をあきらかにしてくれます。壮大な歴史展望ですね。

(8) 第7篇　収入論

> 13回講座の最後の講義のためQ&Aがありません。よって、学習の参考資料として、第7篇「諸収入とその源泉」の抜粋要旨（宮川彰作成）を資料とします。

■　この篇の課題
マルクスの壮大な批判的経済学研究を完結させる総括の篇 —— しかし未完。
(1)物神化された収入諸形態やその源泉の表面的な外観にかじりついている<u>俗流経済学の階級的基盤と認識論的根源（考え方の根っこ）</u>とが暴露批判されつつ、
(2)経済学研究の諸結果の総括として、生産関係と分配関係、資本主義的生産様式の特徴づけ、その基本的矛盾の定式化、三つの基本的階級の物質的基礎の解明が企図される。

[第48章] 三位一体（さんみいったい）的定式
[Ⅰ、Ⅱ]
- 資本主義的生産様式の経済的諸関係は、社会の表面では、「三位一体的定式」に統一される〈諸収入とその源泉〉という形態であらわれる。（訳1423-29/原822-5）

資本ー利潤［資本所有ー利子］、土地ー地代、労働ー労賃。

- 三つの源泉は、相互に無関係である。そこでは、<u>資本は特殊歴史的な生産関係を表わす独自な社会的性格としてでなく、生産手段という物としてとらえられ、土地は、価値形成とは無縁なまま自然素材としてとらえられ、労働は同様にどの時代・社会にも共通する生産活動一般としてとらえられる。</u>

[Ⅲ]
■　俗流の考え方のパターン
労働過程の素材ー［一定の歴史的生産形態］ー一定量の収入価値

- 俗流経済学は、<u>生産当事者の表象を体系化し、弁護するだけである。</u>（訳1430-2/原825-6）

100ターレルは、110ターレルであることは不可能であるという量的矛盾の不安のために、価値としての資本から、素材としての機械や原料としての資本の表象に、逃避してしまう。

→　比較不能の関係に逃げ込む。より深い分析は不能、不要 —— 俗流派の安住地

・三つの源泉から、価値の派生的収入形態が発生するだけでなく、価値そのものが発生するとみなされるようになる。
「転化」するのを媒介するという意味の"源泉"から、"現実の源泉"に作り変えられ、価値そのものを生む究極の源泉に仕立てあげられる。(訳1446-7/原834)

労働価値説に基づく、収入とその源泉の内的関連図

【労働】	剰余価値		【資本】		【土地】
			機能資本	資本所有	土地所有
↓	↓		↓	↓	↓
<賃金>	平均利潤	⇒	企業者利得・	<利子> ・	<地代>

■ 物神化の極致

・商品・貨幣関係での神秘化：社会的関係が物の属性に転化させられる。(訳1447/原835)
資本のもとでの神秘化のいっそうの発展。「資本－利潤」→「資本－利子」で完成。
直接的生産過程－流通過程－総過程をつうじた社会的諸関係の物化の完成

・古典派経済学は、神秘化を剥ぎとるのに寄与したが、仮象から完全には脱却できなかった。

三位一体的定式は、俗流経済学にとっての自然的な基礎。同時に、支配階級の収入源泉の自然必然性と正当性を示す弁護論の基盤。

■ 自由の王国

・自由の王国は、窮迫と外的目的への適合性とによって強制されるような労働がなくなるところで始まる。
本来の物質的生産の領域の彼岸に横たわる。文明国では、欲求の拡大とともにそれを満たす生産力も増大する。(訳1434/原828)

自然的必然性の王国での自由：合理的な社会的規制［力の最小の使用で、最も人間的にふさわしい適切な諸条件のもとでの物質代謝を行うこと。］、この必然の王国を基礎としてのみ、真の自由の王国が開ける。

労働日短縮はそのための根本条件(訳1435/原828)

【講師メッセージ 7】

〈鉄の必然性〉で貫く社会法則

── 普遍的法則の特殊なあらわれ ──

■ 錦秋に、古典選書を編む

　晩秋から初冬にかけて山里は錦織りなす紅黄葉にいろどられています。受講生のみなさん、ごきげんいかがお過ごしでしょうか。

　赤旗まつりの拙著サイン・セールは、お蔭様で盛況におえることができました。社会科学のけっして易しくはない内容、けっして安くはない本であるにもかかわらず、所定の一時間半のあいだじゅうサインの筆を走らせっぱなしでした。おまけに奈良のテープ受講生の方との初面識はじめ、講座 OB や大学の教え子との再会の機会にもめぐまれ、得難いたのしい体験をいたしました。

　さて、12 月中旬に新日本出版社から「科学的社会主義の古典選書」シリーズの一つに拙訳・解説による『マルクス「経済学批判」への序言・序説』が刊行されます。いま著者校正をすべておえたところです。目通ししてみますと、収録文献におけるマルクスの珠玉の名句の数々にあらためて感銘を深くしています。『資本論』学習にお役にたてるいくつかを、紹介してまいりましょう。

■ マルクスの手紙で法則について学ぶ

　その第一弾は、今回の表題のとおり、普遍的な社会法則のある時代ある社会での特殊なあらわれということについての、マルクスのコメントです。医師でありマルクスの親しい友人であるクーゲルマン宛て 1868 年 7 月 11 日付けの手紙の一節

マルクスの友人クーゲルマン宛て 1868 年 7 月 11 日付けの手紙
　〔……〕みじめなこの男〔『中央論評』の「h.」という署名の『資本論』書評子のこと──宮川〕には、たとえ私の本〔『資本論』〕に「価値」にかんする章が 1 章

第 7 篇　収入論　　265

もないとしても、私がやってみせた現実の諸関係の分析が、現実の価値諸関係の証明と実証とを含むことになるという点がわからないのです。価値概念を証明する必要があるなどというばか話ができるのは、問題とされている事柄についても、また科学の方法についても、どうしようもなく完全に無知だからにほかなりません。

　どんな国民でも、1年はおろか、2、3週間のあいだでも労働を停止しようものなら、くたばってしまうことは、どんな子供でも知っています。同様に次のことにしてもそうです、すなわち、それぞれの欲望の量に応じる生産物の量には、社会的総労働のそれぞれ一定の量が必要だ、ということです。社会的労働をこのように一定の割合で配分することの必要性は、社会的生産のある特定の形態によってはなくなるものではなく、ただその現われ方を変えることができるだけであるということも、自明です。およそ自然諸法則というものは、なくすことはできません。歴史的にさまざまな状態のなかで変わりうるものは、たんにそれらの法則が貫徹される形態だけなのです。そして、社会的労働の連関が個々人の労働生産物の私的交換のかたちで現われるような社会状態で、この労働の一定の割合での配分が貫徹される形態こそが、これらの生産物の交換価値にほかならないのです。

　俗流経済学者というものは、現実の、日々の交換関係と価値量とが直接には同一ではありえないということに、少しも気がつかないのです。ブルジョア社会の機知は、まさに先験的に生産の意識的な社会的規制がまったく行なわれないという事実にあります。理性的なものや自然必然的なものは、ただ盲目的に作用する平均としてだけ貫かれるのです。そういうわけで、俗流学者は、内的連関の暴露にたいして、現象面では事態が違ってみえるのだと吹聴して、大発見でもしたような気になるのです。

　これは実際には、仮象にしがみつき、これを究極のものであると自慢していることになるのです。それでは、いったいなんのために科学があると言うのでしょうか。

　しかし、この問題にはもうひとつ別の背景があります。連関が洞察されるとともに、実際の崩壊に先立って、現存の状態は永遠の必然性をもっているという理論上の信仰がすべてついえ去ります。だから、無思慮な混乱をいつまでも続けさせておくことこそ、ここでは支配階級の絶対の利益なのです。科学のうえでの奥の手として、経済学ではけっして考えたりしてはならないのだというようなことしか知らないような、誹謗を生業とするおしゃべり屋どもが、金を支払ってまで〔政府や財界に――宮

川）養なわれているのは、そうした理由以外になんのためというのでしょうか！
　しかし、このことはもう十分、十分すぎます。とにかく、こういうブルジョアジーの坊主どもがどこまでひどく落ちぶれているかということは、労働者や、工場主、商人たちまでもが私の本を理解し、その正しい筋道がわかっているというのに、この「訓詁学者（！）」たちときたら、私が彼らの理解を超えるまったく不当なことを要求しているなどと、嘆いているのを見てもはっきりしています。〔……〕
　あなたのK・M〔カール・マルクス〕」
　（新日本出版社・古典選書、宮川彰訳『マルクス「経済学批判」への序言・序説』132-133頁　下線は宮川が付したもの）

　前段は法則とそのあらわれについてのコメント、そして後段では、資本主義の世の中に、御用学問、体制擁護の俗流弁護経済学、お追従屋が尽きることのない理由について、マルクスの怒りをこめた、歯に衣きせぬ激しい軽蔑の口調で明らかにされてますね。
　9月末に埼玉講座のプレ企画ガイダンスにおいて、聴講していたある若い大学受験生から、いまの世の中、貧富の格差や大量失業などひどい明々白々な体制矛盾が、どうしてもっと多くの経済学者たちから批判・指弾されないのか、もっと警鐘を鳴らしてくれないのか、という素朴な疑問が出されていました。このマルクスの手紙の章句は、かの聴講生の質問に対するマルクス自身の回答になっているのではないでしょうか。（なお、近代経済学の性格付けについては、『宮川彰　資本論講座Q&A』Q37、20頁もご参照ください。）

第7篇　収入論　267

【講師メッセージ 8】

文芸は、たかく羽ばたく

― ノスタルジーの弁証法 ―

　早咲きの梅のたよりもちらほらと、節分・立春・雛まつり … 季節がめぐって、また春が兆しはじめています。

　各地の講座受講生のみなさん、そして全国各地で講義記録をお聞きいただいているテープ受講生のみなさん、種々の困難を乗り越えての『資本論』第1巻読破、おめでとうございました。ご奮闘をたたえます。

■　マルクスの芸術論

　物質的な基礎との関連づけを最大限重視するということは唯物論的見方の真髄です。では、芸術のいとなみについてはどうか。社会の発展法則にいつも即するわけではない芸術的創造活動について、マルクスは思索を繰り広げています。宮川訳『「経済学批判」への序言・序説』新日本出版社〈科学的社会主義の古典選書〉のなかから、その一節をご紹介しましょう。

> 　芸術の場合によく知られていることであるが、芸術のしかるべき最盛期は、けっして社会の一般的発展と歩調が合っていないし、したがってまた、物質的基礎の発展、いわば社会の組織の骨組みの発展とも歩調が合わない。たとえば近代人と比較してみたギリシア人、あるいはまたシェイクスピア。芸術の一定の諸形式、たとえば叙事詩について、次のことさえ認められる。すなわち、そのものとしての芸術制作が起こるようになるとすぐに、そうした形式は、世界史に時代を画するような、その典型的な姿では、けっして生産されえないということ、こうして芸術そのものの領域内部では、芸術のある一定の卓越した諸制作は、芸術的発展のある未発展な段階においてのみ可能であるということである。……
> 　たとえば、現代にたいするギリシア芸術の、さらにはシェイクスピアの関係を取りあげてみよう。ギリシア神話がギリシア芸術の武器庫であっただけでなくその土壌でもあったことは、周知である。ギリシア人の想像力の基礎をなし、したがってまたギリシア［芸術］の基礎をなしていた自然観や社会関係観は、自動精紡機や鉄道や機関車や電信とともに可能であろうか？　… ユピテル［＝ジュピター、最高

268　第三部　資本主義的生産の総過程

> 神]は避雷針と張りあって、ヘルメス［富、商業の神］はクレディ・モビリェ［株式銀行］と張りあって、生き残れる場所がどこにあるだろうか？　すべての神話は、想像のなかで、また想像によって、自然諸力に打ちかち、これを支配し、これをかたどるのであって、したがってそれらは、自然諸力を実際に支配するようになるにつれて消えうせる。…
> 　しかしながら困難は、ギリシアの芸術や叙事詩が、社会のある発展諸形態と結びついているということを理解する点にあるのではない。困難は、それらがわれわれにいまなお芸術の楽しみを与え、またある点では規範として、および到達できない模範として、その意義をもっているということを理解する点にある。

■　ノスタルジー（郷愁）の弁証法

　さてそこで、この「芸術の楽しみ」についてであるが、どこに魅力のわけがあるかというと、マルクスは「子供の天真爛漫さ」を喩えにして、いわば《ノスタルジーの弁証法》を問いかけます。マルクスの、もっとも魅力的な、真情あふれる思索の一つとなっています。

> おとなは二度と子供になることはできず、できるとすれば子供じみた姿になるだけのことである。とはいえ子供の天真爛漫（らんまん）は、おとなを喜ばせはしないだろうか？　そしておとなが、自分たち自身でこんどはより高次の段階において子供のもつ素直さを再生産することに努力してはならないだろうか？　子供の性質には、いつの時代にもその時代独自の性格がその自然にあるがままの素直さでよみがえるのではないだろうか？　なぜに、人類のもっとも美しく花ひらいた歴史上の幼年時代が、二度と帰らぬ一段階として、永遠の魅力を発揮してはならないだろうか？　ぶしつけな子供もいれば、ませた子供もいる。古代民族の多くがこうした部類にはいる。そのうちでも正常な子供だったのがギリシア人であった。われわれにとって彼らの芸術の魅力は、それが生まれ育った社会段階が未発達であったことと矛盾するものではない。魅力は、むしろそのような社会段階の結果にあるのであって、魅力はむしろ、その芸術を生んだ、また唯一生みだすことのできた未熟な社会的諸条件が、ふたたびもどってくることはけっしてありえないということと、わかちがたく結びついている。（マルクス「序説」[『経済学批判要綱』への]、宮川彰訳『「経済学批判」への序言・序説』新日本出版社〈科学的社会主義の古典選書〉、81-83頁より、下線・網かけは宮川）

キーポイントは、ふたたびは還ることのない、二度と起きはしない、不可逆的な、歴史的出来事と、歴史法則との関係〔ひとが歴史に学ぶことができるとしたら、それはどのようなわけでどのように学べるのかという問題〕、このような歴史の回顧〔＝郷愁〕の魅力・楽しみ、といったところか。いつかまたコメントを敷衍しましょう。とりあえず受講修了生のみなさん、またお会いできるときまで ！

【講師メッセージ 9】

自然は、かくしてひとを癒しうる
―〈使用価値と交換価値との取り違え〉―

■ 名古屋講座修了、自己陶冶への一里塚であれ

　つゆ空のもと紫陽花のいろどり映える潤いの季節となりました。昨年5月スタートの名古屋第1巻資本論講座がこの6月で修了を迎えます。受講生のみなさん、長いあいだ教室内外でのたのしいお付き合いありがとうございました。生涯にわたって続くであろう学習＝自己陶冶への力強い第一歩を踏み出され、《社会を科学する目》を培われたことでしょう。これを跳躍台に10月開講の第2/3巻講座で『資本論』全巻読破にチャレンジされることを期待します。

■ 自然の一員を自覚して、癒される

　どの社会いつの時代にもあてはまる有用労働の普遍性について、マルクスはそれを質量保存の法則に関連づけています(「講師メッセージ2」で紹介したことがありました)。神髄は次の命題です。

　労働は、使用価値の形成者としては、有用労働としては、あらゆる社会形態から独立した、人間の一存在条件であり、人間と自然との物質代謝を、それゆえ人間生活を、媒介する永遠の自然必然性である。
　…　人間は、彼の生産において、自然そのものと同じようにふるまうことができるだけである。すなわち、素材の形態を変えることができるだけである。それだけではない。形態を変えるこの労働そのものにおいても、人間は絶えず自然力に支えられている。したがって労働は、それによって生産される使用価値の、素材的富の、唯一の源泉ではない。W.ペティが言うように、労働は素材的富の父であり、土地はその母である。　(訳73-4/原57-8)

　労働のこの係わりは、自然界のなかにあって自然との物質代謝の営みに果たす人間の固有の役割への自覚を促してくれます。人間のふるまいの確かな役立ちと同時に、その限界をも思い知らされることしば

第7篇　収入論　271

しばで、自己卑下や思い上がりをいさめ、身の程わきまえる反省のきっかけに、文芸作品の素材にも取り上げられてきました。例えば、「赤旗」連載中から評判になった新聞小説「稲の旋律」、ヒロインが大自然に抱かれ、癒される光景を描いた、次の切り抜きの一節［割愛］などはいかがでしょうか。

■ 自然法則を根拠に、すべてが否定され、すべてが肯定される

　ところが、同じこの質料保存の法則を理由にして、逆立ちし混同した発想から、スミス古典派（＝マルクス派）の労働価値説批判が企てられています。この法則ゆえにいかなる労働も物質的創造は不可能であり、したがって物質的価値をつくるか否かで生産的労働と不生産的労働とをきめる古典派労働価値説の議論はもとより無意味である。逆に、物質や諸力の結合の「仲介者」としては、すべての活動が「サービス」として役立って価値を生むとみなしうる点では、物質的労働と非物質的労働、生産的労働と不生産的労働とのあいだの相違はなくなり、商業・金融業もまた役立って価値を生み出すという点では農業や製造業と遜色がない。「空費」どころでなくみな生産的だというのです。

　「もしわれわれが創造という言葉を文字通りの意味で使うなら、人は物質を創造することも、自然の諸力を創造することもできない。… 人ができるのは、自分または他人のためにそれらを結びつけ、移動させることだけである。… このように見てくると、価値を物質的内容に求める理論がいかにナンセンスであるかがわかる。正しいのはその逆である。物質的内容は自然によって与えられている。したがって、いかに有用であるにしても、無償であり、価値をもたない。人々の活動とは、物質を創造するものではなく、個人が自らに、また、社会で人々が相互に行うサービスにすぎないのである。… 私がいう誤った見解とは、物質に働きかける階級だけが生産的労働を行うとする、〔スミスとその後継の現代の社会主義者たちの主張〕である。… 彼ら社会主義者たちは、生産者と消費者との間にあって、彼らが言う仲介者、つまり、小売商人や卸売業者を、しばしば寄生者として描き出してい

る。小売商人や卸売業者は、物質を創造することはないが、価値を創造する。そして、だれも物質を創造することはできず、われわれは相互にサービスを提供しあうだけである以上、農民と製造業者を含め、われわれ全員は、互いの間では仲介者なのである。」(F. バスティア (1801-50) … フランスの「もっとも浅薄で、成功した俗流経済学の代表者」とマルクスから批判された。)

　バスティアの狙い、それは、労働価値説につきものの、物質的労働/非物質的労働、生産的労働/不生産的労働、これらの本質的な区別を無意味化しちゃらにして、——それら区別を前提にした——「寄生者」/不生産的労働者のらく印を押されていた剰余価値徒食者たち（地主、僧侶、資本家）を弁護することにあったのです。労働価値説をがらがら・ぽんと清算するために、質料保存の法則まで動員するとはいささか手の込んだ手法、とはいえ弁護論では自然のせいにするやり口は常套なのですが。不払労働に寄生して穏やかならざる心境の徒食者たちを、自然はかくしても、癒してくれるものかな！

　この発想の根底には、使用価値と交換価値との取り違えがあり、使用価値や有用労働の与える役立ち＝サービスが価値を生み出すという効用価値の考え方が潜んでいるのです。

おわりに － 編集室より

　2009年は、「年越し派遣村」のニュースから始まりました。
　ワーキングプアや金融危機、失業率の悪化から、一気に派遣切り、雇い止め、長期休暇、残業カット、……、「資本主義が道に迷ってわからない」といわれるほど、資本主義の矛盾が世界的な規模でかつてなく深いものになっているなか、『資本論』が見直されています。
　ブームになった『蟹工船』が小林多喜二によって書かれたのは1929年、それから80年、悲惨な戦争、戦後の復興、高度成長時代を経、社会的生産力が非常に発展してきたのに、それなのに、「それって蟹工船だよ」の言葉が似合う時代なんて！　どういうことでしょう！
　マルクスの『資本論』第１巻の刊行は、『蟹工船』から60余年さかのぼり1868年。マルクスが草稿を書き、エンゲルスが編集した『資本論』第2・3巻。その第3巻第3篇「利潤率の低下傾向」の法則のもとで、機械化がすすんで社会的生産力が発展すると、利潤率を求める分数の分母の c+v（不変資本 Constant capital ＋ 可変資本 Variable capital の頭文字）が大きくなり、利潤率が下落する、すなわち利潤率の累進的な傾向的下落は、資本主義である限り免れない、資本主義に特有な法則であることを解明しています、それはまた「資本」がその歴史の法則に決して黙って甘んじることなく、あの手この手で下落の法則に抵抗し、利益の確保を追求し、富を再生産するのだということを明らかにしています。
　歴史がすすみ、社会的生産力が発展したのに、世界じゅうの働く人の「貧困」が広がっています。しかしそれは「連帯」への道でもあります。「貧困と連帯」、時代はまさに『資本論』です。
　講座を始めた頃は、『資本論第１巻』の序言に「すべてはじめはむずかしい」とあるように、「むずかしい」と感じる毎回でしたが、同じく冒頭の言葉にあるよう「学問に王道はない」、学問をやるからには覚悟を決めて取り組まねばと心して、『資本論』学習に精進してきました。
　とりわけ、第2・3巻講座は、まさに現代に甦る『資本論』を地で行くも

のでした。「むずかしい」という思いを跳ね除け、未来社会への確信を深め、学習意欲をそそられ、『資本論』を学ぶ喜び、醍醐味、心地よさを感じる毎回でした。

　名古屋で宮川彰講師の「資本論講座」を開始して10年。
　受講生は、学生から、工場労働者、銀行マン、パートで働く人、公務労働者、教員、年金暮らしの人、自営業者、団体職員、20歳代から70歳代まで、男性も女性もまさに老若男女、にぎやかでした。遠くは鹿児島県や、大阪、京都、長野の上田、岐阜や三重、静岡から通い、北海道や茨城の方はテープ受講で参加、学習の関心も程度もさまざまでした。でも講師の話をしっかり聞きたいというのは共通していました。
　講座では、講義の後の「感想と質問」は文章で提出し、次回講座日に講師からの「回答またはコメント」を紹介し、「Q&A」を受講生全員のものにしてきました。改めて、そのひとつひとつをみてみると、どの質問にも講師が丁寧に真摯にそれでいて切れ味鋭く、回答を寄せられていることを深く感じるものでした。そして、それを『『資本論』を学んでいる」「学ぼうとしている」仲間のみなさんに、ぜひ届けようという思いになり、今回『学びたいあなたのための「資本論」Q&A222問』を出版する運びととなりました。
　講座は、1999年3月第1回目を行い、2009年10月講座で、ちょうど100回。その中から、第1巻講座（2006年1月から2007年1月までの13回）、第2・3巻講座（2002年10月から2003年12月までの13回と2007年5月から2008年7月までの各13回の計26回）に基づいて『資本論』学習に役立つ質問を精選し、『資本論』の論述に沿うよう編集し、第1巻102問、第2巻64問、第3巻56問、計222問のQ&A集になりました。みなさんの学習に役立つことを期待しながら、お届けします。

2009年10月17日（宮川彰資本論講座100回目の日に）
　　　　　　　　　　　　　　　　　　名古屋資本論講座ボランティア

索　引

あ

アダム・スミス, 35, 41, 42, 52, 62, 64, 94, 162, 173, 180, 182, 183, 185, 186, 187, 189, 190, 207, 213, 272

い

インフレ, 37, 70, 71, 72, 247

う

運輸, 150, 154, 155, 156, 157

か

価格, 17, 24, 26, 41, 43, 45, 46, 48, 49, 53, 71, 81, 108, 111, 124, 148, 152, 156, 158, 161, 167, 169, 170, 183, 184, 191, 208, 209, 210, 211, 215, 217, 218, 219, 220, 221, 223, 225, 226, 227, 228, 229, 230, 231, 238, 240, 244, 245, 247, 248, 250, 257, 261

格差, 84, 101, 168, 213, 227, 239, 267, 283

拡大再生産, 9, 182, 188, 193, 196, 197, 198, 250

価値法則, 43, 48, 83, 94, 113, 114, 123, 124, 125, 162, 163, 165, 208, 209, 213, 214, 238, 246

株, 16, 17, 18, 19, 20, 77, 78, 120, 123, 125, 126, 134, 212, 231, 238, 240, 248, 249, 250, 251, 252, 253, 255, 258, 259, 269

貨幣, 16, 23, 24, 26, 34, 35, 37, 41, 42, 45, 47, 50, 52, 62, 67, 70, 71, 76, 77, 78, 81, 82, 102, 103, 112, 115, 121, 122, 144, 145, 146, 147, 148, 149, 155, 162, 173, 177, 178, 180, 184, 196, 198, 203, 209, 212, 215, 246, 247, 251, 252, 253, 254, 256, 258, 264

可変資本, 173, 174, 177, 178, 181, 184, 214, 215, 216, 220, 236, 274

環境破壊, 6, 99, 204, 232, 239

き

規制緩和, 18, 84, 104
恐慌, 6, 24, 75, 184, 189, 250
近代経済学, 14, 22, 26, 42, 47, 52, 53, 158, 267
金融資本, 248, 254, 256

く

具体的有用労働, 85, 91, 93, 106, 187

け

ケインズ, 41, 72, 73
ケネー, 178, 193, 196

こ

交換価値, 24, 35, 36, 37, 42, 44, 50, 62, 107, 115, 122, 141, 182, 183, 265, 271, 273
効用, 22, 41, 43, 53, 62, 63, 158, 169, 273
固定資本, 159, 160, 161, 162, 163, 172, 173, 174, 180, 216, 217, 220, 221, 229, 237
古典派経済学, 35, 52, 161, 174, 182, 207, 264

さ

サービス, 39, 40, 44, 46, 47, 49, 50, 73, 84, 85, 102, 105, 107, 124, 155, 156, 157, 162, 163, 164, 167, 190, 213, 248, 251, 252, 272, 273
再生産, 21, 29, 35, 39, 41, 42, 43, 44, 48, 52, 56, 79, 81, 83, 99, 113, 116, 124, 139, 152, 153, 170, 176, 178, 179, 180, 181, 183, 184, 186, 187, 188, 189, 190, 191, 192, 193, 194, 196, 197, 198, 200, 201, 202, 210, 213, 215, 216, 269, 274, 283
搾取率, 5, 63, 85, 124

し

失業, 64, 74, 80, 98, 117, 194, 216, 233, 236, 237, 267, 274
重商主義, 35, 94
重農主義, 11, 258
剰余価値, 26, 29, 46, 49, 52, 63, 77, 79, 82, 83, 85, 86, 94, 97, 101, 102, 105, 107, 108, 111, 116, 117, 120, 121, 123, 124, 125, 126, 140, 150, 155, 156, 162, 163, 164, 165, 166, 174, 177, 179, 180, 183, 189, 191, 192, 193,

196, 197, 198, 203, 214, 215, 216, 217, 218, 219, 221, 222, 223, 224, 225, 226, 227, 228, 229, 230, 231, 236, 237, 238, 241, 242, 243, 244, 248, 250, 252, 256, 258, 260, 264, 273, 283
剰余労働, 39, 83, 84, 85, 102, 109, 118, 124, 125, 219, 220
新自由主義, 27, 28, 41, 50, 213

せ

成果主義, 80, 111, 112, 168, 211
生活手段, 108, 116

そ

相対的過剰人口, 117, 194, 236, 237, 238

た

単純再生産, 183, 190, 198

ち

地代, 26, 29, 52, 125, 180, 182, 185, 186, 192, 203, 209, 210, 214, 257, 258, 260, 261, 262, 263, 264

抽象的人間労働, 38, 85, 91, 93, 187
賃金, 21, 22, 53, 69, 78, 79, 80, 85, 90, 104, 108, 109, 110, 111, 112, 113, 114, 117, 118, 119, 123, 124, 125, 142, 166, 168, 176, 177, 178, 181, 182, 183, 184, 185, 186, 187, 188, 189, 193, 200, 201, 210, 213, 215, 216, 224, 233, 238, 243, 248, 255, 258, 264

と

投機, 17, 19, 21, 47, 78, 120, 123, 149, 211, 212, 246, 248, 249, 250, 251, 252, 255, 256, 259
トヨタ, 9, 74, 87, 142, 152, 193

の

能力主義, 111, 213

は

派遣, 110, 274

ひ

必要労働, 48, 69, 85, 124, 125
貧困, 7, 67, 113, 168, 213, 259, 274

ふ

不況, 24, 41, 73, 112, 117, 134, 171, 187, 188, 233, 248, 257

物神性, 5, 54, 66, 67, 68, 263, 264

不変資本, 10, 162, 173, 177, 178, 183, 189, 190, 208, 214, 215, 216, 220, 223, 229, 232, 236, 237, 274

ゆ

輸送費, 155, 241

り

リカード, 35, 41, 182, 207, 218

利子, 10, 11, 21, 29, 41, 78, 125, 134, 165, 192, 203, 216, 246, 248, 249, 250, 251, 254, 255, 256, 257, 258, 263, 264

利潤, 26, 29, 47, 52, 80, 106, 107, 110, 125, 134, 150, 156, 163, 164, 165, 170, 174, 177, 182, 185, 186, 191, 192, 203, 208, 209, 210, 212, 214, 215, 216, 217, 218, 219, 220, 221, 222, 223, 225, 226, 227, 228, 229, 230, 231, 232, 233, 234, 236, 237, 238, 239, 240, 241, 243, 244, 248, 250, 251, 256, 258, 259, 260, 261, 262, 263, 264, 274

利潤率, 10, 163, 191, 203, 213, 215, 216, 218, 222, 226, 227, 228, 231, 236, 237, 238, 239, 240, 243, 274

流動資本, 8, 159, 160, 161, 162, 163, 168, 172, 173, 174, 180, 220, 221, 229

ろ

労賃, 13, 29, 79, 90, 105, 110, 111, 169, 174, 177, 180, 181, 184, 218, 219, 220, 229, 238, 263

労働価値説, 9, 14, 39, 41, 49, 50, 53, 62, 93, 141, 177, 181, 186, 208, 209, 211, 212, 244, 252, 264, 272, 273

労働の二重性, 5, 38, 39, 40, 41, 55, 68, 69, 85, 91, 93, 181, 186, 187

労働日, 6, 83, 89, 101, 223, 232, 233, 264

索引　279

【著者略歴】

宮 川 彰 (みやかわ・あきら)

1948年　愛知県生まれ　　1972年　東京大学経済学部卒業
1979年　東京大学大学院博士課程修了．経済学博士（東京大学）．
　　東京都立大学教授を経て、2005年より首都大学東京教授、
　　中国遼寧省瀋陽・東北大学客員教授、中国社会科学院および中央編訳局
　　客員研究員、
　　新『メガ』（新マルクス/エンゲルス全集）の編集に従事．
　　各地で市民向け「資本論講座」の講師を務める（東京、名古屋、さいた
　　ま市、鎌倉、横浜等）．

【主要著作】
・『再生産論の基礎構造―理論発展史的接近―』八朔社、1993年．
・『新MEGA第Ⅱ部（『資本論』および準備労作）関連内外研究文献・マルクス
　　／エンゲルス著作邦訳史集成』（共編著）八朔社、1999年．
・『《資本論》第2・3巻を読む』上・下、学習の友社、2001年．
・『マルクス《経済学批判》への序言・序説』
　　〈科学的社会主義の古典選書〉、（訳・解説）　新日本出版社、2001年．
・『宮川彰 資本論講座 Q&A』名古屋資本論講座ボランティア、2001年．
・『「資本論」第1巻を学ぶ』名古屋資本論講座ボランティア、2006年．
・『「資本論」で読み解く 現代の貧富の格差』　同上　　2006年．
・『学説史』から始める経済学 剰余価値とは何か』（大村泉・大和田寛共編）
　　　　　　　　　　　　　　　　　　　　2009年　八朔社、
・（論文）「労働価値論と現代の『転形問題』」（上）、（下）」
　　　　　　『経済』1995年12月号、1996年1月号．
・（論文）「『資本論』は何をあきらかにしたのか」『経済』2003年5月号．
・（論文）「もう一つの『資本論』ルネッサンス」
　　　　　　　　　　『季論21』第5号　2009年7月号

資本論講座Q&A

2009年10月17日　第1刷発行
2010年1月10日　第2刷発行

編集　　名古屋資本論講座ボランティア
発行　　ほっとブックス新栄
　　　　代表　藤田成子
　　　　461-0004　愛知県名古屋市東区葵1丁目22-26
　　　　TEL:052-936-7551　FAX:052-936-7553
　　　　http://kyodo.ne.jp/hotbooks/
印刷　　エープリント
　　　　© HotBooks 2009　Printed in Japan
　　　　ISBN978-4-903036-07-6 C0033 ¥2200E

【ほっとブックス新栄刊行 宮川彰の本】

『資本論』第1巻を学ぶ
――宮川彰講義録

貧困、雇用破壊、資本蓄積など搾取や収奪のしくみを根本に立ち戻って解明し、連帯の方向を指し示す「資本論」。名古屋での「資本論第一巻講座」(全十三回)の講義録です。

(―まえがきより―) 本書が『資本論』学習の魅力というものをいっそう深くとらえる一助となり、そして、いっそう大勢の読者のもとに届けてくれる仲立ちになってくれることを、こころから念願します。

そして、もうひと回り大勢の市民・労働者が『資本論』学習に挑戦され、『資本論』に親しんで、真理の探究と社会批判の目を養い、この激動と「混迷」の時代を主体的に生き抜く活力を涵養してくださることを期待します。

A5版488ページ　2,940円(税込)
ほっとブックス新栄 刊 2006.2　ISBN4-903036-02-2 C0033

『資本論』で読み解く現代の貧富の格差

2006年8月、2日間にわたって開かれた資本論講座・夏期集中講座の講義録です。
　マスコミで注目を浴びるIT長者やデイトレーダー。株式による投機的儲けをどうみるか？経済的な勝ち負けは「自己責任」か？
　最新の研究の成果をふまえマルクスの労働価値説で富の真相を見抜く、働くものの経済学。

> ほっとブックス新栄 刊 2006.11
> A5版 126ページ 　1,260円（税込）
> ISBN4-903036-05-7 C0033

お買い求めは：

・ほっとブックス新栄から直送

下記へお申し込みください。ホームページからもご注文いただけます。
どの出版社の本でもお取り寄せいたします。

TEL：052-936-7551　FAX：052-936-7553
http://kyodo.ne.jp/hotbooks/　E-mail：hotbook@muse.ocn.ne.jp
送料：1冊 200円　2冊 300円　5,250円以上送料無料

・お近くの本屋さんでお取り寄せ

「地方・小出版流通センター」に在庫があります。書店から取り寄せてもらってください